大 学 问

始 于 问 而 终 于 明

守望学术的视界

茶馆

成都的公共生活和微观世界（1950—2000）

THE TEAHOUSE UNDER SOCIALISM:
THE DECLINE AND RENEWAL OF PUBLIC LIFE IN CHENGDU, 1950-2000

王笛 著

广西师范大学出版社
·桂林·

茶馆：成都的公共生活和微观世界（1950—2000）
CHAGUAN: CHENGDU DE GONGGONG SHENGHUO HE WEIGUAN SHIJIE （1950—2000）

《茶馆：成都公共生活的衰落与复兴，1950—2000》
©香港中文大学 2022
本书简体字版由香港中文大学出版社授权出版，本版限在中国大陆发行。
著作权合同登记号桂图登字：20-2025-117 号

图书在版编目（CIP）数据

茶馆：成都的公共生活和微观世界：1950—2000 / 王笛著. — 桂林：广西师范大学出版社，2025.8（2025.8重印）. — （中国城市史研究系列）. — ISBN 978-7-5598-8215-8

Ⅰ . K297.11

中国国家版本馆 CIP 数据核字第 2025MC2240 号

广西师范大学出版社出版发行

（广西桂林市五里店路 9 号　邮政编码：541004）
　网址：http://www.bbtpress.com
出版人：黄轩庄
全国新华书店经销
广西广大印务有限责任公司印刷
（桂林市临桂区秧塘工业园西城大道北侧广西师范大学出版社集团有限公司创意产业园内　邮政编码：541199）
开本：880 mm × 1 240 mm　1/32
印张：13.875　　　　字数：320 千
2025 年 8 月第 1 版　　2025 年 8 月第 3 次印刷
定价：89.00 元

如发现印装质量问题，影响阅读，请与出版社发行部门联系调换。

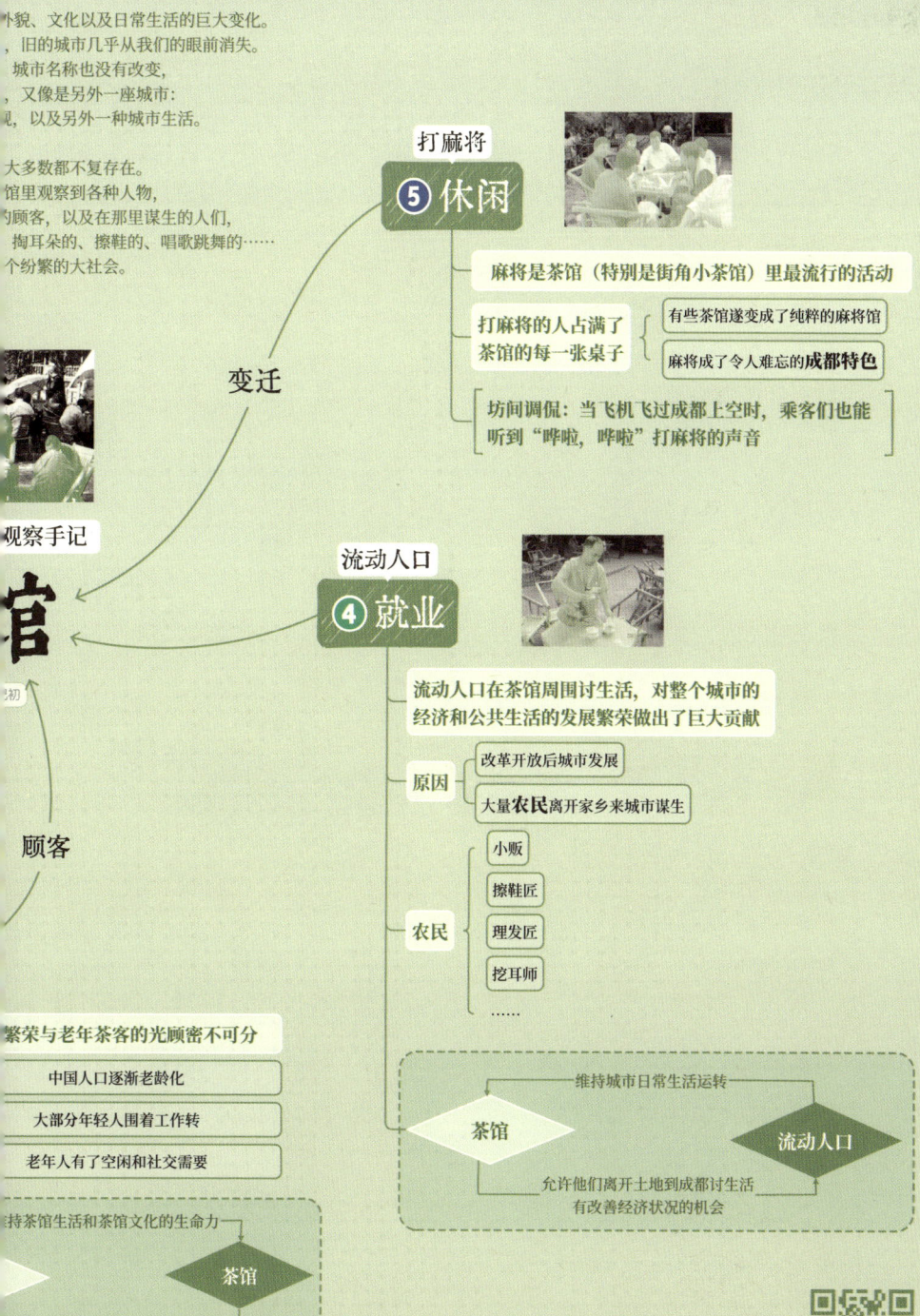

外貌、文化以及日常生活的巨大变化。
，旧的城市几乎从我们的眼前消失。
城市名称也没有改变，
，又像是另外一座城市：
观，以及另外一种城市生活。

大多数都不复存在。
馆里观察到各种人物，
顾客，以及在那里谋生的人们，
掏耳朵的、擦鞋的、唱歌跳舞的……
个纷繁的大社会。

变迁

打麻将

⑤ 休闲

- 麻将是茶馆（特别是街角小茶馆）里最流行的活动
- 打麻将的人占满了茶馆的每一张桌子
  - 有些茶馆遂变成了纯粹的麻将馆
  - 麻将成了令人难忘的**成都特色**
- 坊间调侃：当飞机飞过成都上空时，乘客们也能听到"哗啦，哗啦"打麻将的声音

观察手记

流动人口

④ 就业

- 流动人口在茶馆周围讨生活，对整个城市的经济和公共生活的发展繁荣做出了巨大贡献
- 原因
  - 改革开放后城市发展
  - 大量**农民**离开家乡来城市谋生
- 农民
  - 小贩
  - 擦鞋匠
  - 理发匠
  - 挖耳师
  - ……

顾客

繁荣与老年茶客的光顾密不可分
- 中国人口逐渐老龄化
- 大部分年轻人围着工作转
- 老年人有了空闲和社交需要

持茶馆生活和茶馆文化的生命力

◆ 茶馆 —— 维持城市日常生活运转 —— 流动人口 ◆
允许他们离开土地到成都讨生活
有改善经济状况的机会

满足社交的需要 —— ◆ 茶馆

扫码获取完整版Xmind思维导图

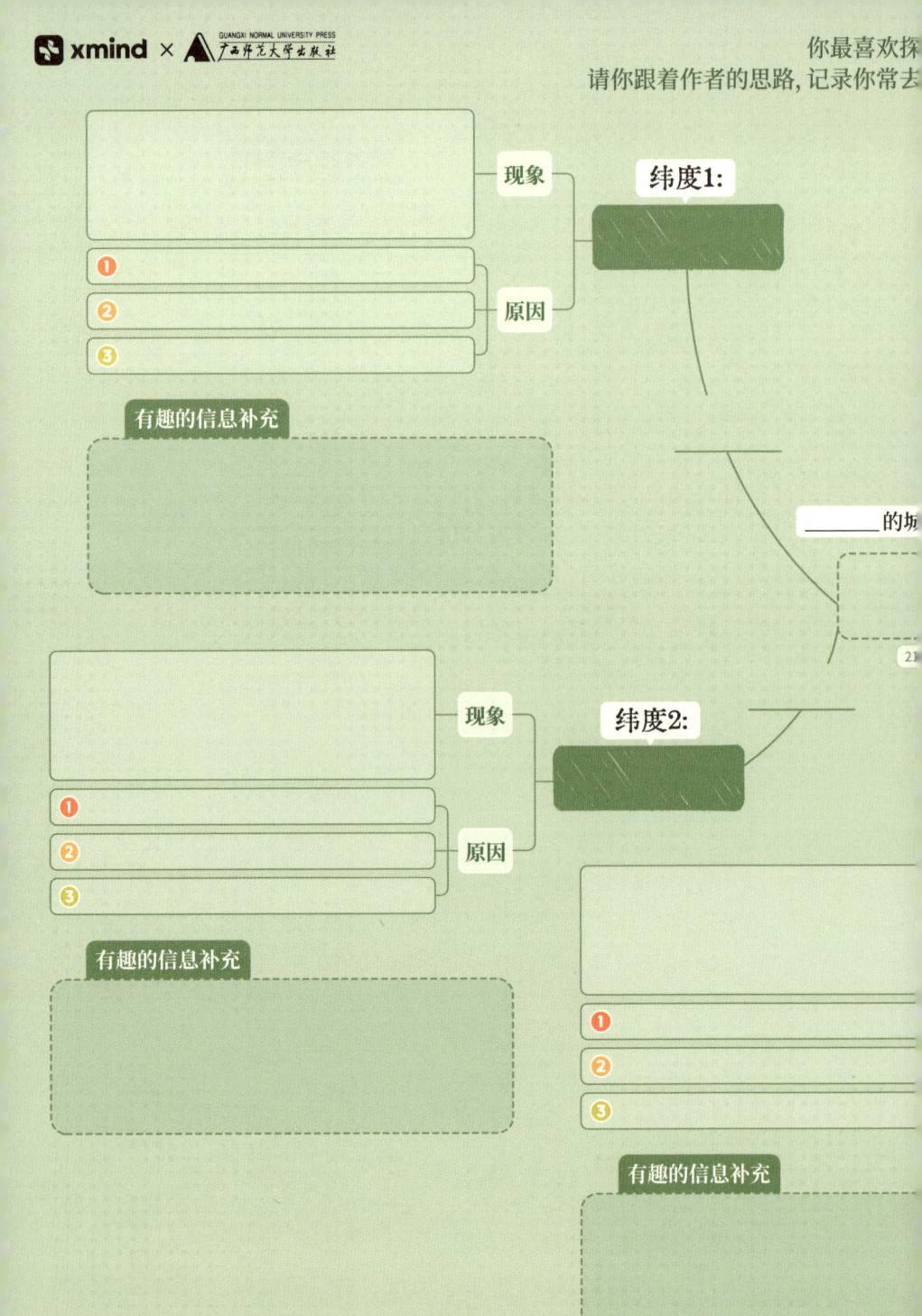

你最喜欢探
请你跟着作者的思路，记录你常去

纬度1:

现象

原因

①
②
③

有趣的信息补充

_____的坊

纬度2:

现象

原因

①
②
③

有趣的信息补充

①
②
③

有趣的信息补充

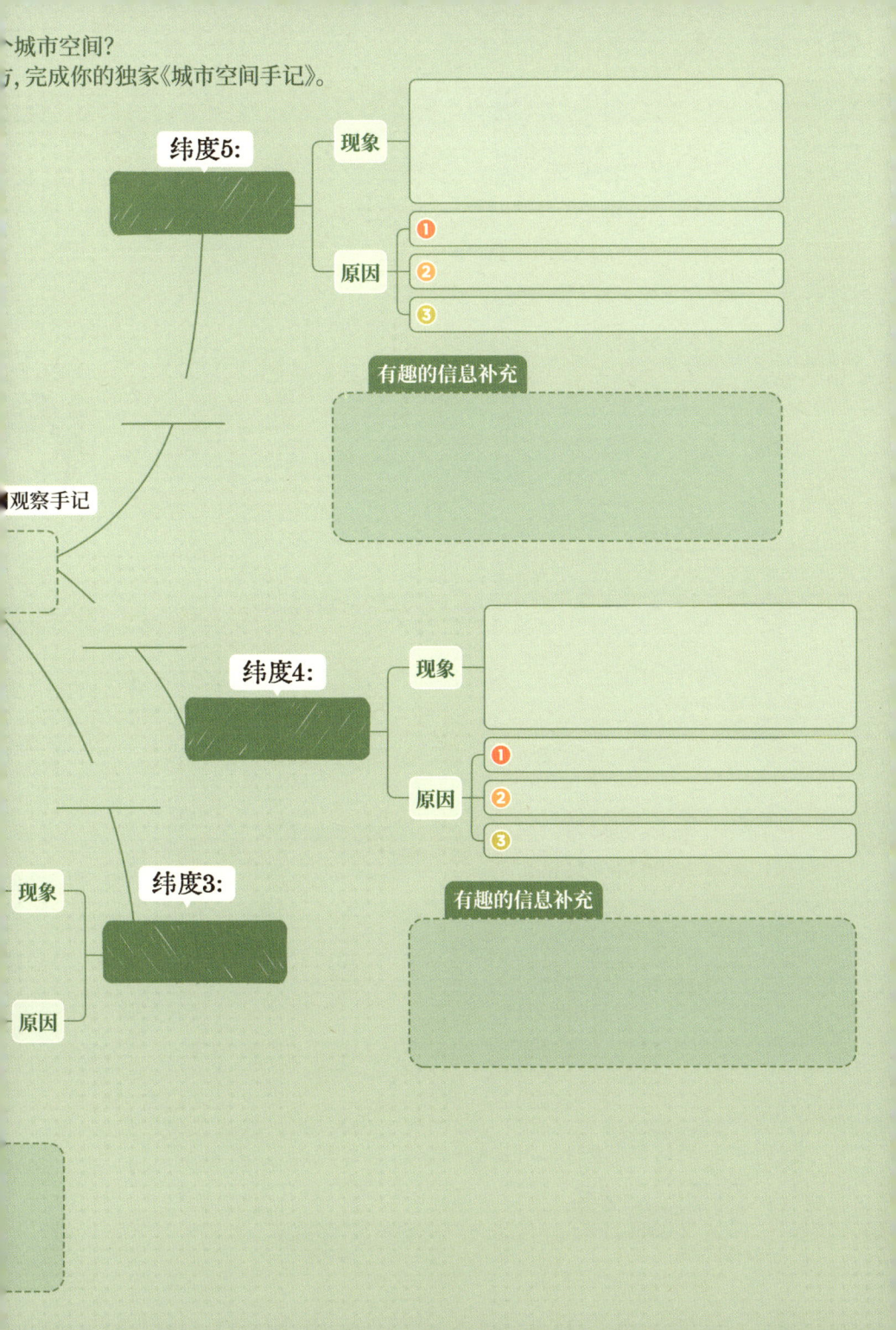

城市空间?
方,完成你的独家《城市空间手记》。

纬度5:
- 现象
- 原因
  1.
  2.
  3.

有趣的信息补充

观察手记

纬度4:
- 现象
- 原因
  1.
  2.
  3.

有趣的信息补充

纬度3:
- 现象
- 原因

茶馆

从20世纪90年代后期以来，我们目睹……
在作者王笛对成都进行考察后，不到……
虽然城市还是坐落在原……
但是从这个城市的外貌和……
另外一个城市格局，另外一……

当时作者考察的茶馆……
日常是最宏大的叙事，……
各个不同年龄、性别、职业、受……
包括掺茶的、行医的、卖药的、卖绘……
茶馆的小空间，就……

❶ 经营

老板
- 花牌坊街四川省档案馆附近的一个"水吧"
- 女老板不得不提前退休，用单位给的补偿来开店

支出
- 女儿在四川大学读二年级，每年学费和住宿费是六千元，加上伙食费共要一万多

收入
- 2000年左右她一个月工资才两三百元

（不足以支撑）

成本
- 21世纪初房租是一千元
- 还要支付一千多元的员工工资
- 伙食、水电以及其他成本几百块

营收
- 每个月的营业额要四千五百元才能保本
- 刚开张，估计最多能卖到三千元

经营者 → 王笛的城……

❷ 服务

公用电话

茶馆提供了公用电话，这是20世纪末21世纪初一个非常重要的社会服务

原因
- ❶ "全民经商"高潮
- ❷ 有手机的人凤毛麟角
- ❸ 在外奔波的皮包公司老板要联系业务

收费
- 本市前三分钟三角
- 超过三分钟，六角
- 超过六分钟，九角
- 以此类推

BB机服务台
- A 留言 → 拨打
- B 转达 → 找到
- 街头、茶馆、杂货店的电话

❸ 社交

老年人

成……

原因……

中文版序

我在我上一部茶馆系列研究著作《茶馆：成都的公共生活和微观世界，1900—1950》（北京大学出版社，2021年）里，写下了下面一段话作为全书的结束：

> 几个小时以后，他们尽管仍然会像50年前世纪开始的第一天那样，把茶馆的门板一块块卸下，但他们不知道，他们和这个城市一起，已经踏入虽然轰轰烈烈但是已不再属于茶馆和茶客们的另一个完全不同的时代。熙熙攘攘的日常生活空间将不复存在，人们到哪里去寻回老成都和老茶馆的旧梦？

现在读者手中的这本书，就是讲述茶馆和茶客们在那个"轰轰烈烈"的"完全不同的时代"的经历。茶馆是节奏缓慢的日常生活空间，本身就与"轰轰烈烈"是不兼容的。通过对一百年成都茶馆的研究，我或许可以得出下面的结论：在轰轰烈烈的时代，茶馆会衰落；但是当人们生活趋于平常和安宁，茶馆就会复兴。轰轰烈烈不可能持久，平平淡淡才是人们生活的本身。

改革开放使中国政治和社会告别了轰轰烈烈的时代，这给予了茶馆复兴的空间。到了21世纪，茶馆发展到前所未有的程度，几乎没有人——无论是茶馆的反对者或是支持者，会预见到这个结果。

抗战时期，许多外省人来到成都（四川人习惯称他们为下江人），对成都人坐茶铺的习惯非常不理解，特别是在民族危亡之际，人们居然还在茶馆清谈，不是正应了"清谈误国"那句老话吗？一个叫"老乡"的人，在1942年12月26至28日《华西晚报》上，发表了题为《谈成都人吃茶》的系列文章，旗帜鲜明地为茶馆和茶馆生活辩护。但是有趣的是，他在该文章的最后说道：

> 如果今后新的公共场所建设，会人约朋，也可以少在茶馆里。我们不主张喊成都茶馆万岁……只消社会进步，有代替茶馆的所在出现，它定要衰落，甚至于不存在。不过，在今天，就是这个时候，还没有代替茶馆的地方出现，我们还是只好进茶馆，喝香片，休息，谈天，办事，会友……一切的一切，按成都的老话，"口子上吃茶"。

可见，即使这个茶馆最坚定的支持者和辩护者，对于茶馆的未来也是抱着悲观态度的，也相信茶馆必将随着社会的发展而被淘汰。然而，"老乡"和当时的人们做梦也想不到的是，即便在今天高度现代化的成都，各种不同类型和档次的公共娱乐空间令人目不暇接，茶馆也没有衰落，反而达到了前所未有的繁荣。

如果说晚清民国时期，成都茶馆生意的兴隆是由于缺乏其他公共场所的竞争，是由于饮水、燃料、信息传播、娱乐、休闲、社会交往等一系列的需要；那么当今这个城市已有各种公共场所供人们选择，过去家庭饮茶和使用热水等困难，皆已不复存在，为什么茶馆在数量上，会从民国时期的六百多家发展到世纪之交的三四千家，甚至在今天，成都的茶馆已经近万家了？这固然有成都地域扩大和人口增多的因素，但是一个不争的事实是，在今天的中国，成都茶馆可谓一骑绝尘，任何城市都不能望其项背。为什么仍然有许多人选择去茶馆喝茶？对这个问题，本书作出了回答并解释了其内在的动力。

这本关于社会主义时期茶馆的研究，涉及"国家"（或者"国家政权""国家权力""国家机器"）与地方社会、地方文化的关系问题。正如我在《茶馆：成都的公共生活和微观世界，1900—1950》的中文版序中指出的，书中所使用的"国家"一词，乃是指国家政权：

> 在英文中，与中文"国家"一词相近的词至少有三个是常用的，即country、nation和state。但这三个词在英语中有明显区别，country是从地缘的角度讲"国家"，nation是从民族的角度讲"国家"，而state是从国家体制和国家机器角度讲"国家"。在本书中，我所讲的"国家"是state，因此经常又是"政府"的同义词。作为state的"国家"，在本书中有时也

具有不同的含义，当相对人民而言，它是"政府"，可以是中央政府，也可以是地方政府……当相对地方而言，它是"中央政府"，具有state和"全国的"（national）的双重含义。

因此，读者最好把本书和上面提到的茶馆研究的第一部结合来读，两者合为成都茶馆的一部完整的百年史。这个百年史，虽然主题是茶馆，但也是从茶馆这个微观世界所看到的一部中国城市的百年经济史、百年社会史、百年文化史、百年大众史、百年日常生活史，乃至百年中国人的心性史。

这本专著是我写得最困难的书，在我的全部著述中，本书花的时间最长，付出的精力最多。本书的文献收集和田野调查是在1997至2003年间完成的，到2017年我把英文版终稿交给康奈尔大学出版社并完成本书的中文版，以及写下这篇序言的最初版本的时候，已经过去整整20年了。我在当时无比轻松地写道，这个课题"现在终于要画上一个句号了"。但是没有想到的是，从中文稿完成到修改这篇序言的第三稿，已经四年有余。

2006年《茶馆：成都的公共生活和微观世界，1900—1950》完成后，我便将主要精力都投放到了这部书的写作上，而且在2006至2007年度作为美国全国人文中心（National Humanities Center）的研究基金获得者，在那里待了一学年，把全部心思都放在本书的写作上。我当时想，有整整一年写作的垫底，这个写作计划应该是很顺利的。但是英文版初稿到2013年才完成，修改更是艰苦，花了几乎四年的时间。

然而，所有的这些付出都是值得的。本书英文版出版以后，受到学术界的极大关注,《美国历史评论》(*American Historical Review*)、《中国季刊》(*China Quarterly*)、《跨学科历史杂志》(*Journal of Interdisciplinary History*)、《中华人民共和国历史评论》(*The PRC History Review*)、《中国评论》(*The China Review*)、《历史·新书评论》(*History: Reviews of New Books*)、《中国研究·书评》(*China Review International*)等西方学术期刊发表了书评,给予了充分的肯定。特别是《中国研究·书评》发表的长篇专题评述,对本书的学术贡献进行了详细讨论。

更加令人欣慰的是,本书获得美国城市史学会(The Urban History Association)颁发的两年一度的"最佳著作奖"(2018—2019)。这是继《街头文化:成都公共空间、下层民众与地方政治,1870—1930》(*Street Culture in Chengdu: Public Space, Urban Commoners, and Local Politics, 1870—1930*)于2005年获颁此奖的14年后,我第二次获奖。颁奖词称:

> 本书的魅力在于从小的城市空间展示出大的政治变迁,这样,成都茶馆成为一个微观世界,由此可观察毛泽东时代的中国社会以及改革开放后的公共生活和经济发展。……本书以多学科交叉的研究取向,采用人类学和社会学研究的方法和理论,并挖掘各种历史文献,包括报纸、日记、个人记录,以及茶馆文化的口述数据,使这个研究非常深入。总之,本书不仅对中国和全球城市史的研究作出重要贡献,而且有助于我们进一步理解非西方语境下的市民社会和公共领域这样的重大问题。

以上提到的书评以及美国城市史学会的颁奖词，对本书的学术贡献进行了概括和评述，主要有如下几方面：第一，从小的城市空间展示了大的政治变迁，微观史的方法将我们对中国城市的观察引导深入社会的基层；第二，对社会主义时期公共生活的探索，展示了公共生活的变化，给读者提供大量生动的细节；第三，以多学科交叉的研究取向，采用历史学、人类学和社会学的方法和理论，把公共领域等问题的讨论与档案等文献的使用有机结合在一起；第四，发现和挖掘了丰富的资料，甚至有论者指出，仅就目前社会主义时期档案利用存在着的困难，这本书都有其特殊的价值；第五，进一步理解不同人群与国家权力的关系这样的重大问题；第六，写作风格适合一般读者，不仅分析和论述严密，而且有大量有趣的故事和描述；等等。

但是，也有西方学者就我对公共领域和市民社会的发展过于乐观提出商榷，在此我也利用这个机会进行回应。在本书的结论中，我讨论了改革开放以后公共领域的发展，将互联网视为一个可能的替代选项，因为人们能够接触到各方面的信息，言论表达不仅仅有官方的渠道，公共领域将不可避免地持续发展。

实事求是地说，虽然舆论环境在不断变化，但是无论如何比起纸媒时代，人们的表达渠道还是更多元化了。特别是对于一些突发事件和灾害，过去如果官媒不报道，我们便不得而知，也没有任何地方可以对这些问题进行公开讨论，但是现在信息和观点可以迅速扩散，大众有了传播和发表意见的机会。

而且，由于网络会议和讲座的广泛使用，民众能够更直接地与学者进行对话，知识分子思想的传播，超过以往的任何时期。以我自己的经历为例，2020年12月，我在北京大学博雅讲坛以"公共领域与当代中国的城市管理：疫情期间的历史思考"为题的讲座，据组织者所得到的数据，共有32万人在线收看。如此庞大的听众群体，是过去纸媒时代无论如何也不敢想象的。我与国内同仁的几次在线对话节目，听众也有几万乃至十几万。

当然，网上讲座的言论并不是可以随自己意愿任意地进行表达的，但还是能够发出理性的声音。例如我在上面提到的博雅讲坛的讲座，主题是公共领域与中国城市管理，而在1990年代，国内历史学界对公共领域的讨论，还有一些禁忌。记得我在1996年第一期《历史研究》发表了《晚清长江上游地区公共领域的发展》一文，接着该刊第二期发表了一篇与我这篇论文进行对话的文章，但很快，杂志对这个问题的讨论便戛然而止。

我在前面提到的博雅论坛讲座上，便对政府全方位的介入和公共领域的萎缩表达了下面的态度：

> 公共领域还有一个重要内容，就是"公论"，也就是公众舆论。就是说，不能只有官方的声音，得有社会、民间的声音，就是过去我们经常说的什么事情的评价都是"自有公论"，其实也就是今天我们经常说的"舆论监督"。要让公众去对一些重要事情发表看法，作出评判。让人民参与城市管理的决策，是有益无害的事情，可以让政府看到民意、民情。……

虽然在公共意见的表达上，现状并不令人满意，但是，我现在还不打算修正我在本书中关于公共领域的结论，因为历史的发展不是直线的，而是曲折的，事物总是在不断的变化之中，中国的公共领域（包括公共领域中十分重要的"公论"）的发展也不会是一帆风顺的。

谈到公共领域的问题，我想顺便提一下香港和澳门。这两个城市的公共领域一直比较稳定，那里自发的社会组织没有被政府有组织地禁止过，符合哈贝马斯（Jürgen Habermas）所说的"公共领域"几乎全部的特征。我说的"公共领域"，包括各种社会团体。这种团体可能是政治的、慈善的、教育的、文化的等社会各阶层的，以及行业的。并不是说他们不和政府发生关系，或者一定和政府发生对抗，甚至许多社会团体还接受政府的财政资助；但是他们能够保持相对的独立性，并在自己组织所代表的范围内提供服务或者争取自己的利益。从相当的程度上来讲，香港和澳门的公共领域，比改革开放以后在内地出现的公共领域要更为成熟，在城市中扮演着更重要的角色。

香港和澳门还有另一个特点，即没有经历过像内地城市那样剧烈的起伏波动。香港和澳门独特的城市发展路径，使它们成为中西方交流的桥梁。它们的社会和城市发展在相对稳定的情况下，基本上处于一个自然的发展状态。例如在香港，哪怕房价已经非常高，也并没有出现房地产的疯狂开发，大量绿地和山地仍被保留下来。而在澳门，为了建立大规模的娱乐设施，即使填海，也没有对老城进行大规模的清拆，它的老街区、庙宇、教堂、家庭作坊、老商铺等基本上都能够幸存下来。如果对照著名美国城市研究者简·雅各布斯（Jane Jacobs）《美国大城市的死与生》中的观点，一个城市是否适合居住，并不见于它有多少新的设施或者公园，而在于人们是否能够在走路的范围之内，得到比较完整的日常生活服务，包括商店、餐馆、咖啡馆、理发店等设施。那么，就此而论，澳门也算是一个比较理想的地方。对香港、澳门的城市史研究，大可选择它们自己的"微观世界"，如茶餐厅、教堂、街市甚至郊野公园，必能揭示其全新的历史图景，丰富我们对"城市"的认识。

最后，需要说明的是，中国学者对中华人民共和国的历史研究已经取得不少新成果，本书虽然也涉及一些有代表性的中文著述，但由于内容以英文写成，主要是针对西方学术界的观点进行讨论和对话，因此引用的英文文献要多于中文文献。不过这也有一个好处，中国读者可以就此了解西方有关中华人民共和国历史的研究，特别是关于城市研究的一些代表性观点和成果。

细心的读者或许可以发现，中文版和英文原版有许多不同的地方，这是因为中文版并没有完全根据英文版直译。我尽量按照中文写作的习惯进行了调整，例如不少引文，英文版只是点到为止，而中文的引述尽量完整，这也是作者自己翻译的一种特权吧。

王笛
2017年5月28日初稿于澳门大学
2017年7月22日二稿于沿长江的旅途中
2021年10月18日三稿于澳门大学

英文版序

这本书的写作经历了一个漫长的过程。我研究成都茶馆的兴趣开始于20世纪80年代。当时我正进行长江上游区域的社会研究，由于资料的限制，这项研究是非常困难的。20世纪90年代，我在为关于成都街头文化的博士论文收集材料时，发现了不少茶馆的资料，便初步打算写一部20世纪成都茶馆的百年史。但是，当我在成都市档案馆中陆陆续续收集到了大量关于茶馆的原始资料后，我决定把20世纪成都茶馆的历史，以1950年为界，分成两段来写。2006年，我完成晚清和民国时期的茶馆研究后，便开始了本书——社会主义时期成都茶馆的写作。难以置信的是，一晃11年过去了，这是我所有书中花时间最长的一本。在本书快要出版之际，我感到一股极大的轻松感。

我特别要感谢罗威廉（William Rowe）。把茶馆作为一个课题来研究，始于我在约翰斯·霍普金斯大学攻读博士之时，当时我在他的指导下学习。他也是第一位读到本书全稿的学者，给了我许多有建设性的意见。我还要感谢葛凯（Karl Gerth），他仔细通读了全稿，对本书的修改提出了综合性的意见。我非常感谢H.古德曼（Howard Goodman），他不仅对本书的文字进行了全面的梳理，而且在许多方面对本书稿的改进有所帮助。感谢曾小萍（Madeleine Zelin）、司马富（Richard Smith），还有罗威廉，他们在我为这项研究申请有关研究基金时写了推荐信。感谢康奈尔大学出版社的高级编辑E.安德鲁（Emily Andrew）对本书出版的热情支持，她在本书出版过程中的各个阶段进行了非常专业的指导。感谢康奈尔大学出版社所邀请的两位匿名评审人，他们对本书的评论和修改意见，使我获益匪浅。

我还要感谢美国全国人文中心和美国国家人文基金会（National Endowment for the Humanities）给我提供了全年的资助，使我于2006至2007学年能够全身心地投入这个计划的写作。作为美国全国人文中心该年度的研究员，我在与其他来自不同学校和学科的学者们的交流中，得到了不少的启发。感谢澳门大学在本书写作的最后阶段所提供的研究经费（SRG）。本研究还得到得克萨斯A&M大学若干项研究支持，包括国际旅行研究资助（International Research Travel Assistance Grant，2007）、学术推进和创造活动资助（Program to Enhance Scholarly and Creative Activities，2007）、人文中心和孔子学院资助（Stipendiary Fellowship, The Glasscock Center for Humanities Research and the Confucius Institute，2009）等。在本书的写作过程中，我还得到新加坡国立大学东亚研究所（The East Asian Institute of the National University of Singapore，2010）的资助，以支持我在那里以一个学期的时间专心从事写作。法国社会科学高等研究院（L'École des hautes études en sciences sociales，2011）资助了我在巴黎开展的关于这个专题的一个月讲学活动。我还得到上海师范大学都市文化研究中心的研究资助（2012）。我还要感谢成都市档案馆允许我使用它的馆藏，1997至2003年间，我在那里查询有关这个课题的各种档案资料，如果没有这些档案资料，这个课题不可能完成。感谢得克萨斯A&M大学的S. C. 伊文斯图书馆（Sterling C. Evans Library）对本研究的长期资料支持。

在本书的写作过程中，我还在美国亚洲研究协会（Association for Asian Studies）年会和其他学术会议上，发表了根据本研究所写的若干论文。我感谢会议的组织者、评论者和其他参加者对我论文的评论和建议。我还在一些大学和研究机构就这个研究进行了演讲，包括新加坡国立大学、德国埃朗根-纽伦堡大学（University of Erlangen-Nürnberg）、德国柏林自由大学（Free University）、法国社会科学高等研究院、巴黎狄德罗大学（Université Paris-Diderot）、南京大学、上海师范大学、武汉大学、华中师范大学、复旦大学、北京大学、中国人民大学等，参与演讲的老师和同学们都提出了非常有启发性的问题和建议。另外，本书的第一章（中文版第二章）和第六章（中文版第七章）的早期版本曾分别发表在《中国历史学前沿》（*Frontiers of History in China*）和《国际亚洲研究期刊》（*International Journal of Asian Studies*）上，英文版第四章和第五章的部分内容（中文版的第五章和第六章），发表在意大利《历史笔记》（*Quaderni storici*）上，感谢主编和出版社允许我再次使用这些资料。

在1997至2003年间，许多人为我考察成都茶馆提供了帮助，我向他们表示感谢，包括王晶、赖军、姜梦弼、杨天宏、侯德础、李旭东、王也等。最后，我感谢我的父母，在本书的研究和写作过程中，是他们给了我最有力的支持。我把本书献给他们。

目　录

第一章　导言：社会主义体制下的城市政治转型　*1*

　　社会主义国家和公共生活　*3*

　　公众、公共生活与政治文化　*8*

　　1949年以后的中国城市：国家与文化　*17*

　　档案的挖掘和田野调查　*27*

第二章　同业公会的终结与小商业的困境　*37*

　　民国时期的茶社业公会　*40*

　　同业公会的转型　*42*

　　茶社业公会的重组　*49*

　　独立性的消失　*56*

　　新公会与经济生活　*63*

　　新公会与"三反""五反"运动　*70*

　　茶馆业的萧条　*77*

　　小商业与国家控制　*81*

第三章　国家力量与社会主义娱乐的兴起　*84*

　　　　新文化机构的建立　*87*

　　　　接管戏班和戏园　*91*

　　　　制止业余和自发的茶馆娱乐　*100*

　　　　取缔打围鼓　*109*

　　　　民间艺人的结局　*113*

　　　　大众娱乐的社会主义改造　*120*

　　　　社会主义国家与文化转型　*133*

第四章　茶馆生活的衰落　*138*

　　　　20世纪50年代的茶馆生活　*140*

　　　　工业发展与茶馆生活的矛盾　*150*

　　　　茶馆里的政治和阶级斗争　*159*

　　　　20世纪60年代前期的茶馆表演　*164*

　　　　激进年代中的茶馆日常　*168*

第五章　改革时期茶馆业的复苏　*179*

　　　　枯木逢春　*185*

　　　　街角茶馆的归来　*190*

　　　　新式茶楼的兴起　*199*

　　　　与公园和寺庙共存　*205*

　　　　茶馆的多种功能　*214*

　　　　茶馆就是一个市场　*218*

　　　　生意场上的竞争　*222*

　　　　改革时代的国家、市场与茶馆　*226*

第六章　公共生活中的市民与外来工　228
　　　　共同兴趣与社交　232
　　　　娱乐场所　239
　　　　老年人的世界　249
　　　　男女服务员　253
　　　　进城谋生的人们　262

第七章　麻将与社区生活　282
　　　　关于麻将的诉讼　284
　　　　个人的故事：个体权利与集体利益　289
　　　　街坊的故事：居委会的困境　293
　　　　城市的故事：怎样塑造自己的形象？　297
　　　　国家的故事：地方问题还是全国问题？　310
　　　　公共生活中的市民、街坊与城市　314

第八章　结论：国家、茶馆与公共领域　320
　　　　早期政策：连续还是中断？　322
　　　　国家与茶馆娱乐　324
　　　　茶馆的复兴与解放了的市场　328
　　　　改革开放后的文化问题：国家与地方　330
　　　　公共领域与市民社会　335
　　　　茶馆的现代性与生命力　342

征引文献　348

后　记　419

第一章 导言：社会主义体制下的城市政治转型

我之所以选择社会主义制度下的成都茶馆作为探索公共生活的对象，是因为茶馆也如社会学家W. H. 怀特（William H. Whyte）在讨论咖啡馆时指出的，是一个"小的城市空间"[①]。我在2008年出版的《茶馆：成都的公共生活和微观世界，1900—1950》一书中强调过："在20世纪上半叶的成都，很少有其他公共设施像茶馆一样，对人们的日常生活那么重要，也没有其他的中国城市像成都一样有那么多的茶馆。"[②]在那本书中，我探索了晚清和民国时期发生在成都茶馆中的经济、社会、政治和文化转变，提供了一幅作为公共生活最基本单位的茶馆的日常文化全景图。那本书的主题

[①] William H. Whyte, *The Social Life of Small Urban Spaces*（New York: Project for Public Spaces, 1980）.

[②] Di Wang, *The Teahouse: Small Business, Everyday Culture, and Public Politics in Chengdu, 1900–1950*（Stanford: Stanford University Press, 2008）, p. 1.

是：经久不衰的地方文化不断地对抗着无情的西化大潮、现代化的转型、国家对公众生活的控制，以及文化的日趋同一性。也就是说，国家权力的上升与地方文化的衰弱这两个趋势，与城市改革和现代化是并存的，而这两种趋势都在茶馆中显示出来。

尽管本书继续关注成都的茶馆，但它要回答的问题和上一本《茶馆》是不一样的，因为本书所涉及的是新的政治和社会背景。今天成都仍然拥有超过任何其他中国城市的茶馆数量。在20世纪下半叶，茶馆在城市中的角色和重要性发生了明显变化，与晚清和民国时期相比，现在中国城市里有着更多的公共空间。今天的茶馆不得不与其他公共场所争夺顾客，室外的公共空间如街道、广场、人行道、自由市场、购物中心、公园等，室内的公共空间如剧院、电影院、画廊、博物馆、展览馆、拱廊、餐馆、咖啡馆等。然而，就像前现代时期中国社会中的大多数公共空间一样，茶馆仍然是中国大众文化的一个持久性象征，它在深远的政治变革、现代化及全球化之中继续发展。因此，茶馆仍然是一个非常有价值的历史研究课题，深入地了解茶馆的社会、文化和政治角色，能进一步帮助我们理解不仅是成都，而且是整个中国城市社会，以及中国城市社会与社会主义政治演变之间的广泛联系。此外，对茶馆和社会主义下公共生活的研究，有助于我们了解这种微小的城市空间和公共生活，在整个20世纪下半叶是怎样转化的。（图1-1）

图1-1 一家露天茶馆。该照片由李约瑟（Joseph Needham）摄于1943至1946年。感谢英国剑桥大学李约瑟研究所（Needham Research Institute, Cambridge University）提供并允许我在书中使用这幅照片。

社会主义国家和公共生活

本书从中华人民共和国成立开始，按照研究中国的历史学家和社会学家的分期法：毛泽东时代的中国（1949—1976）；毛泽东去世后的改革开放时代（1977至今）。这个研究聚焦于社会主义时期成都茶馆的微观历史，观察这个城市公共生活的进程，探索其中的故事以及变化的程度。从人民解放军接管成都开始，成都经历了1949至1976年间疾风暴雨般的政治运动，这些运动影响了人们的日常生活，我们将看到公共生活是如何走向衰落的。这个研究的后半部分，聚焦于毛泽东之后的改革开放时代，我们观察到了公共生活令人振奋的复兴。

茶馆生活是成都公共生活的一部分，但并不是全部，与这个国家的其他组成部分一样，它也在不断变化之中。在这个研究中，我们将会看到茶馆在日常生活中的重要性，以及为什么这种传统的、最基层的文化单位，在飞速发展的现代化过程中，以及面临其他各种公共空间挑战的情况下，继续焕发着活力，甚至日趋兴旺发达。此外，以茶馆生活为着眼点，观察政治和社会的变化，我们将看到改革开放给公共生活的复兴提供了一个重要的机会，创造并促进了公共领域的发展。J. 加德纳（John Gardner）在其对1950年代早期"五反"运动的研究中指出："对这个政权来说，那时中国的资本家似乎并不是真正的问题，尽管没有关于他们态度的实际分析，但资本家们似乎对在社会主义经济体制框架里的运作颇为满意。"[1]但可惜的是，这个蜜月期并没有维持太长。

他们没有想到，包括早期研究那个时代的学者们也没能预测到的是，中国在毛泽东时代后会转向市场经济。中共现在面临着如何运用政治的力量，把市场经济植根于社会主义体制之中的问题。改革开放后的中国仍然坚持社会主义制度，但在经济上实际

---

[1] John Gardner, "The Wu-fan Campaign in Shanghai", in *Chinese Communist Politics in Action*, ed. Doak A. Barnett (Seattle and London: University of Washington Press, 1969), p. 539.

已经容纳了多种复杂的成分。[①]改革开放以后，社会主义的意识形态随着时代的发展，发生了一些变化。一方面，党和政府密切关注着一些重要的部门，如媒体、教育、出版物等；另一方面，他们放松了对一些领域如小商业、大众娱乐，和商业文化的直接控制，留给茶馆更多的空间以供人们公共生活与社会活动之需。

本书通过考察20世纪下半叶的成都茶馆，试图回答如下问题：国家权力怎样介入小商业的经营之中？社会主义娱乐是怎样在地方社会中建立起来的？传统行会发生了怎样的变化，最后怎样走向死亡？政治运动怎样改变了茶馆和公共生活？在改革开放时期，茶馆是如何走向复兴的？公共生活是怎样影响城市形象，国家和人民又是如何看待这一问题的？等等。通过回答这些问题，我们可以加深对国家机器下的成都公共生活和政治文化的理解，并从对成都的历史考察中，折射出其他中国城市的一些共同经历。如下四个核心论点贯穿本书。

第一，在新中国成立初期，国家控制了城市公共生活的场所以及休闲活动的各种形式与内容。虽然百废待兴，但新政权立即采取行动，开始对日常生活与大众娱乐进行改造。在晚清至民国期间，大众文化一直抵制精英和国家的控制。在1949年以后，我们仍然可以看到这种抵制，但是当与强大的国家机器进行对抗时，这种抵制的结果是十分有限的，许多娱乐与大众文化的传统形式逐渐消失了，因为它们不为"革命文化"与社会主义宣传所认同。

---

① Li Zhang, *Strangers in the City: Reconfigurations of Space, Power, and Social Networks within China's Floating Population* (Stanford: Stanford University Press, 2001), p. 2.

不过，我们应该认识到，虽然毛泽东时代在政策上对茶馆以及其他公共空间实行严格限制，但是公共空间、日常生活和大众文化有着顽强的张力，一旦有了机会，便会复苏发展。另外，国家的政策也不总是一成不变的，随着政治运动的起落，国家对公共空间和日常生活的控制也时松时紧。

第二，改革开放是公共生活的一个转折点，因为国家把重心放到了发展经济上，减少了对日常生活的介入。在经济和社会发展的同时，公共生活也逐渐复苏并变得越来越自由，日常生活更多地被开放的市场和经济改革支配。在很大程度上来说，公共生活逐渐脱离了我们过去熟知的社会主义的轨道。复苏后的公共生活与之前有了很大的区别，新兴的商业文化对茶馆和茶馆生活产生了重要的影响。作为本土文化的代表，茶馆在面临全球化的进程中，也需要寻找一条适应自身发展的道路。

第三，毛泽东时代和改革开放时代也并不是截然分离的，而是作为一个政治体系的两个阶段，这两个时代体现了社会主义国家政策的延续性，并影响到现今中国社会的各个方面。周杰荣（Jeremy Brown）和毕克伟（Paul Pickowicz）在他们对1950年代中国的研究中指出，在改革开放后，也有人开始赞颂1950年代，并提供了关于那个时代的美好记忆：

> 改革开放时代的出版物对20世纪50年代早期有着积极的记忆，这两个时期有惊人的相似之处，但并不只是巧合。中华人民共和国在1949年10月成立之后（以及20世纪70年代毛泽东逝世之后）出现了农民进城大潮，私营工厂与国营大

公司和平共存，教会和非政府的组织在共产党领导下运作，资本家和其他无党派人员支持共产党政权并参与国家政策的制定。①

尽管有这些相似之处，但我要指出的是，20世纪50年代和改革开放时期有区别。前者是从很少国家干预的市场经济，转向国家控制加强的计划经济的一个时期。尽管20世纪50年代农民还能进城务工，但国家已经开始强制把一些城市居民送到农村（详见第二章与第三章），后来又设立了户口登记制度，来防止农民迁入城市。改革开放时代的发展方向与20世纪50年代是有区别的，即从国家紧密控制的计划经济，逐渐转向减少了国家干预的市场经济。

第四，改革开放后，社会主义国家也从未完全置身于社会和文化生活之外，它仍然施加影响。所以张鹂（Li Zhang）在研究转型中的城市外来工时，提出人们认为市场经济的发展是"国家的退出"和"市场与资本主义的胜利"，是一种错误的设想。②王瑾（Jing Wang）也持有相似的看法。她试图去解释，"在20世纪90年代，文化作为一种政治和经济资本的积累形式，是怎样被重新建

---

① Jeremy Brown and Paul G. Pickowicz, "The Early Years of the People's Republic of China: An Introduction," *in Dilemmas of Victory: The Early Years of the People's Republic of China*, eds. Jeremy Brown and Paul G. Pickowicz (Cambridge: Harvard University Press, 2007), pp. 1–18.

② Li Zhang, *Strangers in the City: Reconfigurations of Space, Power, and Social Networks within China's Floating Population* (Stanford: Stanford University Press, 2001), p. 11.

构的"。"国家不仅参与到了文化建设之中,还通过市场提高了其影响大众文化的能力,特别是在话语层面。"因此,"国家重新发现,它能够像运用新兴的科技到经济之中一样,把其作为治国策略之一,这是从中华人民共和国创立以来最富创造性的手段之一"。①

但是我认为,国家在毛泽东时代以后不过是找到了一种新的更微妙的方式去影响文化与娱乐。尽管新的消费文化无疑比之前更加多样化,但地方文化的特质越来越弱,更多的是呈现出千篇一律的同一性,而非充满生气的丰富多彩,这反映了统一的国家文化的胜利。这种国家文化可能被现代化、商业化及政府行为驱动。国家的现代化发展政策有利于统一文化的形成,但同时地方文化的生存面临挑战,并不断地被削弱。虽然自从改革开放以来,相较而言国家的参与已经减少很多,但这不过是管理国家的策略与方式的改变,政权的影响力仍然是巨大的。虽然人们有更多的自由前往公共空间并享受公共生活,但是国家其实也积极参与到大众文化的创造之中。

公众、公共生活与政治文化

前近代中国存在着一种"公"的概念,它涉及官与私之间的

---

① Jing Wang, "Culture as Leisure and Culture as Capital," in *Chinese Popular Culture and the State* (Durham: Duke University Press, 2001), p. 71. 也可参见 Jing Wang, "The State Question in Chinese Popular Cultural Studies," *Inter-Asia Cultural Studies* 2, no. 1 (2001), pp. 35–52。

领域，尽管人们利用公共场所进行活动，但学者们还几乎没有进行过关于中国社会的"公共生活"的学术讨论①。本书中的"公"总是与"公共空间"联系在一起。在晚清，人们经常讨论"公众"（或者"公共"）的问题，这与自发组织和"公共舆论"联系在一起，正如冉枚烁（Mary Rankin）、罗威廉等美国学者在1990年代已经讨论过的。②在辛亥革命、军阀混战和国民政府时期，"公众"在国家和地方政治中扮演了重要角色。这时的"公众"可能有若干意思，诸如媒体、知识精英、地方民众、各种社会组织等，它们经常与政府和官员相区别。1949年以后，随着党和国家对政治、经济和文化的控制，以及日趋激进的意识形态和政策，"公众"这个词变得越来越敏感。"文化大革命"初，通常讲的是"群众"或者"革命群众"，它们的反义词便是"反革命"或者"反动分子"。从一定程度上看，在革命的话语中，"群众"（或者"革命群众"）即是积极跟随党和政府、参与各种政治斗争的大众。虽然"革命群众"在公共空间也会有他们的"生活"，但是这些都不是自发

---

① William T. Rowe, "The Public Sphere in Modern China," *Modern China* 16, no. 3（July 1990）, pp. 309-329.

② Mary B. Rankin, *Elite Activism and Political Transformation in China: Zhejiang Province, 1865-1911*（Stanford: Stanford University Press, 1986）; Mary B. Rankin, "The Origins of a Chinese Public Sphere: Local Elites and Community Affairs in the Late Imperial Period," *Études Chinoises* 9, no. 2（1990）, pp. 14-60; Mary B. Rankin, "Some Observations on a Chinese Public Sphere," *Modern China* 19, no. 2（April 1993）, pp. 158-182; William T. Rowe, *Hankow: Conflict and Community in a Chinese City, 1796-1895*（Stanford: Stanford University Press, 1896）; Rowe, "The Public Sphere in Modern China"; William T. Rowe, "The Problem of 'Civil Society' in Late Imperial China," *Modern China* 19, no. 2（April 1993）, pp. 139-157.

图1-2 一家中产阶级喜欢光顾的茶馆。该照片由李约瑟摄于1943至1946年。感谢英国剑桥大学李约瑟研究所提供并允许我在书中使用这幅照片。

的,而是党和国家组织者推动的。这种状况在改革开放后极大地改变了,国家的控制在许多方面都发生了转变,人们在政治和公共生活等方面,有了越来越多的自由。随着改革开放和思想解放,人们有了更多机会参与国家和地方政治,并形成了公众舆论,这种舆论甚至经常可以影响到国家和地方政治。这样,"公众"返回到公共的事务中,在政治生活和政治文化中起着重要的作用。(图1-2)

在中国研究领域,对公共生活的探讨甚少,但在西方,关于公共生活的研究已经有了深厚的基础。R. 桑内特(Richard Sennett)在其极有影响的《公共人的衰落》(1977)一书中便指出,如今的"公共生活已经成为一项正式的职责"。①这里,他把作为现代概念的"公共生活"视为一个人的政治生活,在某种意义上指公共服务、政治上的地位以及选举等。但是在前现代的欧洲城市中,桑内特认为公共生活是发生在公共场合的,即"家庭和密友之外"的"公共领域",即其他人所能看到的生活,而在家庭和密友领域中的私人生活是外人所看不到的。他还指出要研究"公共生活",人们得找到谁是"公众",他们身处何时何地。在18世纪早期的伦敦与巴黎,资产阶级日趋"较少去掩饰他们的社会身份",城市也变成了"一个不同社会群体开始互相接触的世界"。②R. 特雷克斯勒(Richard Trexler)在他的《文艺复兴时期佛罗伦萨的公共生活》(1980)一书中有不同的着眼点,他考察了"古典的公共仪式"。他关于"公共仪式生活"的概念包括"边缘群体"的斗争,以及他们对"传统社会与仪式组织"的挑战。他的研究与桑内特所提出的"公共人衰落"的观点是不相符合的。③

简而言之,桑内特和特雷克斯勒对公共生活的限定可以视为狭义的,而另一些学者采取的是更广泛的定义。例如,J. 福雷斯特(John Forester)在他所编辑的《批判理论与公共生活》(1988)一书中,把"公共生活"一词置于J. 哈贝马斯的社会批判传播理论(critical communications theory of society)之下,并把其定义为

---

① Richard Sennett, *The Fall of Public Man: On the Social Psychology of Capitalism* (New York: Vintage Books, 1977), p. 3.
② Sennett, *The Fall of Public Man*, p. 17.
③ Richard C. Trexler, *Public Life in Renaissance Florence* (Ithaca: Cornell University Press, 1980), p. 23.

"在工作场所、在学校、在城市规划过程以及更广阔的社会、政治与文化背景之下的日常生活与社交行为"①。不过,Y. 那瓦若-雅辛（Yael Navaro-Yashin）给予了公共生活最广义的描述。在其《国家的面孔：土耳其的世俗主义与公共生活》（2002）一书中，她把"公共生活"分析为"公共领域""公共文化""市民社会"，以及"国家"，然后讨论这些领域中的"权力"与"抵抗"。她根据这种公共生活的概念，认为"人民和国家并不是相反的范畴，而是在同一个领域"②。

在我的这项研究中，我所称的公共生活更接近桑内特的定义，即人们在家庭和密友以外的生活。③我与那瓦若–雅辛不同。相对于发生在家中和其他隐匿于公众视野的私人生活而言，我把公共生活看作每天在公共空间中发生的社交、休闲与经济活动。我所讨论的公共生活的概念包含以下几个方面：（1）人们在共享的公共空间中的活动；（2）在这些地方，人们对隐私没有期待；（3）人们的活动可由社会、休闲或政治原因驱动；（4）公共生活中的活动可以被政治形势和政治文化影响；（5）自发日常的公共生活，

---

① John F. Forester, "Introduction: The Applied Turn in Contemporary Critical Theory," in *Critical Theory and Public Life*, ed. John F. Forester (Cambridge: MIT Press, 1987), p. 9.
② Yael Navaro-Yashin, *Faces of the State: Secularism and Public Life in Turkey* (Princeton: Princeton University Press, 2002), p. 2.
③ 其他关于公共生活的研究，见 John Keane, *Public Life and Late Capitalism: Toward a Socialist Theory of Democracy* (Cambridge: Cambridge University Press, 1984); Stephen D. Reese, Oscar H. Gandy Jr. and August E. Grant, eds., *Framing Public Life: Perspectives on Media and Our Understanding of the Social World* (Mahwah: Lawrence Erlbaum Associates, 2001); Hwa Yol Jung, ed., *Comparative Political Culture in the Age of Globalization: An Introductory Anthology* (Lanham: Lexington Books, 2002).

而非由国家主导的各种活动（例如国家组织的游行、集会、庆典等）。

人类学家阎云翔指出，"改革开放时代的公共生活有一个巨大的转变，即群众集会、志愿工作（voluntary work）、集体聚会等其他'有组织的社会活动'的消失，而这些活动在毛泽东时代扮演着中心角色。现在取而代之的是新形式的私人聚会"。在毛泽东时代，公共生活是"有组织的社会性"活动，强调"以国家为中心和官方意识形态"，强调"个人服从集体"。[①]虽然我不同意阎所称的毛泽东时代有所谓真正"自愿工作"的广泛存在（那时候在"自愿"的旗帜下的活动，多是官方组织、认可或支持的，否则便很难发生），但是他对改革开放公共生活从集体到个人的转变，是一个准确的观察。一些学者或许会指出，我们也必须考察1949至1976年间由国家主导的公共活动，这也是公共空间的生活之一部分。但是我想强调的是，这种官方组织的活动，缺乏自发性和独立意识的表达。在1949年之后直至"文化大革命"，自发的活动和不同的声音受到限制，而组织和宣传的活动处于统治地位。[②]改革开放以后，"在非官方的社会和空间领域，新的社会交往注重个性化和个人愿望"。公共生活和社会化的中心，从大规模国家控制的公共空间（诸如城市广场、体育馆、工人俱乐部等），转移到空间

---

① Yunxiang Yan, "Of Hamburger and Social Space: Consuming McDonalds in Beijing," in *The Consumer Revolution in Urban China*, ed. Deborah Davis（Berkeley: University of California Press, 2000）, p. 224.

② 见 Daniel Leese, *Mao Cult: Rhetoric and Ritual in China's Cultural Revolution*（Cambridge: Cambridge University Press, 2011）。

较小、商业化的区域。① 近几十年来，除了剧院、电影院、公园、广场、饭店、购物中心等，我们可以看到酒吧、咖啡馆、网吧、私人俱乐部、舞厅、保龄球馆等公共空间的兴起，但是在成都，茶馆仍然处于中心的地位，茶馆为各种人群提供各种服务，是都市文化的一个重要组成部分，也是都市变迁的见证。

通过对20世纪下半叶成都茶馆所展示的政治文化（political culture）的研究，本书讨论了中国的经济、社会、文化和政治环境的转变。G. 阿尔蒙德（Gabriel Almond）与G. B. 鲍威尔（G. Bingham Powell）把"政治文化"定义为"在一定时期内，对一个国家现有政治的一系列态度、信仰与感受"。② 1971年，政治学家R. H. 所罗门（Richard H. Solomon）出版了《毛泽东的革命与中国政治文化》，他以"政治文化"这个术语去探求"影响政治行为的中国人的社会态度、情感关注与道德规范"。他对政治文化这一概念进行了政治学的解释，即"关于社会与文化体系的学说"。③ 按照所罗门的定义，"政治文化"无处不在，例如，它出现于一个社会的"社会化实践""父母教育孩子的方式""教师对于学生如何处理他们将会步入的成人世界的指导"等之中。④ 与所罗门相似，白鲁恂（Lucian W. Pye）在其文章《文化与政治科学：政治文化概

---

① Yan, "Of Hamburger and Social Space," p. 224.
② Gabriel Almond, "Comparative Political Systems," *Journal of Politics* 18, no. 3（August 1956）, pp. 391–409; Gabriel Almond and G. Bingham Powell, *Comparative Politics: System, Process, and Policy*（Boston: Little, Brown, 1978）, p. 25.
③ Richard H. Solomon, *Mao's Revolution and the Chinese Political Culture*（Berkeley: University of California Press, 1971）, p. 2.
④ Solomon, *Mao's Revolution and the Chinese Political Culture*, p. 13.

念的评价问题》(1972)中,把"政治文化"定义为态度、信仰、情感、政治进程、管理行为、政治理想、公众观点、政治意识形态、基本共识、价值观及政治情感等。①这些研究描述了什么是政治文化,从"感受"到"道德规范"直至"意识形态"。

20世纪80年代,一些历史学家也开始使用"政治文化"的概念,例如L.亨特(Lynn Hunt)的法国史研究。不同于政治学家比较广义的理解,亨特的政治文化概念相对狭义。她在早期的《法国大革命中的政治、文化和阶级》一书中就考察了"革命中的政治文化",并揭示了"政治行为的规则",其中包括"表达和塑造了集体意图与行动"的价值观、期望与潜在的规则。亨特认为,政治文化吸收了"革命政治行为的逻辑"与"实践的标志",如语言、想象与姿态等。②P.伯克(Peter Burke)也看到了政治文化运

---

① Lucian W. Pye, "Culture and Political Science: Problems in the Evaluation of the Concept of Political Culture," *Social Science Quarterly* 53, no. 4 (September 1972), pp. 285–296.

② Lynn A. Hunt, *Politics, Culture, and Class in the French Revolution* (Berkeley and Los Angles: University of California Press, 1984), pp. 10–13. 关于法国革命中的政治文化,见Keith Michael Baker, ed., *The Political Culture of the Old Regime* (Oxford: Pergamon Press, 1987)。关于一般的政治文化,见Lucian W. Pye and Sidney Verba, *Political Culture and Political Development* (Princeton: Princeton University Press, 1965); Archie Brown and Jack Gray, eds., *Political Culture and Political Change in Communist States* (London: Macmillan, 1979); Edward Weisband and Courtney I. P. Thomas, *Political Culture and the Making of Modern Nation-States* (London: Routledge, 2014)。关于中国政治文化的研究,见Thomas A. Metzger, "Chinese Communism and the Evolution of China's Political Culture: A Preliminary Analysis," *Issues and Studies* 15, no. 8 (August 1979), pp. 51–63; Jonathan R. Adelman, "The Impact of Civil Wars on Communist Political Culture: The Chinese and Russian Cases," *Studies in Comparative Communism* 16, no. 1–2 (Spring-Summer 1983),

作的不同范围。他指出这个概念涉及两个范畴：一是"政治态度或不同群体的理念"；二是"表达这些态度或理念的方式"。^①而在我的这项研究中，我将增加一个领域，即社会主义国家机器，它运作于具有各种理念的集团之上，并可直接利用其权力把政治文化植入人们的日常生活之中。这项研究以茶馆为切入点，对1949年以后的中国公共生活进行研究，我们将会对那个激进的、意识形态化的时代有更深入的观察。

在这项公共生活的研究中，我或多或少地采取了亨特对政治文化比较狭义的取向，并没有使用政治学家们那种广义的概念。亨特发展了"政治文化"这个工具概念，去研究法国大革命中的"革命的政治文化"，而我用它去研究社会主义中国的日常生活，特别是从1950到1977年以及随后的改革开放时代，观察公共生活是如何被政治塑造的。通过茶馆这个微观世界，去考察社会主义

（接上页）pp. 25-48；Peter Zarrow, *Anarchism and Chinese Political Culture*（New York：Columbia University Press，1990）；Guantao Jin，"Socialism and Tradition：The Formation and Development of Modern Chinese Political Culture，" *Journal of Contemporary China* 3（Summer 1993），pp. 3-17；Jeffrey N. Wasserstrom and Elizabeth J. Perry, eds., *Popular Protest and Political Culture in Modern China*（Boulder：Westview，1994）；Peter R. Moody，Jr.，"Trends in the Study of Chinese Political Culture，" *China Quarterly* 139（September 1994），pp. 731-740；Howard L. Goodman, *Ts'ao P'i Transcendent：The Political Culture of Dynasty-founding in China at the End of the Han*（London：Routledge，1998）；Shiping Hua, ed., *Chinese Political Culture, 1989-2000*（Armonk：M. E. Sharpe，2001）；Aihe Wang, *Cosmology and Political Culture in Early China*（Cambridge：Cambridge University Press，2006）；Zhong Yang, *Political Culture and Participation in Rural China*（New York：Routledge，2012）。

① Peter Burke, *What is Cultural History?* 2nd edition（Cambridge：Polity，2008），pp. 105-106.

国家的政治文化，探索政治权力如何管控社会的方方面面，政治权力是怎样决定了人们的日常生活与文化生活，以及社会主义政治与文化是如何渗入广阔的公共生活之中的。我们还将看到革命和其他政治运动在多大程度上影响了人们之间的关系，以及个人与国家之间的关系。到目前为止的许多关于中国政治文化的研究，关注的是国家政治、政策制定、国家意识形态以及政治精英的活动，但本书将进入政治与文化的最底层，去观察在最基本的社会单位上，政治与文化的交互作用。

1949年以后的中国城市：国家与文化

西方研究1949年以后的中国城市有三种取向，这三种取向基本上是按时间顺序发展的。

第一种，20世纪80年代之前，有少量的关于1949年以后的中国城市的研究，主要是政治学家和社会学家完成的，他们讨论各种与城市政治和社会相关的问题，更多地强调政府政策而不是社会本身，提供了观察中国城市的一个宏观视角。政治学家J. W. 刘易斯（John Wilson Lewis）在1971年编辑出版了关于1949年到当时中国城市的管理与转变的论文集，这本论文集涵盖了公安局、城市干部、工会、商业、教育、人力资源管理等问题。这本书从政治学的角度考察了社会主义城市的管理。①

1984年社会学家怀默霆（Martin King Whyte）与白威廉（William L. Parish）出版了第一本关于社会主义中国城市生活的专题著作《当代中国的城市生活》，它旨在回答政治、经济、安全、服务、婚姻、家庭结构、妇女地位、城市组织、犯罪、社会控制、政治控制、宗教、社会价值观和人际关系等一系列问题。②几年后，怀默霆为《剑桥中国史》的第15卷写了题为《共和国的城市生活》一章。在这一章中，他分别描述了中国在1949至1956年、1957至1966年、1967至1976年、1977至1980年间的城市生活。从怀默霆的研究中，我们可以看到人们对共产党接管城市的响应、苏联模式与城市发展、城市精英与普通群众的关系、城市组织与政治运动如"大跃进"与"文化大革命"引起城市生活的混乱等问题。

---

① John Wilson Lewis, ed., *The City in Communist China*（Stanford：Stanford University Press，1971）。这部论文集中的大部分论文都从全国视角进行研究，但是也有几篇研究城市，不过都聚焦于上海。其中应该特别注意的论文有：孔杰荣（Jerome Alan Cohen）的《草拟人民调解法规》，讨论了"人民调解系统"的建立；J. W. 色拉夫（Janet Weitzner Salaff）的《伴随"文化大革命"而来的城市居民小区》可能是最早对中国社会主义城市基层社会的研究（Jerome Alan Cohen,"Drafting People's Mediation Rules," in *The City in Communist China*, ed. Lewis, pp. 29–50; Janet Weitzner Salaff, "Urban Residential Communities in the Wake of the Cultural Revolution," in *The City in Communist China*, ed. Lewis, pp. 289–323）。1979年，薛凤旋（Victor Fung-shuen Sit）出版了《社会主义改造过程中国城市的街邻店铺》，从全国的角度第一次以小区层面考察了城市小商店（Victor Sit, "Neighbourhood Workshops in the Socialist Transformation of Chinese Cities," *Modernization in China* 3 [1979], pp. 91–101）。

② 他们所依据的大部分资料，来自对内地50个城市中133人的采访记录，多数是1977至1978年间从岭南地区来到香港的人，当时他们还不能接触到内地的资料（Martin King Whyte and William L. Parish, *Urban Life in Contemporary China* [Chicago：University of Chicago Press，1984]，p. 5）。

怀默霆也涉及了改革开放初期的城市问题，包括重新恢复高考制度、实行独生子女政策、控制犯罪等。他指出，"1949年以后，当局在相当大的程度上，认为依靠紧密的组织系统与坚定的意识形态，将成功解决城市问题。这种假设忽略了大众价值观与期望对当局政治的影响"①。怀默霆是迄今为止第一个系统地考察中华人民共和国城市生活的学者，其有关1949年以后中国城市生活的研究，迄今为止仍然是最全面的。

第二种取向则通过实证的、档案资料的分析，更多关注社会主义时期的个人经历。持这个取向的学者几乎都是历史学家，他

---

① Martin King Whyte, "Urban life in the People's Republic," in *The Cambridge History of China*, Vol. 15, eds. Roderick MacFarquhar and John King Fairbank (Cambridge: Cambridge University Press, 1991), p. 740. 关于这个时期城市经济的研究，可参见 Dorothy J. Solinger, *Chinese Business under Socialism: The Politics of Domestic Commerce in Contemporary China* (Berkeley: University of California Press, 1984) 和 Arlen V. Meliksetov, "'New Democracy' and China's Search for Socio-Economic Development Routes, 1949-1953," *Far Eastern Affairs* 1 (1996), pp. 75-92。一些中国史学家写的中华人民共和国史也采取这种取向。迄今为止最系统、最全面研究20世纪50年代中国的著作，是杨奎松的《中华人民共和国建国史研究》（南昌：江西人民出版社，2009），涉及1949年以后主要的政治与管理问题，例如土地革命、镇压反革命运动、"三反""五反"运动、干部任命政策、工资制度、对民族资产阶级的政策等。这本书主要从全国的角度出发，虽然也用两章描述了上海的镇反与"三反""五反"运动。金观涛主编了十卷六百万字的《中华人民共和国史，1949—1981》（香港：香港中文大学出版社，2009），以编年的形式叙述了主要的政治运动、经济和外交史。然而，这两部书都没有讨论城市生活、休闲和娱乐。关于成都的研究，何一民主编的《变革与发展：中国内陆城市成都现代化研究》（成都：四川大学出版社，2002），对成都历史，特别是近代历史进行了系统研究，但1949到1976年的历史完全被忽略了。这本书分为两部分，第一部分写从古代到1949年前后，但第二部分便直接写改革开放后的成都了。为什么要跳过1949到1976年的阶段呢？缺乏资料和对这个时期缺乏研究，应该是当中主要的原因。

们的研究著述几乎都是在2000年以后出版的。其中重要的成果之一是由周杰荣与毕克伟编辑的《胜利的困境：中华人民共和国的最初岁月》[①]。历史学家与政治学家、社会学家及人类学家不同（后面我将讨论这个问题），他们在研究1949年以后的中国城市时，使用的主要是档案资料。在周杰荣与毕克伟的导言中，他们讨论了研究1949年以后中国城市的困难性："直至中国大陆对外国研究者开放之前，对20世纪50年代早期的研究资料只限于报纸和海外人员的口述。这种情况在毛泽东去世后改变了，对新材料的发掘彻底改变了对毛泽东时代的看法。"改革开放后，随着收集档案渠道的逐渐开放，更多的历史细节被揭示出来，所以我们对共和国史

---

① 这本书分为四部分，"城市接管"部分的三篇文章是魏斐德（Frederic Wakeman）研究的上海新秩序、裴宜理（Elizabeth Perry）研究的工人阶级、温奈良（Nara Dillon）研究的私人慈善事业（Frederic Wakeman, Jr., "'Cleanup': The New Order in Shanghai," pp. 21-58; Elizabeth J. Perry, "Masters of the Country? Shanghai Workers in Early People's Republic," pp. 59-79; Nara Dillon, "New Democracy and the Demise of Private Charity in Shanghai," pp. 80-102）。在"占领边缘"部分，两篇文章讨论了毛泽东时代的娱乐。林培瑞（Perry Link）指出相声是具讽刺性的，这种艺术形式比其他形式更容易触及"红线"。相声演员积极参与到革命文化的建设之中，却仍然与新政权的理念发生冲突。毕克伟在考察石辉的命运时，展示了一位著名的电影演员试图参演革命电影，结果却在反右运动中自杀了。周锡瑞（Joseph Esherick）与高家龙（Sherman Cochran）揭示了1949年以后的知识分子与资本家的命运。周锡瑞讲述了北京叶氏兄弟的故事，指出"对于叶家兄弟来说，人民共和国早期是在战争与革命之后，姗姗来迟的、最难得的正常生活"；但是，"政治逐渐渗入，就像逐渐扩大的阴影，结果使未来的岁月变得灰暗"（Joseph W. Esherick, "The Ye Family in New China," p. 336）。在高家龙的研究中，我们看到资本家刘鸿生与共产党的合作，"不仅没有使他遭受损失，反而让他受益良多"。高家龙总结道："刘鸿生关于社会主义与资本主义能在中国并存的信仰可能是正确的。"（Sherman Cochran, "Capitalists Choosing Communist China: The Liu Family of Shanghai, 1948-1956," pp. 380-385）以上文章的页码，都来自Brown and Pickowicz, eds., *Dilemmas of Victory*。

有了一个更深入的了解。"尽管各地接触档案的渠道和馆藏都不尽相同,但是一般来说,1950年代早期的中文档案与文件、报告等,比以后的时期要更容易看到。"这些地方档案能为"研究共产党接管城市机构与重组城市社会提供多得多的细节"①。

---

① Brown and Pickowicz, "The Early Years of the People's Republic of China: An Introduction," pp. 5-6。例如高峥(James Gao)关于共产党接管杭州的著作,便是以市政档案中的资料为基础,通过考察诸如城市政策的发展、干部、朝鲜战争、"三反""五反"运动等问题,来探索从国民党政府到社会主义国家的转变的(James Z. Gao, *The Communist Takeover of Hangzhou: The Transformation of City and Cadre, 1949-1954* [Honolulu: University of Hawai'i Press, 2004])。2012年,《中国历史学前沿》(*Frontiers of History in China*)出版了一期专辑:《重塑中国社会:20世纪50和60年代的人民、干部,以及群众运动》,其中大多数文章都是基于档案资料的研究。除了我自己关于成都茶社业公会的文章,其他文章涉及上海贫民区、宗教组织、古董收藏者等。(Christian Henriot, "Slums, Squats, or Hutments? Constructing and Deconstructing an In-Between Space in Modern Shanghai [1926-1965]," pp. 499-528; Di Wang, "Reorganization of Guilds and State Control of Small Business: A Case Study of the Teahouse Guild in Early 1950s Chengdu," pp. 529-550; J. Brooks Jessup, "Beyond Ideological Conflict: Political Incorporation of Buddhist Youth in the Early PRC," pp. 551-581; Joseph Tse-Hei Lee, "Co-Optation and Its Discontents: Seventh-Day Adventism in 1950s China," pp. 582-607; Denise Y. Ho, "Reforming Connoisseurship: State and Collectors in Shanghai in the 1950s and 1960s," pp. 608-637。以上文章都发表在 *Frontiers of History in China* 7, no. 4 [December 2012]。)在2011年,这本刊物还发表了安东篱(Antonia Finnane)关于20世纪50年代早期北京裁缝的文章(Antonia Finnane, "Tailors in 1950s Beijing: Private Enterprise, Career Trajectories, and Historical Turning Points in the Early PRC," *Frontiers of History in China* 6, no. 1 [2011], pp. 117-137)。此外,还有两本关于社会主义城市文化生活的专著,但主要还是关注上海。如姜进(Jin Jiang)关于社会主义初期的文化转型的开拓性研究《女扮男装:20世纪上海越剧和社会变迁》,通过越剧探索共产党政权对艺术表演与大众娱乐的影响(Jin Jiang, *Women Playing Men: Yue Opera and Social Change in Twentieth-Century Shanghai* [Seattle: University of Washington Press, 2009])。何其亮(Qiliang He)最近一本关于江南地区(主要是上海和苏州)的评弹的著作,从中我们可以看到更多关于社会主义国家影响表演艺术的细节(Qiliang He, *Gilded Voices: Economics, Politics, and Storytelling in the Yangzi Delta since 1949* [Leiden: Brill, 2012])。

关于中华人民共和国历史的最新研究，还有周杰荣和蒋迈（Matthew D. Johnson）主编的《草根阶层的毛主义：早期社会主义时期的日常生活》（2015），其中有三篇文章涉及京、津、沪三个城市。正如编者所指出的，过去的研究"主要是从上到下，集中在国家"，但是这个论文集关注的是"村庄、工厂、邻里、县级、少数民族地区，从下往上，日常生活的语境"。他们还发现，"国家和社会是不可能截然分开的"。① 像西方的历史学家一样，中国的学者基本从2000年以后才开始研究社会主义时期的城市。尽管存在各种政治因素的限制，在过去的十余年里，国内仍然出现了一些重要且值得引起我们关注的中文成果，特别是新材料的发现和新主题的开拓。但是，大部分新出版的作品都是政治史，很少研究城市史。当然，上海是一个例外。②

---

① Jeremy Brown and Matthew Johnson, eds., *Maoism at the Grassroots: Everyday Life in China's Era of High Socialism* (Cambridge: Harvard University Press, 2015), p. 1.
② 由华东师范大学中国当代史研究中心编辑的《中国当代史研究》，已经出版了三辑，其中有若干关于城市社会和文化的文章，代表了新中国时期的城市史研究领域的最新成果。第1辑（2009）中的文章包括：杨奎松《建国初期中共干部任用政策考察》、杨奎松《新中国新闻报刊统制机制的形成经过——以建国前后王芸生的"投降"与〈大公报〉改造为例》、张济顺《从民办到党管：上海私营报业体制变革中的思想改造运动》、王笛《国家控制与社会主义娱乐的形成——1950年代前期对成都茶馆中的曲艺和曲艺人的改造和处理》、阮清华《"割瘤"：1950年代初期上海都市基层社会的清理与改造》等。第2辑（2011）的有关文章有：王海光《从政治控制到社会控制：中国城乡二元户籍制度的建立》、冯筱才《政治生存与经济生存：上海商人如何走上公私合营之路？》等。第3辑（2011）有关文章包括：冯筱才《"社会主义"的边缘人：1956年前后的小商小贩改造问题》、林超超《中共对城市的接管和改造：一个初步的研究回顾与思考》等。此外，张济顺对1950年代上海居民小区的研究，让我们看到了国家对城市控制力的延伸（张济顺：《上海里弄：基层政治动员与国家社会一体化走向（1950—1955）》，《中国社会科学》，2004年第2期，第178—188页）。

第三种取向代表了近年来关于改革开放以后城市和城市生活的研究，多是由人类学家、政治学家和社会学家完成的。他们考察了城市人口的变化、从计划经济到市场经济的转型，以及从社会主义的理想主义到社会关系。他们关注工人、公务员、知识分子和女性，探索女性的工作、生活经历与她们对经济、性别不平等的响应，以及劳资关系、政治参与、公众对变化的反应、女性的工作机会与女性在城市及农村家庭中的地位等。①此种取向的另一个重要主题是：他们发现改革开放后的中国最突出的变化是大量的流动人口与城市的拆迁和重建。②他们用"商业革命"（commercial revolution）与"城市革命"（urban revolution）来描述改革时代的中国，这可以从社会学家戴慧思（Deborah Davis）所编辑的论文集《中国城市的消费革命》中清楚看到。中国的消费革命和快速的商业化发生了巨大的冲击，这些结果都影响了经济

（接上页）还有一本关于1950年代成都城市基层政权的建立的书已经出版，讨论的问题包括共产党接管、改造、单位制度的形成、居委会等（高中伟：《新中国成立初期城市基层社会组织的重构研究——以成都为中心的考察（1949—1957）》，成都：四川大学出版社，2011）。

① Wenfang Tang and William L. Parish, *Chinese Urban Life under Reform: The Changing Social Contract* (Cambridge: Cambridge University Press, 2000).

② 张鹂考察了改革开放后大量人口流动与移民小区的形成，北京的"浙江村"便是一个极好的例子。每年一亿多的"流动人口"，加上经济文化与社会网络的飞速发展，以及"私有化"空间的扩张，都造成了国家的控制力被逐渐削弱（Zhang, *Strangers in the City*）。关于流动人口，还可以参见Michael Robert Dutton, *Street life China* (New York: Cambridge University Press, 1998); John Friedmann, *China's Urban Transition* (Minneapolis: University of Minnesota Press, 2005)。邵勤（Qin Shao）的《上海的消失》便是关于上海拆迁和重建的最新研究成果，这本书探索了上海拆迁运动中的个人经历（Qin Shao, *Shanghai Gone: Domicide and Defiance in a Chinese Megacity* [Lanham: Rowman & Littlefield, 2013]）。

的发展、私有成分的增长、传统生活的改变、婚姻和家庭的构造，导致个人主义与集体主义冲突的出现[①]。

在以上所讨论的研究中，有一些观点值得我们关注。首先，中国政府建立了一个高效，甚至可以触及城市社会最底层的管控制度。其次，改革开放之后，大量的"流动人口"弱化了国家对城市社会的控制。再者，自20世纪末以来，中国经历了城市与商业革命，这不可避免地改变了城市的公共生活。最后，从以上这些研究中我们可以发现研究方法的改变：20世纪70和80年代的研究一般是为政治体系、政策、控制和管理提供一个全国层面上的视角；而在世纪之交，研究者的关注点转向了城市生活与具体的城市问题，并着重研究人们在城市中的经历。

我们还可以看到，关于中国社会主义时期城市史的研究存在

---

① Davis, ed., *The Consumer Revolution in Urban China*。戴慧思在一篇文章中指出，城市居民经历了一个"多层次的消费革命"，因为城市消费文化与居民生活水平的提高，引起了更多的物质需求。然而，因为贫富差距的扩大，一些人把这种新的消费文化视为一种资本主义渗透社会主义国家的策略，或是改革开放时代城市生活消极面的反映（Deborah Davis, "Urban Consumer Culture," *China Quarterly* 183 [September 2005], pp. 692-709）。吴凯堂（Thomas J. Campanella）把现在的中国定义为一条"钢筋水泥龙"，整个中国城市的大规模重建和房地产业，导致了"中国的城市革命"（Thomas J. Campanella, *The Concrete Dragon: China's Urban Revolution and What It Means for the World* [New York: Princeton Architectural Press, 2008]）。同时，快餐店与连锁零售店的出现，对中国的城市生活与消费文化产生了重要影响（Judith Farquhar, *Appetites: Food and Sex in Post-Socialist China* [Durham: Duke University Press, 2002]）。阎云翔对北京麦当劳的研究，则探索了西方快餐是怎样使中国城市的消费文化扩大化，以及为适应中国人的口味，麦当劳是怎样在"麦当劳化"与本地化中，自我调整以获得平衡的（Yunxiang Yan, "McDonalds in Beijing: The Localization of Americana," in *Golden Arches East: McDonalds in East Asia*, ed. James L. Watson [Stanford: Stanford University Press, 2006], pp. 39-76）。

如下一些局限：研究文化生活者很少，更多的是研究政治、政策和机构，而且大都集中在20世纪50年代，因为相对而言，这段时期有更多的资料。新开放的档案资料，大大提升了我们对中华人民共和国历史及其城市的了解。他们研究的主题，主要是共产党从暴力革命到城市管理的转型，考察这种转型是怎么发生的、其机制是什么，等等。另外，大部分的研究都集中于上海，因此，研究中国城市的史学者面临着一个挑战，那就是要对上海以外的城市进行个案研究，这些研究将帮助我们建构中国城市的完整图像。

本书是一部城市的微观史，结合了第二种与第三种研究取向。依赖档案资料和作者本人的田野调查，以进入一个内地城市（比较典型的"中国城市"）更微观的层面。尽管之前的研究为考察城市公共生活提供了基础，但我的这项研究试图从以下三个方面将中国城市史的研究引向新的层面思考。

首先，中国在1949年以后经历了许多社会与文化转型，我们已经看到不少关于中国社会变化的研究，特别是对沿海地区，但历史学家相对来说较少考察社会与文化的延续性。过去关于中国近代史的研究，把民国和中华人民共和国视为截然分离的两个时代，当然这没有错，因为无论在社会形态、政治体制、经济文化政策等方面，这两个政权的确都有非常明显的不同。但是在最近关于中华人民共和国历史的研究中，学者们看到民国与中华人民共和国并未完全分割，例如叶文心在研究民国时期上海中国银行的空间、时间和日常生活时，发现"近代都市资本主义工商企业的产物跟社会主义之下孕育的若干制度并不是全然背道而驰的，

25

两者之间在威权结构及大家长式管理哲学上颇有相通之处"。①

2013年,哈佛燕京学社组织了一个"再思1949年分水岭:政治学与历史学的对话"(Rethinking the 1949 Division: Dialogue between Political Science and History)工作坊,参加者包括中国和美国研究中华人民共和国时期的历史学家和政治学家,如裴宜理、柯伟林(William Kirby)、柯丽莎(Elisabeth Köll)、杨奎松、张济顺、孙江、李里峰等。我也参加了这个工作坊,所提交的论文是本书的第三章。这次工作坊涉及的问题包括国家经济政策、铁路交通、社会主义娱乐的兴起、对"一贯道"的打击、1954年宪法草案、1911年和1949年革命的比较、美国大学在上海、社会福利制度及群众运动等。参与工作坊的学者几乎都同意(虽然程度不同),国共两党在许多方面都有着关联,在不少观念、习惯、经济政策方面,两党并没有不可跨越的鸿沟。②而本书的研究同时关注了公共生活的改变与延续,以及两者的互动。我用具体的证据去判断在中国的一个内陆城市中,其公共空间、公共生活、大众文化,哪些发生了改变,哪些仍保持了原状,或者变化非常之小。

其次,通过考察1949年以来的公共生活,揭示革命及各种政治运动,是怎样影响普通人民、党和国家机器之间的关系的。这本书描述了空前历史剧变时期的公共生活,从新中国成立开始,经历了"大跃进""文化大革命"到改革开放,茶馆一直是街坊交

---

① Wen-Hsin Yeh, "Corporate Space, Communal Time: Everyday Life in Shanghai's Bank of China," *American Historical Review* 100, no. 1 (February 1995), pp. 97–122.
② 关于这个工作坊的讨论记录,请见裴宜理、李里峰等:《再思1949年分水岭:政治学与历史学的对话》,《学海》,2015年第1期,第5—49页。

流与社会互动的中心，是社会各阶层的人们施加影响和竭力占领的公共空间。这个研究也同时指出，国家权力与社会虽然存在矛盾，但是并不总是二元对立的，灰色地带无处不在。国家的政策也并不都是一成不变的，对公共空间和日常生活的控制也是时松时紧。

最后，我关注的是茶馆在日常生活中的重要性。茶馆一直都是街坊邻里社交的中心，因此是一个观察政治权力怎样发挥作用的绝佳地点。作为一个微观世界的茶馆，给我们提供了一个理想的视角，去观察社会、文化和政治的转型。因此，想要完全了解一个城市，我们需要深入它的最底层，去考察城市社会生活最基本的单位。茶馆就是最重要的公共空间之一，为社会经济活动提供了一个极为方便的场所。随着新中国的成立，中国的日常生活经历了一个根本的变革。尽管我们知道这场变革的重要性，但我们对具体的细节，尤其是关于城市社会底层的生活知之甚少。这项研究便提供了对日常社会生活最基本的层面的深刻理解。

档案的挖掘和田野调查

研究1949年以后的中国所面临的重大挑战是新资料的发现与分析。在1969年，M. 奥克森伯格（Michel Oksenberg）列举出五种研究中华人民共和国的主要资料：内地出版物，例如书籍、杂志、报纸等；移居国外人士的访谈录；来华人员的记录；国外的小说；中文文书和其他材料。奥克森伯格并没有提及档案，因为在那个时期，学者还不能接触到中国的档案资料。与20世纪50和60年代的学者相比，我们现在从事中华人民共和国史研究的条件要有利得多。尽管仍然有所限制，但现在我们能够接触到一些档案材料了。然而，资料的分布是不均匀的。例如，我们可以看到20世纪50与60年代的档案，但20世纪70年代及以后的档案文献很难接触到。因此，正如奥克森伯格所指出的，"研究中国必须在面对着明显的资料中断的情况下进行"。①

在本书中，读者会发现我在讨论20世纪50与60年代民众的公共生活时，主要依靠的是档案资料。在20世纪60与70年代，因为茶馆的数量大量地减少，茶馆在日常生活中不再像过去那样重要。这个时期的档案中关于茶馆的资料非常有限。不过，成都茶馆幸存下来，我仍然能够从其他官方和私人记录中，得到关于茶馆生活的大量线索，甚至包括一些档案资料中难以看到的细节。20世纪50年代关于茶馆的资料反映出，从国民党政府到共产党政府的变化，对茶馆生活与商业运营产生的方方面面的影响，涉及国家控制、雇佣、薪资以及茶馆衰落的原因。茶馆在"文化大革命"时期处于最低谷，基本没有什么东西可供我们研究；更为不利的是，"这个时期国家的出版物更多的是宣传而非信息"。②

本书大量依赖成都市档案馆的资料，这些资料的来源和具体

---

① Michel Oksenberg, "Sources and Methodological Problems in the Study of Contemporary China," in *Chinese Communist Politics in Action*, ed. A. Doak Barnett (Seattle: University of Washington Press, 1969), p. 580.
② Oksenberg, "Sources and Methodological Problems in the Study of Contemporary China," p. 581.

情况，我都列于书末的征引文献之中。20世纪90年代后期，我从成都市档案馆所收藏，零散地分布在公安局、各种行业组织、工商局、商业登记、工商联、商会、文化局以及统战部的档案中，收集到丰富的资料，这些资料很少被历史学家使用。20世纪90年代，档案资料更为开放，所以我可以接触到的不仅是20世纪50年代，还有20世纪60年代前期的资料，尽管其数量和质量皆不如以往。

本书除了大量使用成都市档案馆的资料，还利用了报纸、日记、个人记录以及我自己的实地调查。报纸资料如《成都日报》《人民日报》等，都是党和政府的官方日报，前者是城市层面的，后者则属国家层面。虽然这些报纸很少提到茶馆，它们的功能主要是宣传，但也并非毫无用处。我从历史学与人类学的角度利用这些资料，去考察茶馆、茶馆文化和社会主义下的公共生活。20世纪50年代茶馆的资料相对丰富，为研究从国民政府到共产党政权的转变对茶馆和茶馆生活所产生的影响，提供了详细的记录。档案资料清晰地呈现了茶馆的许多方面，包括国家控制的手段、就业以及它们衰落的原因。从1950到1970年代，地方报纸很少有关于茶馆的报道，与民国时期丰富多彩的信息形成了鲜明的对比。茶馆尽管仍然被许可存在，却被认为是"落后的"，不能被包括在"积极的公共场合"里面。此外，政府加强了现代工业城市的建设，所以人们大大减少了对茶馆的光顾。因此，本书对"文化大革命"时期的茶馆与茶馆生活，只是作为一个过渡时期进行简单的概括。

本书的另外一个关注点，是20世纪70年代后期改革开放之后茶馆的复苏与转型。研究改革开放时代的茶馆与公共生活有有利因素也有不利因素。不利的是档案资料的缺乏，例如连最基本的茶馆的数量都不能确切地得知。不过有利的因素是，改革开放后茶馆的复苏和媒体的活跃，地方报纸大大增加了对茶馆的报道。加上我对茶馆进行的实地调查，得到了许多第一手资料。从1990年代后期以来，我目睹了这个城市的外貌、文化及日常生活的巨大变化。但是我也看到这个城市在十余年中，旧城被新城取代，历史的面貌已经不在。过去中国古代城市独特的魅力与民俗文化，正在以前所未有的速度消失，中国城市变得越来越千篇一律。因此，重构中国城市的历史，是研究社会史、文化史和城市史的历史学家们所面临的重要任务。

此外，我们面临着怎样使用社会主义时期文献资料的挑战。例如，我们必须把那些报纸的报道，放到大的政治环境中去进行分析。有时我并不把那些新闻报道当作对事实的描述，而是去探明它是怎样报道的并且为什么要以这样的形式进行报道，然后从字里行间筛选出事实。

改革开放后的新闻报道有很大的不同。许多媒体基本能够对日常生活进行及时的反映，对休闲生活也有着特殊的关注。因此，报纸对茶馆与公共生活的报道频繁了许多，为我们提供了更多有价值的资料。当然，这些新闻报道与民国时期有一些类似之处，即经常从精英的角度对茶馆进行批评，也不可避免地对大众文化怀有偏见。因此，我们在运用这些材料的时候，应当具有分析的眼光。但是，这些报道依然为我们通过茶馆去了解城市公共生活，提供了相当丰富和有价值的信息。

除了档案资料和报纸媒体，本书很大程度上依赖于实地考察。从20世纪90年代后期到21世纪第一个十年初，我在成都茶馆中开展大量调查，也目睹了成都城市的面貌、文化和日常生活的巨大变化。我考察了不同类型的茶馆，从气派非凡的、多层的、可容纳上千人的茶楼，到简陋的、只有几张桌子的街角茶铺，都在我的调查范围之内。我与茶馆中形形色色的人进行了交流，有顾客、老板、员工，以及服务员、算命先生、擦鞋匠、掏耳朵匠、小贩，等等。当我考察茶馆时，我并没有分发调查问卷、做笔记或记录对话，我更倾向随意的交谈，并没有一个预先设定的主题。这样，我力图得到被调查对象最真实的表达，去倾听他们的声音。每天的考察结束后，我把自己当天的所见所闻写入调查的笔记中。

因此，这种没有预设的调查，使我更容易从平常的对话而非标准化的问卷中，收集到现实的故事与真实的信息。在传统的街角茶馆，顾客们并没有什么隐私意识，这对我的考察是有帮助的。但另一方面，对某些问题，我却不能得到系统的资料，因为我所获得的信息经常是随机的。再者，在使用这类调查记录的时候，我尽力去保持资料的最初风格，希望我讲述的故事，不要太受到我主观意识的干扰，而保存其中最自然的东西。应该指出的是，尽管我像人类学家一样进行田野考察，但我是从历史学的视角去对待我所收集的资料的，即不试图去建立一种人们行为的一般分析模式，而是去回答在经济与政治变化过程中，公共生活是怎样改变的等相关的历史问题。

在我对成都进行考察后，不到十年之内，旧的城市几乎从我们眼前远去，至少这个城市的外观已经被一个崭新的面貌取代。

在当今中国，古代城市中富有特色的大众文化和地方文化正在快速地消失，城市变得越来越同一化。因此，恢复与重建中国城市的历史，对社会史、文化史和城市史学家来说，将是一项重要而艰巨的任务。

* * *

本书第一章是导言，第八章是结论，主体内容包括六章。

第二、三、四章，主要讨论毛泽东时代国家对茶馆业的管控、大众娱乐改造，以及公共生活的衰落。

第二章探索20世纪50年代早期地方经济组织的命运，通过考察茶社业公会的改造与终结，揭示了国家怎样通过传统的经济组织来达到全面控制城市小商业的目的。国家一旦重组并利用这些组织得到对某一个行业的全方位控制，也就很容易取消这个组织。在这种过程中，我们可以看出国家权力的扩张，伴随的是社会的一步步萎缩。通过削弱行会的影响，国家防止了任何可能挑战国家权力的社会组织的形成。成都茶社业公会1949年以后的命运就是"社会"衰亡的一个反映，公共领域在20世纪50年代以后也被摒弃了。在城市中，所有层面的组织，从街道到单位，都成为国家管理的一个部分，社会生活的方方面面被各级官员管控。从20世纪50到70年代，中国几乎不存在真正的社会组织。通过20世纪50年代初期的集体化运动，私有的茶馆被纳入集体所有制之中。这一章还探索了小商业的经营者是怎样响应这些国家政策的，观察小商业所有权的转变在多大程度上影响了每一个社会阶层，并改变了整个经济与社会结构，以及是怎样反映了国家的未来走向的。

第三章描述的是人民解放军进入成都后,管理文化生活的组织是怎样被建立起来的。这些组织在一段时间内,改造了一些大的茶馆戏园以及其中的演出班子,目的是使"社会主义娱乐"代替传统演艺活动。这一章还讨论20世纪50年代中期为了削弱各种形式的传统娱乐和减少民间艺人的演出,地方政府进行了一项关于曲艺的综合调查,作为限制和控制的基础。这一章还揭示,新政府是怎样利用这些传统的公共空间为政治宣传服务的,茶馆是怎样变成了一个政治舞台,一种新的城市政治文化是怎样形成的。从1950到1956年,中国经历了从新民主主义到社会主义的重要转型。最初,传统与革命的娱乐形式并存,但随着时间的推移,前者遭到了越来越多的限制与改造,直到社会主义娱乐占据了统治地位。这个过程反映了传统娱乐形式与社会主义娱乐之间的矛盾,而前者在国家主导的革命文化和娱乐全面政治化的趋势下,日渐衰落下去。

第四章关注的是茶馆的微观世界,描述了20世纪50至70年代人们在茶馆的日常生活,其中包括人们在何种程度上进行公共生活,社会主义背景下的政治与政治运动在何种程度上介入公共生活之中。公共场所的言论和活动,在政治上变得越来越敏感,从而使茶馆的顾客、雇工以及其他相关人员,在政治运动来临时,都噤若寒蝉。即使是日常的谈话,也会产生严重的后果。但茶馆生活有时也能处于政府的监管范围之外,人们还是像之前那样在茶馆里闲聊,茶馆提供给人们一个日常辛劳之外的暂时松弛的空间,哪怕只是短暂的一会儿。"文化大革命"进一步剥夺了茶馆的生存空间，在"破四旧"（旧思想、旧文化、旧风俗、旧习惯）的大规模群众运动后，那些曾经星罗棋布在街道和小巷里的茶馆都彻底关闭了。成都的茶馆与公共生活，像整个中国的其他地区一样，到达了它们的最低谷。

第五、六、七章，展示成都茶馆从临近消失到改革开放后空前发展的历程。政治上的风云突变，剧烈影响了经济与公共生活，国家开始放松对私有经济的控制，由此导致包括茶馆这样的私营小商业，像雨后春笋般地开始出现，极大地改变了公共生活的深度与广度。

第五章展示的是"文化大革命"后期的茶馆并没有完全灭绝，但是遭受了严重的打击，对日常生活失去了影响。就像"文化大革命"时期，成都的最后一部分老城墙被拆毁了，许多传统的文化艺术形式，包括传统的大众空间和一些民间娱乐，都永远地消失了。这剥夺了人们所珍惜的传统以及他们的文化认同。但如果我们认为茶馆也遭受了相似的被毁灭的命运，那就完全错了。茶馆走向低谷，但并未消亡，而且一旦条件具备，它们就迅速复苏，街角茶馆再度流行，与高档茶楼共存。从20世纪70年代末到20世纪80年代初，茶馆重新出现在城市的各个角落，并且发展到了前所未有的繁荣，继续服务社会各个阶层的人们。

第六章讨论茶馆里的各种顾客，从在茶馆中谋生的人们，到在茶馆里活动的各种人群，关注他们从年龄、性别到职业的各种信息，特别是从乡村来的农民工。改革开放减少了国家对茶馆的控制，它们可以在一个相对自由的环境中生存和发展。茶馆为有共同爱好的人们的日常社交提供了一个聚集的场所，无论社会地位、阶层、性别和年龄，都可以在茶馆中活动，这里也成为退休者和老年人的天堂。实际上，这种社交互动与娱乐活动的公共空间的确是不可取代的，没有它们的社会几乎是不可想象的，茶馆作为商业和文化都达到了前所未有的成功，它们再次为这里许许多多的人提供了谋生的机会。

第七章考察茶馆中最流行的娱乐活动——麻将，从街坊之间由于打麻将发生的冲突开始，探讨居民委员会在邻里中扮演的角色，观察市政府与官方媒体对城市形象的响应，揭示国家由于打麻将所产生的一系列问题。本章以麻将为例，展示了世纪之交日常生活和大众文化的变化，即日常生活怎样逐渐远离"社会主义道德"的限制，发展出涉及大大小小赌博的全民娱乐活动。这些改变也反映了更广泛的政治、经济、社会与文化转型，在此过程中，个人权利与集体利益的冲突变得越来越突出。通过对打麻将的讨论，我们可以看到当今中国的市场经济是怎样与传统生活方式共存的。

第八章是结论，把社会转型、文化延续性与间断性、国家文化与地方文化的冲突、国家权力与公共生活，以及公共领域和现代性等这些大的主题交织在一起。茶馆作为中国传统文化与日常生活的一部分，已经存在了许多个世纪，但是从未经历过像20世纪下半叶时那样的剧烈变迁，而它们终究幸存下来并得以复兴，促进了城市公共生活的发展。观察茶馆从1950到2000年的变化，我们可以看到20世纪下半叶的一个明显趋势，就是强国家与弱社会的对立。透过茶馆，我们可以了解社会主义国家对娱乐的主导、传统文化与生活方式的连续性与断裂性、社会主义娱乐的兴起、国家与地方文化的冲突、公共生活的复苏与公共领域的扩展，以及以茶馆为代表的地方文化所展示的生命力。

第二章　同业公会的终结与小商业的困境

　　1950至1953年是新政权逐步控制城市工商业的关键时期,其最重要的措施之一便是对同业公会的改造。虽然对私营工商业的社会主义改造从1954年开始,但在这之前,国家力量已逐步削弱所有制中的私有成分,从而为随后大规模的社会主义改造运动奠定了基础。可以说,从新政权成立伊始,政府便开始了社会主义的改造过程,无非是步伐比较渐进而已,我对成都市茶社业公会的个案研究将充分展示这个过程。本章将以成都市茶社业公会的重组为焦点,讨论政府对这个具有长期历史的传统社会经济组织的改造,从中考察国家怎样逐步达到控制城市工商业的目的。茶馆作为与人们日常生活密切相关的小商业,受到国家日益严密的关注;同时作为这个行业代表的同业公会,也几乎成为政府在行业的代言人,已不再具有过去一般意义上行业公会的性质,可以说行业公会在20世纪50年代早期的改组中已经名存实亡。

　　西方关于中华人民共和国早期经济问题的考察,多集中在整个国家的经济政策以及与政治的关系等问题上，对20世纪50年代基层社会经济组织的演化几乎没有关注。①西方研究中国行会的成果主要集中在帝制晚期，对民国时期同业公会的研究也不多，而

---

① 如Gyan Chand, *The New Economy of China: Factual Account, Analysis and Interpretation* (Bombay: Vora, 1958); Ygael Gluckstein, *Mao's China: Economic and Political Survey* (London: George Allen & Unwin, 1957); Choh-ming Li, *Economic Development of Communist China: An Appraisal of the First Five Years of Industrialization* (Berkeley: University of California Press, 1959); William Brugger, *Democracy and Organization in the Chinese Industrial Enterprise, 1948-1953* (New York: Cambridge University Press, 1976); Meliksetov, " 'New Democracy' and China's Search for Socio-Economic Development Routes, 1949-1953," pp. 75-92; Arlen V. Meliksetov and Alexander V. Pantsov, "Stalin, Mao, and the New Democracy in China," *Herald of Moscow State University* 2 (2001), pp. 24-39; Hua-yu Li, *Mao and the Economic Stalinization of China, 1948-1953* (Boulder: Rowman & Littlefield, 2006)。Joseph C. H. Chai 所编的 *The Economic Development of Modern China* (Northampton: Edward Elgar Publishing Limited, 2000)，将西方散见在各种学术杂志中的一些关于近代中国经济发展和变化的有代表性的论文重新编印，其第2卷 "Socialist Modernization, 1949-1978" 共收入29篇文章，研究土改、集体化、工业、金融、公社化、农业、技术、国际贸易、经济结构、经济发展、经济政策、"大跃进"、三年困难时期等，但没有一篇涉及传统经济组织的转化问题。另外，关于社会主义早期的城市控制和改造，见Lewis, ed., *The City in Communist China*，该书所收集的文章涉及调解制度的建立、公安局、稳定秩序、干部培养、工会、商业、劳动力结构等问题，但没有讨论行会问题。

对1949年后同业工会的转化和消亡的考察更是被忽视。①在中国，最近已有若干关于20世纪50年代早期同业公会的研究发表，使我们对这个问题有了一个初步的认识。这些最新的研究表明，1949年后同业公会作为专业性经济组织而继续存在，是"为承担有重要统战工作的工商联提供组织基础及制度补充"。同业公会在社会主义改造过程中，实际上"是不断消解自身生存的社会基础"，而且"原有的职能被其他组织所侵蚀、代替"。②本章将以成都市茶社业公会为个案，通过对一个城市的某一具体行会的分析，来考察20世纪50年代初中国同业公会的改组、演变和衰落。

---

① 今堀诚二：《中国の社会构造：アンシャンレジームにおける"共同体"》，东京：有斐阁，1953；Hosea Ballou Morse, *The Gilds of China, with an Account of the Gild Merchant or Co-hong of Canton*, 2nd edition (New York: Russell & Russell, 1967); Ping-ti Ho, "The Geographic Distribution of Huikuan (Landsmannschaften) in Central and Upper Yangtze Provinces," *Tsinghua Journal of Chinese Studies* 5, no. 2 (1966), pp. 120–152; Peter J. Golas, "Early Ch'ing Guilds," in *The City in Late Imperial China*, ed. G. William Skinner (Stanford: Stanford University Press, 1977), pp. 555–580; Rowe, *Hankow*; Bryna Goodman, *Native Place, City, and Nation: Regional Networks and Identities in Shanghai, 1853–1937* (Berkeley: University of California Press, 1995); 邱澎生：《十八、十九世纪苏州城的新兴工商业团体》，台北：台湾大学出版委员会，1990。朱英主编的《中国近代同业公会与当代行业协会》（北京：中国人民大学出版社，2004）一书，对晚清民国的同业公会和改革开放以后行业协会的兴起有非常深入的考察，但没有对20世纪50年代初的转化进行任何论述，中间出现了一个断层，我们看不到在共产党取得政权初期是怎样逐步实施和完成对社会经济和社会经济组织的控制和改造的。

② 魏文享：《专业与统战：建国初期中共对工商同业公会的改造策略》，《安徽史学》，2008年第2期，第88页；崔跃峰：《1949—1958年北京市同业公会组织的演变》，《北京社会科学》，2005年第1期，第111页。西方关于社会主义改造的研究，见Jianhui Liu and Hongxu Wang, "The Origins of the General Line for the Transition Period and of the Acceleration of the Chinese Socialist Transformation in Summer 1955," *China Quarterly* 187 (September 2006), pp. 724–731。

本章主要集中四个方面的问题进行讨论：首先，考察传统的茶社业公会是怎样重组的，成都市茶社业同业公会筹备委员会如何取代了旧公会；其次，分析新茶社业公会的性质和组织结构；再者，揭示新茶社业公会在社会和经济生活中的角色，它怎样演变成为单纯执行政府政策法令的机构；最后，讨论茶社业公会在"三反""五反"运动的作用和表现。对这些问题的探讨，将有利于我们认识新政府对传统行业组织的态度，即从早期的团结合作，到逐步引导其退出历史舞台。这个过程是渐进的，与整个国家私营工商业的衰落同步。本章认为，同业公会的消亡，是国家权力强化而"公"领域衰落的一个具体表现。考察中国传统经济组织在新政权下的消亡过程，亦具有社会史上的意义，我们可以看到政治的变化是怎样改变中国经济生活和社会生活的。

民国时期的茶社业公会

虽然行会有很长的历史，但是成都茶社业同业公会的历史并不是很长。晚清的成都，各业商人共组成51个商帮，"茶叶帮"属于其中之一，下属54个茶叶店，但并没有包括茶馆，也不存在茶馆帮。1905年在清政府推动下，成都总商会成立。到1909年，当时成都的69个商帮组成其69个商务分会，这时"茶社业"才第一次在文献中出现，与餐馆同归于"饮食业"，而没有与茶叶店同类。从资料看，这时茶社业才第一次形成了自己的职业团体。在民初和军阀混战时期，茶社业与澡堂一起隶属于"水帮"。但水帮似乎对行业的控制力十分有限，所以1914和1929年当地方政府进行行业调查和登记时，水帮并没有起什么作用，而是警察直接进行的。实际上在1918年，北洋政府农商部便颁布了《工商同业公会规则》，这是中国历史上第一个关于同业组织的法规。次年，虽然成都总商会仍然存在，但政府令各商务分会改回原商帮名。1929年，南京政府颁布《工商同业公会法》，把参加同业公会变成一个强制性规定，不入同业公会者将受惩罚，甚至被勒令关闭。1928年新成立的成都市政府也令各商帮设立行业公会。截至1931年4月，已有84个行业公会成立，都是由过去的商帮转化而来的，其中也包括茶社业公会。1936年，新的成都总商会建立后，茶社业同业公会重组并在政府注册。尽管它仍然代表整个行业的利益，并不断抵制国家的控制，但它已经从独立的组织逐步演变成与地方政府合作的组织。[①]

在民国时期，特别是国民党政府统治后期，公会虽然逐渐对国家权力有所依赖，然而在相当程度上，仍发挥着传统行会的功能，如制定行规、统一价格、商业注册、限制茶馆数量以及调解公会成员之间的矛盾等。与此同时，茶社业公会也扮演着茶馆经营者与当地政府之间中介的角色。因此，通过观察茶社业公会的组织结构、领导层、会员、功能及活动，我们可以看到在国民党政府统治下的茶社业公会，仍然能够保护其成员的利益，并抵抗日益强化的政府控制。[②]

[①] Wang, *The Teahouse, 1900–1950*, chap. 2.
[②] Wang, *The Teahouse, 1900–1950*, chap. 2.

在国民党统治时期,成都的茶社业公会经常配合国民党政府处理行业内事务,但当行业的利益受到威胁或损害时,它却从未放弃过抗争。尽管在大多数情况下,政府是胜利者,但公会有时可以迫使政府收回成命。例如1940年8月,当政府强征新税时,茶社业公会号召成员拒绝承认,如果有任何成员因此进监狱,就进行罢市。政府面临罢市的威胁,不得不推迟新税的征收。[①]这个例子告诉我们,茶社业公会既是连接茶馆业与政府之间的桥梁,也可能是一个挑战国家权力的机构。它代表茶馆发出自己的声音,迫使政府考虑整个行业的需求。公会往往与政府在价格及税收问题上产生冲突,但它又不得不与政府保持良好的关系,因为它需要依靠当地政府的支持和授权来限制茶馆的数量。[②]相比晚清时期的行会,国民政府时期的茶社业公会日趋被国家权力控制,但它们仍然能够为本行业的利益与国家权力进行斗争。

同业公会的转型

也可能正是因为同业公会能够与国家权力进行对抗的这个特点,对其进行改造便成为新政权的当务之急。1950年1月8日,即解放军进入成都的第13天,市军管会便召开市商会、工业协会、

---

① 《成都市商会档案》,104-1401。以下凡引档案,皆藏成都市档案馆,第一组数字为全宗号,第二组为目录号,第三组为案卷号。如果只有两组数字,即第一组数字为全宗号,第二组为案卷号,没有目录号(如本注释)。

② Wang, *The Teahouse, 1900–1950*, chap. 2.

各同业公会的理事及监事会议，川西北临时军政委员会副主任"到会宣讲新民主主义的经济方针和中国共产党保护民族工商业不受侵犯的政策"。次日，市军管会、市人民政府、市工会工作团召开全市工人代表座谈会，号召"发展生产，繁荣经济，公私兼顾，劳资两利，城乡互助，内外交流"。接着，军管会根据"凡属国民党伪政府的公营事业、官僚资本与战争罪犯财产，均应收归国有"的政策，对这类财产进行接管，同时也将一些企业改组为国营或公私合营的。①不过对于小商业，新政府并没有大的触动。虽然茶馆像其他行业一样被纳入政府的管理之下，但这时其经营几乎没有受到太大的影响。（图2-1）

茶社业公会的重组，不过是国家把传统经济组织，变为控制各行各业工具的一项措施。1949年8月，在中国共产党取得全面胜利之前，中共中央便发布了《关于组织工商业联合会的指示》，命令将所有旧商会改为工商联合会。1950年3月，中共中央统战部部长李维汉在阐述"人民民主统一战线"时，指出工商联是"私营工商业中进行统一战线工作的重要环节之一"，"党和政府要通过它团结教育工商业者执行共同纲领和人民政府的政策、法令"。这便意味着同业公会的改造将在工商联领导之下进行。在全国及各省市的工商联筹备会陆续组建的过程中，不少地方的同业公会改组也开始进行。如北京市从1949年下半年起开始，对原有的150多个同业公会进行了改造，到1952年年底，共整理与组建了132

---

① 成都市地方志编纂委员会：《成都市志·工商行政管理志》，成都：四川辞书出版社，2000，第96—97页。

图2-1 成都郊区一家拥挤的老茶馆。作者摄于2015年秋。

个同业公会的筹备委员会。①

在当时的成都，对茶馆的管理有若干层次。最高为市工商局，其次是成都市工商业联合会筹备委员会，再下为成都市茶社业同业公会筹备委员会。1950年3月，成都市第一届各界人民代表会议决定，将原成都市商会和工业协会合并，改组为成都市工商业联合会筹备委员会，"负责团结教育全市工商业者，贯彻执行国家的

---

① 魏文享：《专业与统战》，第89页；崔跃峰：《1949—1958年北京市同业公会组织的演变》，第107页。

政策法规，并带领他们接受改造，恢复生产，改善经营，完成各项任务"。4月，成都市工商业联合会筹备委员会成立，按市人民政府指示，首先进行行业整顿、改组同业公会及组成行业普查工作组。从5月起，分三期对全市工商行业进行普查，然后根据普查数据拟订整顿行业、改组公会方案。到12月底，全市同业公会改组完毕，原151个同业公会和无同业公会的24个行业，改组为81个同业公会筹备委员会，并宣布"工商联筹委会和同业公会筹委会的成立，解除了旧封建帮会对工商业者的束缚"。1953年5月，又将81个同业公会筹委会改组为56个同业公会委员会。茶社业公会先是与旅馆业合并，称"成都市工商业联合会旅栈茶社业同业委员会"。在1954至1956年的社会主义改造运动中，该组织又改称"成都市工商业联合会服务业同业委员会"，茶社之名也从同业公会中消失了。①茶社业同业公会的消亡，与当时国家限制茶馆业发展的总体政策倾向相吻合，随之而来的茶馆数量的逐渐减少和茶馆业的日趋衰落，便是这种政策的逻辑结果。

中央人民政府指出，尽管行会有着处理劳资关系的悠久历史，但过去的行会是由小部分人控制的，压制中小商人；行会虽然不应该被禁止，但是必须被完全改造。②同业公会中的确会出现中小商人受压制的情况，但这个问题在很大程度上被夸大了。例如，下面要提到的在民国时期长期担任茶社业公会理事长的王秀山，不过是一个规模不大的茶馆的老板，显然属"中小商人"之列。

---

① 成都市地方志编纂委员会：《成都市志·工商行政管理志》，第98页。
② 魏文享：《专业与统战》，第90页。

在新的制度下，地方政府竭力控制茶馆以及其他小商业，但效果并非立竿见影。实际上，控制和改造小商业及其从业者是一个渐进的过程，首先是进行商业注册，1950年6月，政府要求街头小贩的摊位进行登记。总共有7,136个摊位申请登记，政府只批准了2,481个长期和1,681个短期执照，有2,974个被否决。所有街头小贩必须携带政府颁发的营业执照，并且只许销售执照上允许的商品，他们被禁止在交通要道摆摊设点。①

作为经济政策的一部分，新政府甫经成立，便采取了对小商业进行控制的政策。除上面提到的要求进行商业登记外，各商铺还必须签署营业保证书。在成都市档案馆目前仍然可以见到各个茶馆的《工商业户申请营业保证书》，如达观茶社的保证书是1951年2月签署的，内容如下：

> 兹保证苏××在三桥北街二四号开设达观茶楼，经营茶社业务。在经营期中恪遵政府法令，经营正当工商业，填报

---

① 成都市地方志编纂委员会：《成都市志·工商行政管理志》，第106—107页。改革街头小贩在那时是一项国家政策。1950年3月，中央财政部下达了《街头小贩许可证与税务法规》，要求"任何在街上摆摊的人都需要申请营业执照并纳税"（《山东政报》，1950年第3期）。随后，该法规在所有的主要城市实施，见中共北平市委：《中共北平市委关于整理摊贩工作的总结》，《北京党史》，2004年第2期，第44—45页；张辰：《解放初期上海摊贩的管理》，《档案与史学》，2003年第1期，第68—70页。关于晚清及民国时期的街头小贩，见Di Wang, *Street Culture in Chengdu: Public Space, Urban Commoners, and Local Politics, 1870-1930*（Stanford: Stanford University Press, 2003）, pp. 32-38, 132-134。关于现代中国城市小贩的总体研究，见胡俊修、索宇：《流动摊贩与中国近代城市大众文化》，《甘肃社会科学》，2012年第6期，第164—167页。

申请登记文件均属实在。倘有违反或不实之处，保证人愿负其一切责任。谨填具保证书，敬请查核。此呈，成都市人民政府工商局。申请者：苏××，住址：三桥正街十八号。

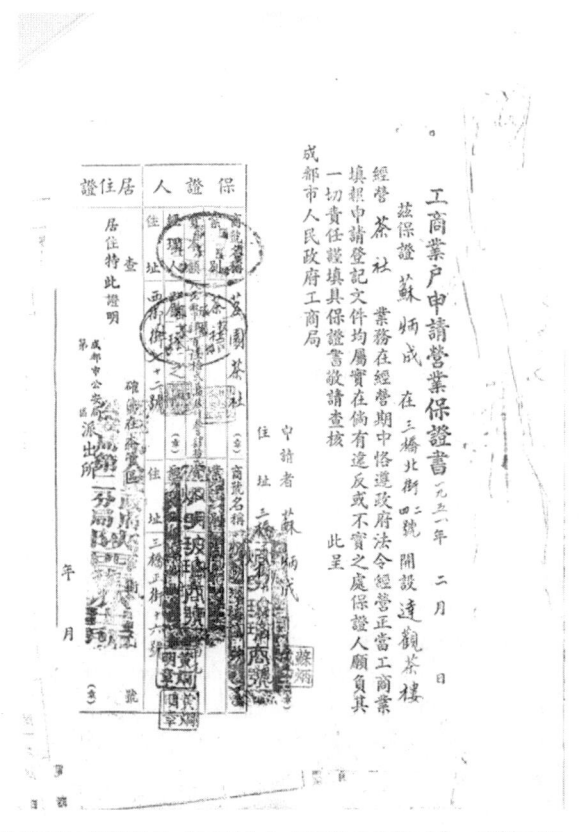

图 2-2 达观茶社所签署的《工商业户申请营业保证书》。资料来源：《成都市工商行政登记档案》，40-65-13。

每个茶馆还必须有两家保证人,如达观茶社的一个保证人是茗园茶社经理严××,资本额4,603,349元(旧币,下同),住西御街72号。另一个保证人是炯明玻璃商号的经理人黄××,资本1,000万元,住址为三桥正街16号。另外保证书上还有公安局第二分局陕西街派出所的证明:"查确系在本管区居住。"①(图2-2)

成都市政府联合工商局、公安局、税务局、卫生局、文化局等机构,几乎控制了茶馆经营的方方面面,包括价格管制、禁止茶馆里的小商小贩、处罚顾客的"违法"行为、限制桌椅占用人行道、男女茶房管理、监督表演内容、禁止赌博与黄金交易、卫生检查,等等。②虽然国民政府也实施过类似的措施,但是新政府采取的这些措施要有效得多。在1950年代中期,在公私合营的过程中,地方政府实施了"平衡预算"政策,要求各个茶馆承诺,"要坚定地跟随社会主义道路",保证每月"有平衡预算并有一些盈利"。那些改为公私合营的茶馆,要首先解决债务问题,"改善经营,积累资本"。而且任何的债务"都只是经理的责任"。③尽管地方政府做出了许多努力,但是面临多变的政治经济环境,茶馆陷于十分困难的处境,因而其衰落也是在所难免的。

---

① 《成都市工商行政登记档案》,40-65-13。本章提到的金额,1955年2月以前皆为旧币。根据1955年2月21日《中华人民共和国国务院关于发行新的人民币和收回现行的人民币的命令》,新旧币的折合比率为1:10,000(《人民日报》,1955年2月21日,第1版)。本书中凡1950年后档案中的人名,为了保护所涉及人员的隐私,只留姓,名字以××或"某"隐去。

② 《成都市政府工商档案》,38-11-544;《成都市商业二局档案》,117-2-1252;《成都市商会档案》,104-2-1388;《成都省会警察局档案》,93-2-1447。

③ 《成都市工商联档案》,103-1-167。

茶社业公会的重组

在成都被解放军接管之后,成都原来的茶社业公会大概继续管理茶社业八九个月时间。根据1950年9月《成都市茶社业同业公会职员名册》,华华茶厅的老板廖文长依旧是理事长,前理事长锦春茶社的老板王秀山也仍然是常务理事。① 但9月情况开始改变,该月工商联筹委会整理小组接受整理茶社业同业公会任务,"按照程序"通知"旧公会"理事、监事及各组组长携带会员及职员名册,在工商联筹委会座谈,"交换改组整理意见"。几天后召开茶社业会员大会,有408家茶馆参加,由廖文长主席报告开会的理由,然后由工商联筹委会整理小组报告。全部与会者分成五组,"酝酿产生筹委候选人",计外东区6人,其余东南西北4区各8人,共38人。然后由整理小组"分工了解",决定25位作为候选人,经工商联筹委会常务委员会通过,报请工商局,于10月发出聘书。新筹委会开会产生常委及正副主任与各组组长,"酝酿"13人为常委,常委"酝酿"王次光为主任委员,陈文郁为副主任委员,然后由主任委员提名正副秘书,提名组织组、总务组、文教组组长,

---

① 《成都市各行各业同业公会档案》,52-128-1。

"常委会一致通过"。①

1950年10月20日成都市茶社业同业公会筹备委员会成立，成立大会在东丁字街华瀛大舞台举行，被邀请的单位包括川西税务局、市税务局、工商局、公商厅、民主建国会、文艺处曲艺组、《川西日报》《工商导报》《晚报》《说唱报》等。被邀的政府机构多少与公会职权有关。②在成立大会上，先由工商联筹委会报告筹备过程，然后是茶社业公会筹委会主任委员王次光做简短报告，明确宣称"今后我们决定是要达到新的任务，就是要了解政府的政策，完成政府的一切法令"。这实际上规定了公会作为政府在茶社业代表的宗旨，而未提过去公会保护同业利益这一最基本功能。然后由秘书宣读组织章程。廖文长也作了简短讲话祝贺新公会成立，表示"旧公会没有很好的为同业办事，非常抱歉"。③廖作这番自我批评，大概也是出于无奈。因为事实上即使是在抗战时期，以及其后国民党加强了对同业公会的控制时，茶社业公会仍然能够组织各茶馆为同业的利益向政府抗争。④可能这时的廖的确期望

---

① 《成都市各行各业同业公会档案》，52-128-1。王次光于1951年8月"辞职"。据1951年10月5日《成都市工商业联合筹备会茶社业同业公会筹备委员简历》（《成都市各行各业同业公会档案》，52-128-1），王已经不在名单之上。另据1951年8月7日函，"我会主任委员王次光辞职奉准"（《成都市各行各业同业公会档案》，52-128-2）。王辞职原因不清楚，但在随后的"五反"运动中，他被指责有"漏税"行为（《成都市各行各业同业公会档案》，52-128-12）。

② 《成都市各行各业同业公会档案》，52-128-1。成立大会表演的节目有器乐，新蓉书场全体艺员演出的秧歌，歌曲有国歌、农业舞、《你是灯塔》，还有霸王鞭、腰鼓、金钱板、扬琴等（《成都市各行各业同业公会档案》，52-128-1）。

③ 《成都市各行各业同业公会档案》，52-128-1。

④ 见Wang, *The Teahouse, 1900–1950*, chap. 2。

新政权下的同业公会能真正"很好的为同业办事",但他无论如何都无法预见到,有长期历史的行会(民国时期的同业公会),竟然在几年内如此迅速地退出了历史舞台。

工商局的代表在成立会上的讲话强调了三点。首先,筹委的责任和义务。他指出筹委会是"经过大家选出来的",并且选出来的成员是工商局"郑重考虑和了解过的"。他说,"过去的旧公会虽然理事长和常委们也有很好的",但同时也批评其是"为少数人把持操纵的公会",希望新筹委们能把"大家团结起来,把自己的事情放在后面,大众的事情放在前面"。而这里所讲"大众的事情",就是"要将政府的政策和法令传达到各个会员,将大家的意见反应[映]给政府"。其次,对新公会的态度。他说"过去的会员对公会是没[漠]不相关的"。这显然与事实不符,民国时期茶社业公会在保护同业利益问题上,经常与政府抗争。按照该工商局官员的说法,新公会虽然是由"各个会员选举出来的",是"我们大家会员的",但亦是由"工商联筹会领导组织的",他希望会员"必须爱护自己的公会"。最后他讲到新公会成立后最重要的任务,这是问题的关键,公会要"有组织、有训练的加强各个会员的学习,提高政治认识,把思想搞通"。关于减租退押的问题,要广泛了解对于工商业发展的"重大的连带关系"。[①]虽然新公会已经被限制在新政府所规定的框架内,但从另一方面看,公会的一些传统功能仍然存在,如"团结"同业、"传达"政府法令和把同业意见反映给政府。从这个讲话还可以看出,"减租退押"虽然主

---

① 《成都市各行各业同业公会档案》,52-128-1。

要是在农村开展的,但实际上对城市工商业也有影响。

店员公会文教组长在会上的讲话也涉及"清匪反霸、减租退押"运动:"我们成都市才解放不到一年,农村的土地改革还没有完成。我们目前还在土改的第一步骤,就是今冬明春的清匪反霸、减租退押的工作。"成都的一些茶馆由居城地主所开,当土改运动中命令地主"减租退押"时,不少佃户所交的押金已投资到城市的商业中,由此造成了"有些地主在城市繁荣工商业的老板籍顾〔借故〕退押,抽走资金,出卖房屋铺面,停止营业,并以此解雇工人,造成工人失业的不法活动"。文教组长还举了若干例子,如青龙街锦江茶社,"未经政府批准,地主老板们便私自停止营业",这对工商业"有多大的害处"。他希望公会会员们"在劳资两利的原则下加紧团结起来,共同(渡)过难关"。①其实那些借故退押、抽走资金的茶馆老板,恐怕也是不得已而为之。押金既然已作他用,要退还给佃户,不得不从生意中抽走资金,甚至停业。这种做法在当时被称为"不法行为",但不退押会招致更严重的后果。如果我们了解土改那种疾风暴雨式冲击,"减租退押"是与更为严峻的"清匪反霸"联系在一起的,在当时要保命的情况下,地主当然也就顾不得城内的生意了。

有意思的是该组长还提到当时成都小商业所面临的经济危机:"在国民党反动派统治的时候,那时工商业和我们的茶社业非常繁荣。到解放之后,生意就非常消〔萧〕条。"虽然他的这番话有给新政权抹黑的嫌疑,但他对其原因也有所解释:这是由于生

---

① 《成都市各行各业同业公会档案》,52-128-1。

活方式的转变，比如绸缎铺的细料呢绒、百货业的化妆品等"今天已吃不香了"，甚至"有百分之六十的货卖不掉"。因为在过去"一批官僚资本和地主，他们剥削劳苦大众，做投机生意来操纵市场"，因此这种繁荣是"虚假繁荣"。如果说过去成都商业都是"官僚资本"和地主"操纵"市场的结果，这个解释似乎很难自圆其说，因为直到1950年，成都商业都是以小商业为主，并不见任何力量对市场的垄断和操纵。其实任何改朝换代对市场和经济都会带来一定的震动，新政权建立后必须等待一段时间，社会和经济才能稳定。他所举的绸缎和化妆品等应该说是受到政治变迁的影响，使用这些商品的人都是中上层阶级，以农村和农民阶级为基础的革命袭来，即使还没有直接触及他们，但已不可避免地影响到他们对所谓"奢侈品"的消费，因此才出现了"今天已吃不香了"的现象。怎样解决这个经济上出现的困难呢？政府提出了要把成都"由一个消费的城市，转变到一个生产（城）市"。[①]在这个转变过程中，采取轻商重工的政策也就不奇怪了。直至改革开放时代，重新认识城市的多功能后，政府才又开始提倡消费。茶馆作为一个典型的消费行业，在这样一个政治经济的大环境下，自然面临生存的危机。

该店员公会文教组长的讲话还涉及劳资关系，指出"今天的新社会"的劳资关系与"过去的工商业和行业中"的劳资关系，"显然不同"。他希望同业公会各会员们，如果有劳资纠纷问题，多和工人商量，"共同研究去克服目前困难"。他批评了一些茶馆

[①]《成都市各行各业同业公会档案》，52-128-1。

因生意不好便解雇工人的做法,说是"有少数资方老板们为了税的问题,故意开始解雇工人,这一种是不合理的。现在大多数老板有一种顾虑,就是说我们的茶社业要淘汰了,一见生意不好,便无故传起谣来"。这个批评也透露了茶社业的危机感,经营者们对新政权关于茶社业的政策缺乏信心。显然这种担心并非空穴来风,随后茶社业的衰落,也正好印证了人们的这种担心。这位组长提出,有问题应该"和劳方研究,来共同克服,度〔渡〕过难关"。根据他的说法,经常出现劳资纠纷是因为"我们劳苦大众和工商业的老板们在旧社会受的恶习太深,一时转变不过来"。由于茶社业劳资纠纷经常发生,新政府成立伊始,解决纠纷要"劳资双方共同商议,便成立了劳资协商会员",许多问题得到解决,劳资纠纷遂减少了。他批评目前"有一些老板们不耐心去克服困难",希望同业公会的会员们不要有"顾虑",应相信"工商业是要好转的"。[1](图2-3)

公安处也派代表在成立大会上讲话。如果说其他部门都是讲政府与公会关系以及税务和经济等问题,那么公安处关心的是安全问题。他先批评"前两月我们公安处公布的茶社业管理办法,大家还没有切实持〔执〕行",然后希望在新公会成立后,大家必须"负起责任"。他亦要求特别注意在茶馆内,"如有土匪特务的活动,一定要向公安处报告,不要因碍情面,不向公安处秘报"。[2]既然是土匪、特务,为什么会碍于情面?这里也可能涉及熟人、

---

[1]《成都市各行各业同业公会档案》,52-128-1。
[2]《成都市各行各业同业公会档案》,52-128-1。

图 2-3　人民公园鹤鸣茶社的掺茶工人。作者摄于 2003 年夏。

街坊邻居或常客。过去茶馆都是广纳四方客人，管他三教九流，一律热情接待，尽量不得罪任何人。其实，公安处要求报告这类人员在茶馆的活动，对茶馆来说也并不是什么新政策。自晚清改良以来，从北洋军阀时期到国民党时期，政府便不断提出这类要求，但茶馆经常是敷衍对待。作为小生意，茶馆是得罪不起地方豪强的。即使是新政权也未能打消茶馆的顾虑，所以才出现"没有切实执行"公安处所制定的茶社业管理办法的情况。

我们看到，政府派来的这些代表在茶社业同业公会成立大会上的讲话，实际上已经为茶社业公会所能扮演的角色草拟好剧本。

政府给公会的空间是相当有限的,它必须处于工商联的指导之下,还将受到政府各个机构的监督,其所作所为不过是贯彻政府之政策,很难像过去旧公会那样代表行业利益向政府抗争。"在人民政府领导下",便是当时所有同业公会的必经之路。①

独立性的消失

在成都市茶社业同业公会筹备委员会成立大会的会场里,墙上所贴标语也揭示了政府和当时政治对公会之影响,例如称"新公会是具有发动群众及政治教育两大意义",要求"提高会员政治觉悟",呼吁"除旧布新团结起来""打破一切封建派系"和"树立新的观念新的作风",提出"配合政府经建计划指导",以"发展经济,繁荣市场";要求会员们改变观念,做到"学习第一,劳动第一",还要"打倒不闻不问的恶习惯",以及"除掉在商言商的观念"。不过这时也并非把旧公会说得一无是处,如要会员们"批判接受旧公会的优点",至少得承认旧公会还有"优点"。当然这些标语中还有更宏大的号召,如"从思想上行动上彻底改造来执行新的任务",还有"拥护毛主席劳资两利政策",甚至还有"拥护世界和平""打倒侵略东亚的美帝国主义"等。②

新公会制定了《成都市工商业联合筹备会茶社业同业公会筹

---

① 《成都市各行各业同业公会档案》,52-128-1。
② 《成都市各行各业同业公会档案》,52-128-1。

备委员会简章》共十八条，该简章称该公会"在人民政府领导下受工商联筹委员会之指导"。新公会成立之时，旧成都市茶社业公会"即行停止活动"，其组织"移交本会接管"，在新公会"正式成立时即行结束"。但问题在于，直至1953年成都茶社业同业公会与旅馆业合并时，新公会也未能正式成立。也即是说，所谓茶社业同业公会筹备委员会不过是在其消亡前的一个短暂过渡罢了。《简章》规定新公会的任务有八条，即：向各会员阐明政府政策法令并协助工商业联合会筹委会推行之；将本业实际情况提供给工商联筹委会参考；协助并指导各会员加强政治思想学习，树立新经营观点；协助并指导各会员研究业务及技术，以提高生产及促进经营；推行工商联筹委会各种决议事项及委办事项；接管茶社业公会原有各项产业器具档案文具现金账目表册等，并进行清理审查；说服未入公会的茶馆参加公会，"并清查漏户，以健全本会组织"；根据会员居住地区分区或根据内部业务性质，进行分组。①

筹备委员会委员定为25人，由会员"分区酝酿协商"提出名单，然后由工商联筹委会审查；该委员会设常务委员13人，由全体筹委"协商推选"；设正副主任委员各1人，由常委"协商互推"；设正副秘书各1人，组织、文教、总务三组组长各1人，由正副主任提名，由常务委员担任；规定筹委会每半月、常务委员会每周举行一次会议，必要时正副主任可举行临时会议。②根据1950年11月的《成都市茶社业同业公会筹备委员会筹委姓名简历表》，

---

① 《成都市各行各业同业公会档案》，52-128-1。
② 《成都市各行各业同业公会档案》，52-128-1。

旧工会理事长廖文长已经不在名单之上，新的领导头衔为"主任委员"，由王次光担任。不过廖文长的前任王秀山仍榜上有名，但只是一般委员。这个新机构比旧公会大一倍有余，过去理事长、常务理事、理事、常务监事、监事，全部加在一起共12人，而新机构有正副主任委员、正副秘书长，又有组织组、总务组、文教组正副组长，外加常务委员、委员等，共25人。①

但筹备委员会很快便进行了大换班，甚至各负责人的名头也改变了。按照1950年12月《成都市茶社业同业公会筹备委员会在职人员姓名册》，主要负责人称"主任秘书"，下有副主任秘书，组织组、总务组、文教组、书场茶座组正副组长，外加干事、东南西北外东五区的"劳资协商会"的代表及副代表、五区各主任及副主任，共35人。筹备委员会下又分为若干个区，各区亦有相应的下属组织，也有正副组长，如东区便有区干事、正副组长14人，南区19人，西区17人，北区19人，共达69人。②因此，如果把公会和各区负责人加在一起，总共达99人（这里还没有计算外东区）。这时全成都大约有550家茶馆，也就是说，大约五分之一的茶馆经理人在公会担任一定的职务，虽然这个职务并非国家雇员。③仅半年以后，据1951年6月《成都市工商业联合筹备会茶社业同业公会筹备委员会去职筹委姓名册》，上面提到的筹委会名单上的领导成员有10名去职，包括副主任委员、正副秘书等，加上8月主任委员王次光的"辞职"，实际上筹委会的主要领导几乎都换

---

① 《成都市各行各业同业公会档案》，52-128-1。下面我们将看到这个领导机构继续扩大。
② 《成都市各行各业同业公会档案》，52-128-1。
③ 1951年11月统计有541个茶馆，见《成都市各行各业同业公会档案》，52-128-2。

了。①公会领导层的不稳定,可能从一个侧面反映了公会的衰落。委员频繁更迭,一般都是由于上级领导的不信任,这种不信任更多是由于他们内部不少人的复杂背景和个人原因,但也可能是由于上级对他们工作态度不满意;而贯彻上级指示不力,也可能是因为工作能力有限,等等。

如上述1950年12月到1951年6月间去职的10名筹委会成员中,因为"茶社歇业"者3人,"因案被捕"1人(副主任委员陈某某),"管训"2人,"私务太多"2人,因病1人,迁移1人。②可见由选举产生的委员背景太复杂,难以担当领导全业贯彻上级指示的重任。在1951年7月的新名单中,除简历外,还新增了"负责了解人意见"和"公筹会负责考语"。在前项中,有5人注明是"哥老会分子",4人注明"政治清白",1人为"正当商人,历史清白"。有趣的是,有1人在"哥老会分子"后面,仍然注明"历史清白"。在"公筹会负责考语"中,都注明"历史清白,拟予聘用",有的还加有其他评语,如"作事认真""工作能力强""老成干练""服务热心""思想纯洁""工作积极"等。③因此至少在1951年,一般哥老会成员,似乎还没有成为政治上的大问题。

关于上级组织的不信任问题,从1951年10月成都工商联关于茶社业同业公会筹委会组织组副组长傅某某问题的信函中可见一斑。该函称他"自任职以来,工作松懈,思想落伍,在新民主主义经济革命阵营中不足以领导群众,除予以撤职处分外,应深自

---

① 《成都市各行各业同业公会档案》,52-128-2。
② 《成都市各行各业同业公会档案》,52-128-2。
③ 《成都市各行各业同业公会档案》,52-128-2。

检讨与批评,并将经过情形报我会备查"。据10月26日茶社业同业公会筹备委员会回复,表示:"特召开筹委会检讨与批评,籍[借]以教育,大家一致认为,你会处理完全正确。经过检讨,各筹委在思想上进一步提高警惕,表示今后决定努力工作。"①12月,组织组副组长张某也被撤职,这是由于1951年11月公安局给工商联发函,称张为"我管自新人员",过去为"三青团"分队长,"现任茶社业公筹会筹委,并有伙食待遇",因而造成张某"忽视管制,自高自大,群众反映不良"。12月工商联发函,查张某"自新后仍轻视群众,玩忽管制,应即日起撤销其一切待遇,并饬老老实实工作,立功赎罪"。②看来进入公会领导层还可享受"伙食待遇",但具体待遇细节并不十分清楚。这即是说,从新政权一开始,这种社会组织就被纳入体制之中,而一旦进入这个体制,就能得到相应的好处。另外,从这些撤换公会筹委会成员的过程中,我们可以进一步看到国家对公会的管制。

从档案中,我们可以看到1951年筹委会25名委员的简历,由此知道一些稍详细的情况。25人都是茶馆经营者,其中仅1名女性。最年轻者21岁,最年长者72岁。③关于"学历"一栏,只有1人未填,其中上过"私学"者9人,小学5人,中学7人,大学1人,专科学校1人,文盲1人;④文盲者即唯一的那位女性。在"经历"一栏,我们可以看到更多的背景资料,他们多是在从事其他

---

① 《成都市各行各业同业公会档案》,52-128-2。
② 《成都市各行各业同业公会档案》,52-128-2。
③ 其中20—29岁4人,30—39岁10人,40—49岁4人,50—59岁5人,60岁及以上2人。
④ 上私学的9人中,上私学1年者2人,2年者2人,4年者2人,5年者2人,8年者1人。

职业多年后，才转入茶馆业的。如有原为"丝织业店员等"，1943年转入茶馆业的；有"印刷工人、会计员等"，1948年转入本业的；有"曾任邮电工人，七年川陕鄂边署粮秣科长"，抗战后退役转入本业的；有"曾任税局会计五年"，1947年转入本业的；有"曾作店员、伪政府办事员、军需书记等职"，1946年转入本业的；有"曾作店员工人"，1931年转入本业的；有"曾任会计、军需等职"，1949年转入本业的；有"曾任伪政府干事"，1945年转入本业的；有"原饭菜面食业"，1928年转入本业的；有"曾作厨工"，1940年转入本业的；有"学徒二年，农业八年，工人二年，中药六年"，1949年转入本业的；有"曾作机械工业卅余年"，1947年转入本业的；有"原帮工及小商"，1925年转入本业的；等等。还有"离校后即经营本业"，或"一九四九年即经营本业"，甚至早到1927年便"经营茶社本业"的。

在"是否加入党派"一栏，19人空白，其他6人分别为：2人"曾集体参加国民党"，1人"曾集体参加三青团、国民党"，1人"曾参加三青团、集体入国民党"，1人"曾参加新南门后新社"（袍哥的支社），1人"未入党团"。①抗战时期，集体参加"三青团"、国民党十分普遍，特别是在学校中，但1949年后这便成为一种"历史问题"。不过，这些人能够进入公会筹委会，至少说明当时这还没有成为十分严重的污点。

为了更有效地管理茶馆的演出，在成都市茶社业同业公会筹备委员会下，还另外成立"书场茶座组"。1950年9月成都市工商

---

① 《成都市各行各业同业公会档案》，52-128-2。

联筹委会在批准成立书场茶座组所发文件中称，经工商联筹委会报工商局批准，同意成立书场茶座组，所有书茶工商业税"仍照前例在茶社业完纳"；监督各书场茶座"依法向政府按时完清娱乐税及印花税"；办理附营书场茶社登记，敦促未入会者加入；"执行政府有关文教治安指示"。①从现存的档案中，可以见到1950年《成都市茶社业同业公会筹备委员会书场茶座组简则草案》的三种不同版本，估计这些版本经过了不断的修改。根据1950年11月最后修改完善的版本，凡取得茶社业同业公会筹委会会员资格"并附设书场茶座者"，皆可成为会员。申请成为会员者先向书场茶座组申请，经"组务会议"讨论通过后，"经文艺处和文教局批准"，方正式成为组员。本组每月开例会一次，有特殊事情需开临时会，则每周举行。按照《草案》，日常经费由各书场每月缴纳"书茶四杯"的价钱，如临时有需要花销较大时，则由组员"以娱乐税多少摊派"。《草案》规定的权利和义务都很简单，权利只有两条：一是有资格被推选担任正副组长、书记、干事等职；二是对本组业务有"讨论、批评、选举、罢免"之权利。义务也只有两条：一是向本组建议业务改进，二是缴纳组费。书场茶座组的宗旨是："在人民政府领导下团结一切曲艺工作者，追随新的文艺运动，宣

---

①《成都市各行各业同业公会档案》，52-128-1。直至1953年茶社业公会登记时，一些影剧院仍然与茶社业合开，称为"影剧院茶座"，当时有五家，即：总府街智育影院茶座、下顺城街蓉光影院茶座、棉花街群众剧院茶座、西御街人民剧场茶座、祠堂街川西剧院茶座（《成都市各行各业同业公会档案》，52-128-11）。

传广大人民在革命斗争中与生产建设中的英雄事迹。"①允许成立书场茶座组,显然是政府意识到它们与一般的茶馆不同,因为书场是提供娱乐的地方,关系到娱乐和宣传阵地的建立这样的重要问题。从其宗旨看,像新茶社业公会一样,传统公会中保护同业利益的主要功能已不复存在。

1950至1953年的几年至关重要:新政府逐渐取得对城市工商业的控制权。茶馆这种与人们日常生活紧密相连的小商业,日益被国家权力限制,新的茶社业同业公会在某种意义上已成为政府的行业代表。其实,这并不只是一个城市,或者一个行业的变化,而是全国的、各行业的普遍情况,无论是茶社业公会还是其他行业公会,无论是成都还是其他城市。

新公会与经济生活

新茶社业同业公会虽然生命很短暂,但也为新政权改造茶社业发挥了很大作用。据1951年2月成都市茶社业同业公会筹备委员会的《组织组一九五零年度工作报告》,筹委会当时的具体任务有五方面:一,"整理旧公会""清理会员申请"(指申请减税等),

---

① 但第一个文本中关于"义务"的规定主要是政治事务,包括四条:为"政府宣扬政令";"宣传抗美援朝,保家卫国";"宣传清匪反霸,减租退押";"参加政府规定之一切示威游行"。但为什么删除了这些内容,原因不清楚,我估计是当时公会竭力在政治上表现自己,但上级领导认为这些口号式的内容不应出现在章程中(《成都市各行各业同业公会档案》,52-128-1)。

"清理公债"（帮助政府敦促各茶馆买公债）；二，"整理改选各区组人事"，包括各区正副主任、小组正副组长等；三，"组织劳资协商会"，由"店员工会"推选，每区一人；四，1950年度税务报告，但第一、二季度税由"旧公会办理"（由此可见头两季度旧公会仍然行使职责），第三、四季度由筹委会进行"催税任务"；五，"寒衣捐款"，全业任务为47,700元。①

筹委会制订的《组织组一九五一年工作计划》，透露了1951年的具体工作有七个方面。一、配合成都城区"行政区域整理"，重新划分各区大组小组。由于成都将过去的五区划分为八区，茶社业遂成立八个大组，每15至20家茶馆为一个小组。二、进行行业登记，在完成大组小组划分后，开始登记正式会员，并编造成册。三、成立劳资协商会，其目的是"增进劳资情感，搞好业务"，在政府提倡的"劳资两利"政策下，促进劳资"真诚合作"，引导会员"交换业务意见，彻底消灭劳资合作障碍"，就雇佣工人工资待遇等本着"公私兼顾原则"进行协作。四、调查会员营业情况，帮助克服困难。五、接受会员申请。六、办理非会员入会申请。七、成立业务指导委员会。②看来这一年的工作重点是行业登记和促进劳资合作。

除此之外，筹委会还要执行许多上面下达的其他任务。1951年4月，成都工商联致函茶社业公会筹委会称，成都市第三区首届"各界人民代表会议"即将召开，要求推选候选代表一名报工商

---

① 《成都市各行各业同业公会档案》，52-128-1。
② 《成都市各行各业同业公会档案》，52-128-1。

联,但选候选人时要考虑"是否清白及其代表性"。①同年7月,根据成都市人民政府指示,工商联发紧要通知给各公会,要求填写团体登记表,强调"事关争取合法地位"。②这个登记表内容包括:名称、地址、目的、业务范围、活动地区、简史、会员人数、经济状况、经费来源、现在业务计划等。根据茶社业公会填表内容,其目的是"向我业各会员阐明政府政策法令,协助工商联筹(委)会推行各种决议事项及委办事项""加强会员政治思想之学习,树立新的经营观点""研究业务及技术之改造,以提高生产及加强业务经营"。至于业务范围,则有八项:推行政府政策法令规章、办理本业税收、加强会员学习组织、抗美援朝捐献运动、优军拥属工作、工商业兼地主赔偿问题、会员开业歇业转业解雇等申请事项,以及就"坚决镇压反革命任务配合我业店员工会进行检查事宜"。会员数为556人,说明当时有556家茶馆。③从这八项业务看,除第二项和第七项真正与行业有关外,其余都属当时的"政治任务",但仍然没有一条是关于保护行业利益的。这说明,虽然公会仍然存在,但其基本的功能被逐步削弱。

解放妇女是党的一贯主张,新政权建立伊始,茶社业中的妇女工作便提上议事日程。妇女是怎样组织起来的? 1951年7月成都市茶社业妇女座谈会记录透露了一些信息。召开座谈会是由于成都市工商联"已组织起了每一个工商业者,但新工商业之妇女界还未组织起来,故有急速组织起来之必要,希告各业响应这号

---

① 《成都市各行各业同业公会档案》,52-128-2。
② 《成都市各行各业同业公会档案》,52-128-2。
③ 《成都市各行各业同业公会档案》,52-128-2。

召急速组织起来"。妇代会已于早些时候成立，工商联指示推选代表6至15人到市工商联学习，并在选出之代表中酝酿主席2人。[①]8月选出了妇女代表10名，几乎都在20至30岁之间，最年轻者18岁，最年长者40岁。除了有2人的"学历"栏空白，其余都受过小学以上教育，3人甚至受过中学教育。[②]从上报的名册中，我们知道一些她们的背景：有的"解放前任伪建设厅档案室雇员，现担任街道卫生员、宣传员"；有的是"国民党员，解放前曾任伪简阳县事务员，及彭县小学教员，解放后助家里照料茶社，并在会计学校补习会计"；有的是"家庭妇女，并检举特务丈夫（已伏法）"；有的"丈夫系会门分子，常与临近妇女来往交游，解放后经营茶社，现担任中山公园派出所军属组长及公筹会筹委常委"；有的"学生出身，结婚后协助家里经营茶社"；有的"解放前后均经营茶社"；有的是"家庭妇女，现担任街道妇联小组长"；有的是"家庭妇女，现助家庭经营茶社"。[③]这些妇女代表，有的在旧政府任过职，有的加入过国民党，有的丈夫被镇压……显然这时对"政治面貌"的要求，比后来要宽松得多。我们不知道茶社业妇代会的具体情况，但根据《成都市工商界妇代会茶社业分会负责人名册》，我们可以知道妇代会茶社业分会负责人共14人，大多数都是前述妇女代表（只有3位不在负责人名单之内）。14人中，最年轻者18岁，最年长者54岁。文化水平"粗识"字3人，小学5人，初中5人，高中1人。她们分别担任正副主任委员、正副秘书

[①]《成都市各行各业同业公会档案》，52-128-2。
[②]《成都市各行各业同业公会档案》，52-128-2。
[③]《成都市各行各业同业公会档案》，52-128-2。

和文教、宣传、联络、组织、总务等组长。①

在现存的档案中,有三份是与前面提到的达观茶楼有关的文献,即《达观茶楼从业人员清册》《资本调查表》《达观茶社资产调查清册》,为我们了解这个茶馆的一些细节提供了非常难得的数据。1951年9月23日,成都市茶社业同业公会筹备委员会称,达观茶社"因响应政府号召,拆修中心干道",另觅东华门正街23号地址营业。我们还知道该茶馆有经理1人,店员2人,瓮工1人,堂工5人,拉水工2人,其他6人,杂工1人。在"每日工资"一栏,除经理苏××外,"其他"栏中还有不领工资的6人,他们应该都是家庭成员(1男5女,男3岁,女分别为30岁、26岁、12岁、10岁及5岁)。店员工资每人每日2,000元,瓮工6,400元;堂工除一人2,800元,其余都是2,000元;拉水工各3,600元,杂工2,800元。可见,其中烧水的瓮工工资最高,是一般堂工的三倍。从《达观茶社资产调查清册》,我们知道该茶馆有房产5间,江西瓷茶碗368套,铜茶船280个,瓮子1个,此外还有电灯、各种用具、原材料等杂七杂八的东西,其数量和价值等都非常具体地记录在案。②

一些无法维持下去的茶馆申请歇业,因此也留下了一些记录。据月宽茶社业主苏某1951年3月8日所呈歇业申请书称,其于1950年4月1日借贷开设月宽茶社,"企图谋生",但因"设备不全",故"顾主稀少,每日只售二十余座"。结果是入不敷出,"负债未

---

① 《成都市各行各业同业公会档案》,52-128-2。
② 《成都市工商行政登记档案》,40-65-13。

还，工资未付"，造成"日暮途穷"，只好"商同劳方歇业""以便双方各谋生计"。当时的政策十分注意保护劳工的利益，茶馆歇业，由工会、同业公会、资方、工人四方签署歇业解雇合同，按照这个合同，资方必须支付应付的工资，并有一定数量的赔偿：

> 月宽茶社资方负责人苏××，工方陈××、赵××，因茶社营业消［萧］条，无法维持。于资方申请歇业后，至于解雇问题，经劳动局解决，按双方自愿原则，由资方将原欠工资及借贷款项，计人民币陈××壹拾伍万元，赵××贰拾柒万元整，全部付清。二［两］方了清一切手续，就此解决。特立解雇合同，各执一纸为据。工方工会负责人朱××、徐××，同业公会负责人罗××；月宽茶社工方陈××、赵××，资方苏××，公元一九五一年四月十七日。①

1951年，位于茝泉街的利东茶社申请歇业。该茶馆1943年集股开办，1945年因各股东折本而退股，改为独资，通过"旅栈收入支持茶社"；1951年8月，因欠房租只好停业。关于职工如何处理，协议书规定"由劳资双方代表""以民主的方式达成协议"。协议书透露，茶馆"负债过巨"，共1,200余万元，但按照协议，应该给"各工友解雇费"。龚某于1947年6月到茶社工作，每天工资以21碗茶计，每月25万元，伙食每月5万元，遣散费按三个月计，共90万元。蓝某1949年12月到茶馆工作，每月工资米7斗5

---

① 《成都市工商行政登记档案》，40-65-13。

升，伙食每月5万元，共给米2石2斗5升，人民币15万元；又因欠薪米1石8斗，共给米4石5升。李某于1948年7月到茶馆工作，每天工资10碗茶，每月12万元，伙食每月5万元，共51万元。何某，1949年10月到茶馆工作，每月工资5.5万元，伙食5万元，每月10.5万元，共31.5万元。刘某，1951年3月到茶馆工作，每天工资12碗茶，每月14.4万元，伙食每月5万元，三个月共58.2万元。①这些数据透露了当时茶馆个人的工资状况以及劳资关系、雇佣和解雇办法等。通过这些信息，我们可以了解到茶馆工人的日工资，基本上是以卖出茶的碗数来计算的，一天从10碗到21碗不等。实际上他们的工资有些是以现金支付的，有些则是以大米支付的。1950年代早期，1碗茶一般卖400元。

茶馆雇佣也受到限制，1953年5月成都市劳动局派员到公会，指示"凡我业会员，从53年7月份起，事前未通过劳动局即自行雇用工人在店上工作者，应即查明会报"，上报内容包括被雇人姓名、成分、与资方间关系、何时雇用、何时辞退等。②公会随即进行了调查，发现有五个茶社"自行雇用工人"。其中石庄茶社由于原担水工人骆某足伤，由骆找一马姓替工，骆足伤痊愈后，马即离去。而长春茶社陈某"因病难于工作"，乃由资方找马姓替工，"马姓工作一天算一天，随时可以歇工"。马乃"农村中人，因田少"，故长在城内做工。绿荫阁茶社临时雇用岳某，"已呈劳动局介绍准雇"。芝兰轩茶社雇用熊某"作临时工作，二月上旬即离

---

① 《成都市工商行政登记档案》，40-65-4。
② 《成都市各行各业同业公会档案》，52-128-11。

店,前后约半月时间"。好好茶社的情况则复杂一些:店主陈某有一万姓友人,"因失业后时在该社进出,据陈称是友好关系,未发生劳资关系,因偶尔有提壶现象,引起雇用嫌疑";也即是说,这个万姓友人有时在茶馆提壶给人掺茶,但有无雇佣关系,恐怕很难说清。但有意思的是,政府对此类事情也要管理,可谓事无巨细都在掌控之中。店主也不得不表示这是"不好的现象",保证"今后不再有此种情事发生"。公会还称,将"全面调查有无自行雇用工人情事",然后向上汇报。①

新政府通过茶社业公会进行行业管理,甚至深入茶馆的经营,这与当时中国政治经济的大环境相吻合。政府严格管控的初衷,并非真正试图干预茶馆的经营,而在于监督茶馆的收入,以增加税收。然而,党和政府很快便发现这些措施还远远不够有效,所以发动了"三反""五反"运动。

新公会与"三反""五反"运动

在过去,小本生意总是不断与政府斗法,尽可能少交税,以在商业竞争中生存。②在新政权之下这个模式并未改变,据1950年8月税务部门调查,在120户私营商业中,"竟没有一户是真账",有的甚至"假账做了两三套",这被称为"旧社会遗留下来的投机

---

① 《成都市各行各业同业公会档案》,52-128-11。
② Wang, *The Teahouse, 1900–1950*, pp. 66–71.

之风"。①

但新政权对逃税所采取的措施,却比过去任何政权有力和有效得多。它利用开展群众运动和强大的宣传攻势,成功地把交税与"爱国"联系起来。政府制定了《成都市税务宣传纲要》,"利用各种形式广泛宣传",使民众受到"爱国守法的纳税教育"。据称1950年年底便"涌现了不少协税护税的积极分子和纳税模范"。通过"查黑挤漏",政府查获共1,987宗"违章案件",据称"绝大多数"都是工人店员"检举"出来的。1951年4月,政府又组织了有80个行业参加的"集体纳税入库的热潮",并把征税活动高度组织化,成立了税务推进委员会、行业评议委员会、评议小组"三级评议"方式。第一步由"小组初评,确定各户等级、分数或税额";第二步是"行业集中综合平衡",榜示通告,"复评决定税额";第三步是造册送税务推进委员会复审,再转税务局定案,填发纳税通知。②新政权在历史上第一次真正深入小商业经营的内部,通过改变其经营方式来保证税收。政府要求工商业者"订立爱国公约",保证"不虚报,不包庇,不偷漏,不拖欠",推行"统一建账"制度,要求一切费用有原始凭证,"依据凭证帮助私营工商业按照财务会计制度建立账簿"。③该年随后开展的"三反""五反"运动,则采取了更为严厉的措施。

1951年11月底根据中央的统一部署,党政军机关、人民团体

---

① 吴永孝:《成都市对资本主义工商业的社会主义改造中的税务工作》,《成都党史通讯》,1989年第3期,第12—13页。
② 吴永孝:《成都市对资本主义工商业的社会主义改造中的税务工作》,第11—13页。
③ 吴永孝:《成都市对资本主义工商业的社会主义改造中的税务工作》,第13页。

和经济部门开始进行反贪污、反浪费、反官僚主义的"三反"运动。1952年2月至6月,私营企业中又开展了反行贿、反偷税漏税、反盗骗国家财产、反偷工减料、反盗窃国家经济情报的"五反"运动。当时采取的方式是"职工检举,同行揭发,业主交待,工作组查证定案"等若干步骤。①1952年1月,公会筹委会在悦来商场白玫瑰茶厅召开茶社业"三反"运动全体会员动员大会。2月公会又召开"五反"运动大会,出席会员526人,缺席76人。会上传达了工商联会议精神及决议,要求各筹委在2月17日前把本人的"坦白书"交会汇报,会员都必须"坦白"并具结保证,各区组长要把经手账目结清,各筹委在"五反"运动中"不能借故请假",否则请工商联处理,实际上就是人人交代过关。会上由上面所派检查组组长"解释'五反'运动的意义及交待政策法令",然后由筹委会主委周某带头"坦白",接着第四区组长"坦白漏税",熊某"揭发人民茶社偷漏税",李某"坦白漏税",钟某"坦白偷税及偷工减料",邓某"检举"某人等。②可以看到,这是疾风骤雨式的运动,人人都必须"坦白",即是说人人都有"偷税"的嫌疑,而且鼓励相互检举。在茶社业内,民国时期便存在由于竞争而向政府告密以打击对手的情况,那么在"三反""五反"中这种

---

① 在31,609户私营坐商中(不包括免税小户686户),有守法户6,322户,基本守法户19,540户,半守法半违法户5,044户,严重违法户666户,完全违法户37户。其违法总金额原供出为3,413万元,后经核查,最后核定应退补金额为1,758万元(成都市地方志编纂委员会:《成都市志·工商行政管理志》,第101—102页)。这是一个有趣的现象,就是说,原各茶业主自己"坦白"的部分,竟然比最后核定查实的部分要大得多,说明当时人人自危,业主们宁愿夸大,也不敢隐瞒。
②《成都市各行各业同业公会档案》,52-128-12。

情况更是屡见不鲜了。

在"三反"运动中,公会筹委会总务组组长宋某挪用公款事暴露。从1951年10月的《成都市工商业联合筹备会茶社业同业公会筹备委员简历》,我们可以看到关于宋某的一点信息:宋某,33岁,成都青龙街青龙茶社经理人,高小毕业,"曾任伪政府征收局科员,总务组长"。①从1952年4月法院的判决书中,我们知道一些他更多的背景情况,他"系封建会门永成三支社及文武社分子",即袍哥的成员。他在旧政府中,还历任"征收局杂税主官、催征员、契税股主管"。他过去便曾"利用职权贪污受贿",但"解放后仍不悔改"。②据1952年1月底茶社业公会筹委会的报告,宋于1951年6月至12月在任六个月,但他10月即请辞职,并负责结清该年经管全部账项,次年1月初被批准辞职。宋承认"亏拉[挪]公款四百余万元,拟出售自有住房补偿",宋称挪用公款的原因是"今年营业折本"。③

1952年1月13日公会召开第一次"三反"运动大会,公会称宋"坦白不够,亏拉[挪]数字亦甚含混"。该月24日茶社业"三反"运动正式开展,初步调查其挪用税款100多万元,但他"并不老实坦白将亏拉[挪]动机及细节详细说出"。根据公会的报告,"当场提出意见者计六十人",并称他"态度傲慢,拒不坦白,激起全场愤怒",导致"一致决议"将宋某送司法机关处理。报告还表示,"我会平时监督未周,事前亦未发觉",致使宋某"犯

---

① 《成都市各行各业同业公会档案》,52-128-1。
② 《成都市各行各业同业公会档案》,52-128-12。
③ 《成都市各行各业同业公会档案》,52-128-12。

此严重罪行,我会自难辞咎"。由于宋"拒不坦白",公会请求对宋"从严审讯"。但在这份原件上,不知谁在报告上做了一个批语:"全文很不踏实,其原因就在无详细的亏拉[挪]账目,不能完全坐实。"因为这个报告是写给法院的,估计应是法院办案人员所批。至少从这个批文来看,法院还是很认真的,要求具体查实。由于"亏拉[挪]数目有出入",法院通知公会派员到法院"提取宋犯,核对账目,彻底弄清其亏挪款额"。①2月28日,公会发给法院另一报告,称宋"亏拉[挪]公款数目,业经我会彻底清理",共计挪用"八百四十七万零廿一元",并"详细列表,随文报请"。从附表所列,共18笔,包括会费、捐款、救济、缴费等项。②

4月26日,法院作出判决,称宋利用职务上之便利贪污抗美援朝爱国捐款6,311,451元,茶社失业工人救济金、茶社业会员会费及税款等共2,287,250元,"供其挥霍浪费,情况恶劣"。但其在"被捕后,尚能坦白悔过,并保证退还出全部赃款",被判处十个月徒刑。③另据1953年4月2日成都市人民法院致公会筹委会函,共追缴回1,604,000元,但不知是何原因,显然宋这时已死,因此"至其余款项,据宋×生前称,经你会算明账项,可抵八十余万元,不足之数因该宋×业已死亡,据我院了解其家属无力代其赔出"。④但档案数据未披露死亡的原因。800余万元的款项,在1955

---

① 《成都市各行各业同业公会档案》,52-128-12。
② 《成都市各行各业同业公会档案》,52-128-12。
③ 《成都市各行各业同业公会档案》,52-128-12。
④ 《成都市各行各业同业公会档案》,52-128-12。

年换新版人民币时,大约为800元,这在当时并非一个小数目。①

虽然贪污只在有一定权力的人身上发生,但"五反"中涉及的所谓"偷税漏税"是非常普遍的,正如前面所提到的,这是小商业的生存手段之一。晚清民国时期的地方政府对此也清楚得很,但是没有精力与这些从事"小本生意"的经营者们较真,只好得过且过。但在党和政府所领导的群众运动之下,这一套不灵了。各小组将"偷税漏税"者上报,每个茶馆都必须坦白是否偷税漏税,内容包括"商号名称及经理人姓名""违反五反事项""贩毒金银交易及其他"等。如根据1952年3月第四区第五小组的报表,共有11个茶馆被报偷税漏税,而该小组总共不过17个茶馆,这即是说大多数茶馆都有问题。其中松廷茶社,1950年"全年漏报营业额"300万元,漏报"理发租屋"18万元;在"备注"栏,称1950年的漏报营业额"上次坦白"144万元,"补充坦白"156万元。其他茶社问题大同小异,只是项目和金额不同罢了。有的是漏报"厕所租金",有的是出售"零星杂品"偷税,有的是漏报"锅魁摊租金"等。荣华茶社甚至因为"四九年接近解放时,拾得汽车上的铁链条一节,重卅二斤,卖得价款六万四千元,上年买空汽油桶一个,去大洋五元,系作装米用",也被揭发记录在案。甚至还记有更琐碎的事项,如正春茶社称1950年4月"北区税务局一位同志来我社查账,吃了四碗茶两支烟"。②当然我们现在无法对这些"漏报"的准确性进行核实,估计应该是有所根据的。

---

① 前面已经提到,新旧币的折合比率为1∶10,000。
②《成都市各行各业同业公会档案》,52-128-2、52-128-12。

另据《茶社业南二区三五两小组各会员漏报营业额数目表》（有的小组的报表则称为《"五反"运动坦白总结表》），共有27家茶馆记录在案，1950年的"漏报茶水"和"其他漏税"项中三组为150,639,000元，五组为9,857,000元；1951年，三组为43,166,700元，五组为3,730,200元。以上总计207,392,900元。据表，"其他漏税"项还包括纸烟税及衣物、油桶、茶叶费用等。① 在六区的报告中，称会员共64家，收到"坦白书"58份，其中行贿的有4家，漏税55家偷工减料1家，有其他问题的8家，"无违反"仅1家。② 公会的筹委会委员也不能幸免，据《成都市茶社业同业公会筹备委员会筹委情况调查表》，主任委员周某不仅"漏营业额"14,868,000元，还有"行贿"行为，"送税局陈姓茶资每天约二千元"。不仅是会员自己"坦白"，运动还鼓励相互揭发，据《检举事项》，有吴某借张某"银元两枚未还"，有刘某卖麻布与宋某"行贿二万元"，有李某与"封建会门头子贩毒者"沈某往来，"并常提起肉到沈姓家吃"等，这些都远超出偷税漏税范畴。虽然有的揭发属鸡毛蒜皮的事，但有的可能是非常严重的指控，例如与"封建会门头子贩毒者"往来显然就可能惹大麻烦。茶馆业者过去都是弱者，这时利用检举的机会，发泄他们所受的盘剥，有不少检举是针对税务局的人员的，包括公产私用、白吃白拿、借钱不还、滥用职权等。③

这些关于"三反""五反"坦白、调查、检举揭发的资料，牵

---

① 《成都市各行各业同业公会档案》，52-128-12。
② 《成都市各行各业同业公会档案》，52-128-12。
③ 《成都市各行各业同业公会档案》，52-128-12。

涉到大多数茶馆，保留在档案里的统计表罗列了1950和1951年的违规事项和漏税金额多达百页。虽然这些资料帮助我们了解茶馆"偷税漏税"和"三反""五反"的一些具体情况，但利用这些数据存在一定的困难。例如各组上报似乎没有一个统一的格式，项目也不尽相同，有的数字经过反复修改，这些记录和数字的可信度是值得怀疑的。因为当时的政治高压，鼓励相互揭发，不排除各茶馆间可能因为生意有矛盾，以揭发来打击及报复竞争者；有的可能为了争取积极表现，而对他人无中生有或夸大其词；有的可能捕风捉影，道听途说；等等。因此上面所列的数字，虽然来自当时的坦白和揭发等，但是否准确也是很难确定的。其实，这些茶馆到底是否偷税漏税，或者偷税漏税了多少，对我们今天研究茶馆的人来说，已经是很次要的问题了。这个运动对茶馆的冲击，以及它们未来的命运，才是这些档案数据告诉我们的问题的实质。

茶馆业的萧条

1950年4月以后，市场出现了资金短缺、原料不足、商品滞销、店铺关门、工人失业等问题。虽然后来工商业有所恢复，但"1952年'五反'运动后，私营工商业的积极性一度受到较大影响"。经营者小心翼翼，唯恐越雷池一步，前景模糊不清，更缺乏发展企业的积极性。虽然经商的根本目的是盈利，但这与国家政治的大环境格格不入。由于"'五反'运动后，有的行业、企业无法经营下去",市工商局和市工商联筹委会对那些"经营典当、迷信品、赌博用品、金银首饰、古玩玉器的作坊和店铺,逐步安排其转业"。而对"市场上过多"的丝绸、呢绒、西装、参茸、中西餐馆、装裱字画、香粉化妆、纸烟、照相馆、茶铺等行业,采取的办法是"分别辅导",让一部分"转向或转业"。但对于擅自歇业的店铺,则采取相应措施。1952年8月23日,市工商局、总工会、工商联筹委会、劳动局等单位组成"成都市私营工商企业转歇业研究委员会",11月29日工商局又提出《关于目前部分商业行业擅自停业的情况与我们的处理意见》,"对擅自停歇业的340余户商家进行教育帮助,使多数复业经营,少数转入生产行业"。[①]1950年成都东、西两城区"从事私营商业的职工有35,000多人",但到1954年"商业职工只剩下9,227人",特别是饮食服务行业"大大减少","留下来的已寥寥无几"。[②]虽然根据我掌握的统计资料,这个对茶馆业衰落程度的描述未免言过其实,但它也的确反映了私营小商业走下坡路的大趋势。

多年以后,成都市税务局研究人员在对"五反"工作进行总结时称,"税收工作在对资改造过程中贯彻又团结又斗争的方针,发挥了税收应有的杠杆作用",但是在执行政策过程中,有的政府工作人员"表现了急躁、生硬、强迫命令,不顾政策等"。特别是"五反"开始后,税务干部普遍是"宁左勿右",采取"人人交待,户户过关"的做法。[③]"五反"运动中及其后私营工商业出现了两

[①] 成都市地方志编纂委员会:《成都市志·工商行政管理志》,第98—100页。
[②] 吴永孝:《成都市对资本主义工商业的社会主义改造中的税务工作》,第11页。
[③] 吴永寿:《成都市对资本主义工商业的社会主义发行中的税务工作》,第18页

种情况：一是有些商铺被认为经营"封建"或"资本主义"的服务或商品，包括茶馆，被政府要求"转向或转业"；二是有些商铺由于经营不善、"减租退押"，无法再维持，只好关门大吉，但"擅自停业"也是违反当时政策的。

根据档案记载，许多茶馆在20世纪50年代初开始倒闭。总府街的濯江茶社地处繁华的商业地带，于20世纪40年代末开张，盈利良好，雇有17名员工，年销售16万多碗茶，成为新闻记者喜欢的聚会地。然而，在20世纪50年代初，它却负债120万元，并拖欠大量的税款。1951年6月，茶馆所在房屋被售，又无法租赁其他场地，被迫关闭。①一些茶社因为搬迁而破产，如位于少城公园的枕流茶社，在民国时期便很有名气，1950年雇用了近30位员工，盈利甚丰。但是1951年政府接管了茶馆所租赁的房屋，茶馆不得不搬到了长顺街，而那附近区域已经有八个茶馆，竞争激烈，不久枕流茶社只好歇业。②

许多茶馆因政治问题而歇业。少城公园的鹤鸣茶社有着悠久的历史，其为合资，在1951年有13位股东，有4,763万多元固定资本，1,355万多元的流动资本，平均每年售茶达18万多碗。同年10月，茶馆经理李某，以"反革命分子"的罪名被判处死刑，政府没收了茶馆所有的资产，包括房产、资金、原料、设施，等等，并把茶馆由私营变为国营，改名"人民茶社"，全部工人留用。③近圣茶社开业于1934年，有雇员16人，但在1951年，政府令其搬

---

① 《成都市工商行政登记档案》，40-65-29、40-65-15、40-65-154。
② 《成都市工商行政登记档案》，40-65-111、40-65-119、40-65-58。
③ 《成都市工商行政登记档案》，40-65-51。

迁至一条僻静街道，生意遂遭重创，负债百万元。在"三反""五反"运动中，一位员工向当局举报其老板藏了4箱茶叶，150筐木炭，以及一些金银，在随之而来的清查中，茶馆难以为继，最终倒闭。①这个例子表明，在这场运动中，像留有库存这样的基本商业行为也被视为犯罪。这些激进的政策不可避免地影响到了整个城市的经济。(图2-4)

许多茶馆因多种因素而歇业，包括激烈的政治运动、经济政策、生活方式与社会潮流的改变等，特别是政府不鼓励人们频繁地光顾茶馆，因此顾客越来越少，使茶馆生意日趋萧条。当然，茶馆的衰落还有其他种种原因，一些茶馆是由于无子嗣继承家业，一些则是未解决好产权纠纷，等等。不过，由于城市人口的增长、城市范围的扩张，也有一些新茶馆建立了。②当一些著名的茶馆自1950年开始消失时，一些小的街角茶馆却幸存下来，其原因可能是这些小茶馆较少引起政府的注意而受到管控，也可能是其因为规模小，可以更灵活地适应政治、经济和社会的变化，从而在社会的夹缝中生存下来。不过它们与晚清和民国时期的茶馆已经大不相同，茶馆中的公共生活也变化甚巨。我没有发现任何证据表明，地方政府试图拯救茶馆及其业务。这些小商业之所以能继续运营，只是因为它们为不少人提供了生计，所以政府不能简单地让它们关门大吉。另外，政府还开设了一些提供"社会主义娱乐"的新茶馆，这也可能使面临困境的茶馆业和人们坐茶馆的日常生

---

① 《成都市工商行政登记档案》，40-65-33。
② 张先德：《成都：近五十年的私人记忆》，成都：四川文艺出版社，1999，第54页。

图2-4 人民公园的鹤鸣茶社今天还在，图为鹤鸣茶社大门。作者摄于2003年夏。

活习惯看到了一线延续下去的希望（见第三章）。

小商业与国家控制

"三反""五反"运动从表面上来看似乎仅仅解决了经济问题，但实质上也增强了政府的掌控力。本章所举例子不仅发生在成都，而是出现在整个中国。

过去关于"三反""五反"运动的研究，主要集中于政府政策与对资本家的措施和处理上。过去人们都以为"三反""五反"运动主要是针对资本家的，这是一个极大的误解。成都的例子告诉我们，小商业主也是清理的对象，并且受到了极大的打击。显然，党有着非凡的动员群众的能力。从旧同业公会的重组与"三反""五反"运动来看，党所依靠的是"积极分子"——接近党的工人或店员，来挑战公会的领导层与业主，这些积极分子也成为党和政府进行社会主义改造的强大推动力。

控制同业公会以及其他的行业组织，是国民党在1949年以前便开始采取的政策，不过共产党对此类政策的执行无疑更加有效。正如温奈良所解释的，"1949年革命所改变的和没有改变的东西，变得非常复杂"。实际上，"许多由国民党创立的机构继续运行着"，这表明"共产党比保守的国民党更有效地获得了城市精英的支持"。①

我们可以看到在成都，消弭资本主义的政策在新政府于1950年成立伊始，便立即开始实施了，这至少表明，20世纪50年代那十年的情况是异常复杂的。正如周杰荣与毕克伟在他们所编辑的关于20世纪50年代初社会主义中国的论文集中所指出的：资本主义与社会主义的并存这种多样性，"这个时代在不同的地点、对不同的人来说，有着太多的不同"。②成都确实呈现了这种复杂性，但我们基本上没有看到社会主义国家和小商业之间的所谓"蜜月

---

① Dillon, "New Democracy and the Demise of Private Charity in Shanghai," p. 102.
② Brown and Pickowicz, eds., *Dilemmas of Victory*, p. 8.

期"。在社会主义计划经济之下,政府更关注工业化,而非小商业。苏黛瑞(Dorothy Solinger)就发现,"在计划经济下,资源分配主要基于政治决策,而不是价格系统"。[①]因此,资金总是首先流向国有企业,私营商业经常只能自生自灭。但是,由于小商业为城市中大量人群提供了生计,并和人们的日常生活密切相关,政府不得不允许他们继续经营。

　　过去,不少西方学者把1950年代下半期看作中国的一个转折点,认为是政府政策的改变才导致了一系列的经济困难。然而,成都小商业主的经历表明,经济困难到来得其实更早。从地方角度的考察,我们能够看到新政权的城市经济建设的种种失误。当然,是成功还是失误,可以说是因人而异的。从党和社会主义国家的角度来看,这种转型是成功的。在这里,我并不认为政策的制定者不关心民生与经济发展,只是民生与经济发展都从属一个更高的政治议程。而对于许多普通的城市民众,特别是那些小商业所有者或小生意人来说,他们受到了多方的限制,面临生计的困难,因此他们在这种过渡时期的感受,常常是消极的。

---

① Solinger, *Chinese Business under Socialism*, p. 20.

第三章　国家力量与社会主义娱乐的兴起

1949年12月27日，即中华人民共和国成立近三个月之后，成都由解放军接管。虽然当时百废待举，但对大众娱乐的管理立即被提上了议事日程，因为新政府认为这是人们日常生活的一个重要方面。① 国家控制也并非一蹴而就，而是经过了一系列措施和较长时期的努力。在城市管理上中共也采取了与国民党政府有着本质不同的方法与政策。从1950到1956年，国家力量的介入，用社会主义娱乐取代了传统的大众娱乐方式。②

---

① 乔曾希、李参化、白兆渝：《成都市政沿革概述》，《成都文史资料选辑》第5辑，成都：中国人民政治协商会议四川省成都市委员会文史资料研究委员会，1983，第9—11页。
② 关于1949至1976年间文化艺术政策的研究成果较少，但洪长泰（Chang-tai Hung）研究了革命性舞蹈"秧歌"（Chang-tai Hung, "The Dance of Revolution: Yangge in Beijing in the Early 1950s," China Quarterly 181 [March 2005], pp. 82-99）；余伟康（Eddy U.）研究了思想改造（Eddy U., "The Making of Chinese Intellectuals: Representations and Organization in the Tuought Reform Campaign," China Quarterly 192 [December 2007], pp. 971-989）。中国学者基本都关注上海，见Jishun Zhang, "Thought Reform and Press Nationalization in Shanghai: The Wenhui Newspaper

在20世纪50年代,尽管成都有了电影院、文化宫和其他同类设施,但大多数成都居民的主要娱乐方式仍然是看地方戏曲。正如杜博妮(Bonnie McDougall)指出的,在中国文化中"表演艺术相比较于书面文学也许有着更广泛的受众面",因此它们成为"文化部门的重点关注对象"。①林培瑞还发现,"中国文学与表演艺术的主要功能是影响人们的态度和行为,以有益于社会"。②

我们对民间艺人在1949年以后的命运所知不多。杜博妮在20世纪80年代指出,学术界此前的有关研究,"关注的是作家与演员的生平,他们对知识史的贡献,作品的社会政治背景,以及对政策变化的研究"。③但最近有两本关于社会主义城市文化生活的书弥补了这个缺憾,尽管这两本书的作者主要关注的是上海。姜进

(接上页) in the Early 1950s," *Twentieth-Century China* 35, no. 2(2010), pp. 52-80; Jiang, *Women Playing Men*, pp. 181-190;姜进:《断裂与延续:1950年代上海的文化改造》,收入姜进主编:《都市文化中的现代中国》,上海:华东师范大学出版社,2007,第481—497页;张济顺:《社会文化史的检视:1950年代上海研究的再思考》,《华东师范大学学报》,2012年第2期,第1—7页;孙晓忠:《1950年代的上海改造与文化治理》,《中国现代文学研究丛刊》,2012年第1期,第95—105页;肖文明:《国家触角的限度之再考察:以新中国成立初期上海的文化改造为个案》,《开放时代》,2013年第3期,第130—152页。不过阎锋从全国的角度考察了从国民党到共产党的文化转型(阎锋:《试论我国建国初期的文化过渡》,《广西社会科学》,2007年第2期,第185—189页)。

① Bonnie S. McDougall, ed., *Popular Chinese Literature and Performing Arts in the People's Republic of China, 1949-1979* (Berkeley: University of California Press, 1984), p. 8.

② Perry Link, "The Genie and the Lamp: Revolutionary Xiangsheng," in *Popular Chinese Literature and Performing Arts in the People's Republic of China, 1949-1979*, ed. McDougall, p. 83.

③ McDougall, ed., *Popular Chinese Literature and Performing Arts in the People's Republic of China, 1949-1979*, p. 12.

通过讨论20世纪上海越剧，揭示毛泽东时代的文化转型，探索了共产党政权对表演艺术与大众娱乐的影响。1949年以后，政府试图把越剧转变为社会主义娱乐的工具，姜进对国家的这种干预持比较乐观的态度。她认为："毫无疑问，中华人民共和国国家与共产革命，对把演员从社会底层转变为有社会地位的人，发挥了积极的作用。"①的确，政府把一些戏班纳入社会主义的宣传系统，在相当程度上改善了它们的生存状况，为演员们提供了工作和事业发展的机会。然而，我想指出的是，那些没有被纳入这个系统的演员或者艺术形式，命运大不相同。何其亮（Qiliang He）最近出版的一本关于评弹的书，便给我们展现了一幅不同于姜进的上海越剧的图景。评弹是江南地区，特别是上海苏州一种很流行的说唱艺术形式。何描述了社会主义国家对大众娱乐的影响，特别是评弹艺术家1949年以后有着艰难的经历，这种经历与成都讲评书和唱清音等的曲艺艺人非常相似。②

新政府把全面控制城市文化、建立社会主义娱乐，作为建政之初的重要议题之一。在本章中，我主要讨论1950至1956年间国家建立社会主义娱乐过程的三个方面。首先，考察新政权对成都戏曲场所和演出机构的接管过程，以及怎样把它们变成"革命的大众娱乐"和"宣传教育的场所"。③其次，揭示政府为什么和怎

---

① Jiang, *Women Playing Men*, p. 257.

② He, Gilded Voices, pp. 14–15.

③ 关于文化和艺术如何成为革命教育的工具，可以参考胡嘉明（Ka-ming Wu）关于延安时期讲革命故事的研究（Ka-ming Wu, "Tradition Revival with Socialist Characteristics: Propaganda Storytelling Turned Spiritual Service in Rural Yan'an," *China Journal* 66 [2011], pp. 101–117）。

样对自发的"打围鼓"("板凳戏")实施管理的措施。打围鼓是过去茶馆顾客自娱自乐的传统娱乐活动，不用化妆和服装道具，只用简单的乐器来唱地方戏。最后，通过分析1955年政府所进行的民间剧团和曲艺艺人调查报告，来看政府所采取的管理措施。虽然打围鼓活动并没有被完全取缔，但是由于一系列措施的实行，众多艺人被迫离开了这项自发的娱乐活动。

新文化机构的建立

从解放军进城军管开始，人民政权对城市文化的管理便开始了。[1]1950年1月1日，即人民解放军进驻成都四天之后，政府便成立了成都市军事管制委员会文教接管委员会，下设文艺、教育、

---

[1] 大部分关于中共接管城市的研究都集中于上海，例如庞松：《略论解放战争时期中共对上海的接管》，《近代史研究》，1997年第2期，第284—312页；吴景平、张徐乐：《接管上海官僚资本金融机构述论》，《近代史研究》，2003年第4期，第113—139页；张颐：《解放战争时期中共对上海接管的历史经验》，《中南民族大学学报（人文社会科学版）》，2006年第A1期，第108—112页；杨丽萍：《新中国成立初期的上海里弄整顿》，《当代中国史研究》，2010年第5期，第50—57页。关于中共1950年代早期对杭州的控制，见Gao, *The Communist Takeover of Hangzhou*。从全国角度看共产党接管的论著，有李文芳：《中共接管城市的成功实践》，《北京党史》，2000年第6期，第15—18页；李良玉：《建国前后接管城市的政策》，《江苏大学学报（社会科学版）》，2002年第3期，第1—10页；何立波：《新中国成立前后的军管制度》，《党史纵览》，2009年第5期，第11—17页；王飞：《新中国成立前后的城市军事管制制度》，《档案天地》，2012年第2期，第42—48页。关于社会主义早期成都的建政和政府结构，见吴珂：《中共对成都接管中的政治动员及其效力》，《当代中国史研究》，2010年第5期，第125—126页；高中伟：《新中国成立初期城市基层社会组织的重构研究》。

新闻、出版等处，而文艺处的主要任务是"宣传中国共产党方针政策，领导全市文化艺术工作"。①1950年5月17日，成都文化教育局成立，取代成都市军事管制委员会文教接管委员会。②成都所有的书场（演出曲艺节目的茶馆），包括其中演出清音、金钱板、竹琴、扬琴、荷叶、口技、皮影的艺人，"不论其经营性质、思想倾向如何"，一律实行"归口管理"。③

1950年2月，中共川西党委和文艺处设立军事接管小组，派军事代表对正声京剧社进行接管，改名新声京剧社；同月，成立军事代管小组，派军事代表对三益公大戏院进行"代管"，改三益公为公私合营。3月，文艺处和川西文学艺术界联合会成立成都市戏曲改革工作委员会（简称戏改会）。戏改会把三益公（川戏）和新声（京戏）作为戏曲改革重点试验单位，先对已经接管的剧团进行"正面教育"，即"以新民主主义革命基础知识和为工农兵服务的文艺方向与推陈出新的方针为中心，组织演职员工进行学习"；另一方面，组织演出"老区剧目"（解放区创作的戏曲），包括《三打祝家庄》《北京四十天》《鱼腹山》《逼上梁山》《王贵与李香香》等，"不久前还占统治地位的《青城十九侠》《玉狮带》等迷

---

① 成都市地方志编纂委员会：《成都市志·文化艺术志》，成都：四川辞书出版社，1999，第400页。文艺处内设宣传、戏剧、电影、出版、总务五科和秘书室，附设文工队、电影队各一。戏剧科下设戏剧组、话剧组、曲艺组。
② 1953年1月，这个机构被拆分为文化局与教育局两大部门。
③ 康明玉、李青：《建国初期成都市文化团体被接管与改造的经过》，《成都文史资料》第32辑，成都：四川大学出版社，2002，第146页。

信怪诞的连台本戏被赶下了戏曲舞台"。①

　　三益公大戏院是最早进行改造的。改造以"先走一步,取得经验再广为推广"为目的。先是"思想摸底",然后每日两小时"讲解和讨论",接着是"大报告"。不久,三益公大戏院便上演了《小二黑结婚》。②从三益公大戏院开始,新政权对剧团管理也进行了改革,由各方面人员成立代表小组。1950年12月,市政府拨款500万元,以公私合营手段改三益公为成都市试验川剧院,任命了正副院长,"从根本上改变了剧院的性质"。剧院不久便上演了《皇帝与妓女》《太平天国》等戏,对"戏曲改革起到了推动作用"。③

---

① 康明玉、李青:《建国初期成都市文化团体被接管与改造的经过》,第147—150页;成都市地方志编纂委员会:《成都市志·文化艺术志》,第400—401页。
② 该剧基于赵树理的短篇小说,讲的是一位年轻的农民二黑,与他的女友小琴追求婚姻自由的故事,背景是抗日战争时期的华北农村。关于该剧在革命和革命文化中的影响与地位,见傅修海:《赵树理的革命叙事与乡土经验:以〈小二黑结婚〉的再解读为中心》,《文学评论》,2012年第2期,第72—80页。近年来,一些学者重新审视"革命文学",揭示了这些故事在革命浪潮中的消极面。见谢泳:《百年中国文学中的"赵树理悲剧"——从〈小二黑结婚〉的一个细节说起》,《开放时代》,2008年第6期,第158—162页;翟业军:《从〈小二黑结婚〉看阿Q革命》,《上海文化》,2013年第1期,第36—43页。
③ 康明玉、李青:《建国初期成都市文化团体被接管与改造的经过》,第147—150页;成都市地方志编纂委员会:《成都市志·文化艺术志》,第400—401页。《皇帝与妓女》是著名剧作家宋之的于1950年所写的戏剧,讲述北宋皇帝徽宗与名妓李师师的故事。关于1950年代大众娱乐的研究,见姜进对越剧的分析,以及林培瑞关于相声和相声在抗美援朝运动中如何被作为宣传工具的研究(Jiang, *Women Playing Men*; Perry Link, "The Crocodile Bird: Xiangsheng in the Early 1950s," in *Dilemmas of Victory*, eds. Brown and Pickowicz, pp. 207–231)。何其亮在他关于评弹的新书中,描述了1951至1953年上海民间艺人中的"剪辫子"运动,该运动即"剪掉封建"的辫子,从封建思想中解放出来(He, *Gilded Voices*, chap. 2)。

1951年5月，政务院发布《关于戏曲改革工作的指示》，提出了"改人、改戏、改制度"的"三改"政策。这些政策很快在全国实施。①在"三改"过程中，艺人们发掘、整理、改编、移植一批剧目，还组织艺人下乡演出，参加土改宣传工作。成都市政府调查了在市区145处演唱曲艺的500余名艺人，"进行清理、登记，颁发了演唱证"；1950年成立曲改会筹备会，1952年正式建立了曲改会，所有曲艺从业人员都必须在会登记，成为会员。②这样国家不用直接应对这个庞大和复杂的群体，而是更有效地利用专业组织对其进行管理，为下一步改造奠定了基础。

中共戏曲改革的政策在延安时期便已经开始。其实，对戏剧的审查在中国有很长的历史，至少可以追溯到明清两代。③在抗战时期，茶馆中表演的脚本必须先经国民党政府审查批准，尽管很少有茶馆遵循这条规定。④

---

① 关于三改政策及其影响，见刘乃崇：《"改戏、改人、改制"给我们的启示》，《中国戏剧》，1990年第1期，第38—41页；刘遗伦：《建国初期戏曲界"三改"的社会影响》，《新东方》，2007年第10期，第42—46页；姜进：《断裂与延续》；刘德军：《"三反""五反"运动再考察》；张炼红：《再论新中国戏曲改革运动的历史坐标》，《上海戏剧》，2010年第12期，第20—22页。
② 成都市地方志编纂委员会：《成都市志·文化艺术志》，第400—401页；《成都市文化局档案》，124-1-39、124-1-83。
③ Siyuan Liu, "Theatre Reform as Censorship: Censoring Traditional Theatre in China in the Early 1950s," *Theatre Journal* 61 (2009), p. 389.
④ Wang, *The Teahouse, 1900–1950*, chap. 5.

第三章 国家力量与社会主义娱乐的兴起

接管戏班和戏园

在民国时期，成都所有演出曲艺的茶馆都被称为书场，包括讲评书（当时称"评话"）和各种曲艺表演的场所。1949年，在中国人民解放军进入成都之前，四川省会警察局换发营业执照登记，当时成都共有24个茶社书场。①1949年12月27日解放军进入成都后，共产党对都市文化施加影响的最早措施，便是由"川西地区一些地下党人和进步人士"于1950年初成立的"五月文化服务社"，其目的是以"为群众服务之精神"，"配合政府，推广文化事

---

① 东大街留芳书场：竹琴；湖广馆街聚圣书场：音乐、滑稽、清唱；长胜街集贤书场：清唱、竹琴；下东大街正义书场：扬琴、竹琴、口技、双簧；交通路交通书场：竹琴、相书、扬琴；暑袜北一街云龙协记书场：扬琴、竹琴、口技；春熙路北段三益书场：竹琴、口技、双簧、魔术；春熙路北段凯歌书场：扬琴、竹琴、清音；转轮街新新书场：清音；城守东大街淘春书场：竹琴；东城根上街锦春茶楼书场：竹琴；西御街安澜书场：扬琴；长顺下街竹园书场：扬琴、竹琴；长顺中街六也茶社书场：扬琴、竹琴、双簧、口技；城隍庙门口德云书场：评话；东打铜街芳蓉书场：评话；城隍巷炳荣书场及爽一书场：评话；德盛书场：荷叶、金钱板；升平书场：评话（以上亦在城隍巷）；禅鹤书场：评话；清真茶社书场：口技；光余茶社书场：琴书。见成都市地方志编纂委员会：《成都市志·文化艺术志》，第324—325页。应为24家，但该资料仅列出23家。实际数字应该比这个多得多，因为许多没有在警察局登记为书场的茶馆，亦都提供评书等娱乐活动。另据1950年8月4日的《成都市茶社业同业公会筹备委员会附营书场茶座组调查表》，当时成都有茶馆书场20家，其中1949年12月之前设立者10家，1950年设立者8家，设立时间不详者2家。其中演"平剧清唱"者4家，灯影3家，竹琴扬琴9家（其中1家也演灯影，兼演金钱板、相声等），京剧清唱2家，木偶（傀儡戏）1家，音乐歌舞1家。最大者可容240人，最小仅70人。全部20个书场的座位加在一起共有2,470个（《成都市各行各业同业公会档案》，52-128-1）。其实可提供的座位应该超过此数，因为按照惯例，当观众多时，茶馆经常加位。

业，提高人民文化水平"。该社由川西军管会批准，成为成都"第一个发给许可证的社会群众文化服务团体"。该社位于成都最繁华地区之一的总府街，将过去的涨秋饭店、滔江茶社、三新浴室、豫园茶号等商号的所有房地产连起来，合而为一。最初的经费是由川西军管会、"社会进步人士"、有关商家三方面赞助的。[①]1951年5月1日，五月文化服务社正式对外营业。这个文化服务社的命名，便显示了其政治的意义。据一个早期组建者回忆，当时人们习惯称五月为"红五月"，因为该月有不少政治纪念日，如五一国际劳动节、五四青年节、五五马克思诞辰纪念日、五九国耻纪念日、五卅惨案纪念日等。第二个原因是"为了继承解放前南京五月文艺社的传统精神"。[②]

五月文化服务社虽然是民办，但实际上是从民间的角度，"急政府所急，配合政府抓文化普及"，提供"革命的大众娱乐"的。[③]该社最有影响的活动，便是1953年创办的五月社第一实验书场。

[①] 该社聘请熊倬云为经理。熊经营过有名的鹤鸣茶馆，与"袍哥、党、政、军"等重要人物都有关系，人脉甚广，人称"熊半城"。作者采访过熊倬云，其时熊88岁，于熊家，2001年8月9日。

[②] 南京五月文艺社是1936年5月1日各省流亡南京的一些中共地下党人，"配合党中央抗战救亡的政策"，采取以文会友的形式筹组建立的。文艺社以"团结同好，联络友谊，学习写作"为宗旨，参加者有金陵大学、中央大学、国立剧专、汇文中学、南京女中、南京男中等校读书会的"进步青年"，出版有《激流》杂志。见邹趣涛：《成都五月文化服务社》，收入成都市群众艺术馆编：《成都掌故》第2辑，成都：四川大学出版社，1998，第201—202页。

[③] 还开办了一所不收任何学杂费的"第一工农文化补习学校"。一批义务服务的教师分别担任语文、历史、会计、珠算等课程的教学。学员多是城市店员青年、郊区农民青年，每期300人，每班50人左右，前后接受补习的共有1,800余人。见邹趣涛：《成都五月文化服务社》，第203—204页。

成都曲艺界一些名家，如竹琴贾树三、扬琴李德才、相声曾炳昆、清音李月秋、金钱板邹忠新、大鼓盖兰芳等，皆参与演出。节目既有民间传统历史故事，亦有反映现实的新内容，把民国时期老牌书场芙蓉亭、锦春楼的观众也吸引过来，"书场常常座无虚席，极一时之盛"。另外又开办五月剧院，上演话剧、京剧、川剧。演出的节目有话剧《北京四十天》《白求恩》等，京剧有《玉堂春》《挑滑车》《拾玉镯》等。这些活动由官方支持，如该剧院是"与四川省文联合作办理"的。该院的川剧演出也是由川西行署秘书长"从中支持促成"的，该院甚至计划办大众川剧院，"已请准行署，批了赞助费"，在总府街初步修建了砖房七幢，分别作演剧场、训练场、办公室、宿舍、小卖部等，但不久因"三反""五反"运动开始而停顿。同时创办五月文娱茶园，把其作为"宣传教育的场所"。该茶园由于茶好水好，每天可卖五千碗茶，进出一万人次左右，为"当时最红火的茶园"。同时，茶园内还设有书报阅览亭，订有各种报刊十余份，以供阅览。由于人们喜欢到这个茶园下棋，于是茶园开办五月业余棋艺组，把其作为一种体育活动，强调"健身性，禁止暗中赌博"，举办表演赛，"轰动一时"。①

虽然五月文化服务社的设立是政治化的，但其管理上还是作为一个经济实体实施的，以至于当时便有人把它视为一个"生意集团"；也有人主张更经济化和娱乐化，按上海大世界或南京夫子

---

① 邹趣涛：《成都五月文化服务社》，第203—207页。1955年，成都市第一实验书场改为成都市曲艺场。见成都市地方志编纂委员会：《成都市志·文化艺术志》，第325页；《成都市各行各业同业公会档案》，52-128-1。

庙的模式经营。①然而，最后，该社还是决定结合成都实际，"突出地方特色"，着重"文化服务"，经营上"以商养文，自负盈亏"。该社由社员大会推选出"社务委员会"，下分文教工作委员会、生产管理委员会、办公室等。②不过，在当时的大气候下，这种与国家管理宗旨背离的"以商养文，自负盈亏"模式显然是难以持久的。1956年，成都市文化局"接收了"服务社，在其原址建立了成都市群众艺术馆，成为政府文化机构的一部分。五月文化服务社的经历，实际上反映了当时中国文化事业发展的大趋势，即地方文化日益失去其独立性，民众的娱乐文化逐渐被新的政治文化取代。按一个参与者后来受革命话语影响所写下的回忆的说法，五月文化服务社是在"为成都市的群众文化艺术活动的广泛开展作出了贡献""完成了它的历史任务"后退出历史舞台的。③

除成都第一实验书场外，当时另一个新宣传阵地是第二实验书场。据《成都市志·文化艺术志》称，1950年1月：

> 部分曲艺艺人自愿成立了新蓉书场，分别在春熙路北段三益公茶社及总府街濯江茶社演唱，1951年迁至华兴街。11月经成都市人民政府批准，成立成都市实验书场，地址在下

---

① 上海大世界建于1917年，之前是中国最具吸引力的娱乐场所，有许多剧院提供各种戏剧、歌舞、杂耍及其他民间娱乐，还有电影院、商店、餐厅。南京夫子庙之所以很重要，是因为它的庙会从明清到民国时期一直很繁荣，包括在秦淮河上放河灯的流行，也是由它引领的。
② 此外还办了大众招待所、五月图书体育用品社及理发社等。见邹趣涛：《成都五月文化服务社》，第202—203、207—208页。
③ 邹趣涛：《成都五月文化服务社》，第208页。

西顺城街人民商场内。同年划归东城区，1952年改为成都市第二实验书场。①

关于第二实验书场，我所知不多，但我根据从成都市文化局档案中发现的1956年《新蓉评剧团普查情况》，从新蓉评剧团的角度，对该书场有了进一步了解。新蓉评剧团前身于1950年成立，经营性质为股东经理制。据调查称，筹组的股东"全是解放前妓院的老板"，成员主要是"改业的姐妹们"。显然，按这个普查的说法，演员多为1949年后"改业"（晚清民国时期称"从良"）的妓女。名誉负责人是一个"封建会道门头子"李胡子，李后来被"镇压"。不过，该书场的实际负责人是高某，地点设在三益公茶社，名为凯歌书场，后转移到华兴街的颐之时茶社，又到总府街的濯江茶社等地演出，最终更名为新蓉书场，经理由孔某担任。演出形式以清唱为主，有时"彩排几出京戏"。书场营业情况不好，靠"点戏"增加收入，演职员"很少拿到工薪"。调查称这段时间里，新蓉的演唱是"非常落后低级的"，演员的生活也"极其自由散漫"。②奇怪的是，这个《新蓉评剧团普查情况》完全没有提到第二实验书场，但其中所提到的新蓉评剧团的早期历史，与《成都市志·文化艺术志》所述的第二实验书场几乎完全吻合，故两者应该是同一机构。

1951年10月剧团迁到华兴街新蓉茶社，但不久政府开始"教

---

① 成都市地方志编纂委员会：《成都市志·文化艺术志》，第325页；《成都市各行各业同业公会档案》，52-128-1。
②《成都市文化局档案》，124-1-83。

养游民、妓女",书场的"姐妹们"在政府的教育下,据称"初步认识到自己的前途,以及努力方向,都积极地加紧学习,钻研业务,克服了以往许多不正确的思想意识","大大提高了思想觉悟"。1952年2月,由于评剧艺人加入,同时与新仙林书场合并,新蓉"呈现出一些新的现象",取消了清唱形式,改演京剧和评剧。剧目方面也"较以往繁荣",甚至还可以演出一些"大幕剧",观众人数逐渐增加。1954年,新蓉书场在政府扶持帮助下,改为新蓉评剧团,政府还派干部直接到剧团当领导,帮助剧团学习,提高业务水平,并贷款添置服装道具等(但同一调查又称"由文化局购置"),和在人民商场改建剧场。由于政府关怀,派驻团干部,剧团调整了组织,建立了必要的制度,作出演出计划,保证工薪,剧团有了显著的改变。这年,剧团在文化局帮助下,建立"团务委员会",设立各业务部门,包括剧务股、总务股等,制定了工作制度和会议制度。但剧团没有进行"改选",负责人仍然是孔某。调查说"此人无工作能力,不能很好的领导剧团工作",因此"一切制度都流于形式"。每次开会都因"人事纠纷",而不能顺利进行,问题得不到解决。1955年10月,文化局派干部驻团协助工作,改选了各部门负责人和正副团长,之后工作、学习均"较以往正常"。[1]

根据这个调查,剧团共63人,1949年前从艺者20人,其余都是1949年后从业的。这63人中,艺人24%,学生16%,工人3%,自由职业4%,其他53%,在"其他"后面的括号称"包括妓女、

---

[1]《成都市文化局档案》,124-1-83。

老板"。另外，从政治历史背景看，该团有"封建会门清［青］帮"5人，袍哥2人，"伪军人员"4人。该调查说该剧团情况"十分特殊"，演员90%以上是女性，与越剧类似，"各行角色都由女同志反串充当"。同时，普查报告称观众对"反映现实剧中"的女扮男装"颇有意见"，认为这是"剧团发展的严重问题"。全团共排演"大幕戏"55出，折子戏21出；其中保留剧目9出；经常上演的"大幕戏"36出，折子戏5出，"反映现实剧"13出。古装戏有《杨八姐游春》《西厢记》《秦香莲》《人面桃花》《红葫芦》等，现实剧有《祥林嫂》《擦亮眼睛》《刘巧儿》等，"较为群众欢迎"。《祥林嫂》连续上演30场，《杨八姐游春》先后上演50场。剧团自1955年演《擦亮眼睛》起，逐步建立"较正规的排练制度"，每一出新剧上演前，都要经过"讨论剧本、分析人物、对词、对腔、练腔、练乐、坐排、正式排练、彩排"等阶段。[①]从演出的剧目看，剧团处于新旧间杂的时代。应该说在传统戏占统治地位的情况下，现实剧为观众带来了一些新奇东西，这里"较为群众欢迎"的说法应该有所根据。

政治、文化、业务学习是中共进行思想改造的重要方式。该普查认为，1954年前，新蓉剧团由于缺乏"学习领导"，未能很好开展学习。自从1955年文化局干部进驻后，"由于忙于业务，政治学习仍未得到全面开展"。不过文化学习"开展较好"，大多数成员有"显著进步"，50%以上都能读报和写简单的便条与书信。但是"业务学习"存在较大问题，首先是无人教学，学和练没有得

---

① 《成都市文化局档案》，124-1-83。

到正常开展；其次是剧团演员出身大约三分之二是"翻身姐妹"，她们因"以往旧有习惯未得到很好的改变"，学习热情不高。①在传统的戏班子里，学戏有一套长期形成的程序，可能就是这里所称的"旧有习惯"，这种习惯当然不是一天两天就可以彻底改变的，而是与新的培训体系并存。（图3-1）

据普查情况报告，1953年前新蓉剧团财务管理"非常混乱"，收支均未建立正式账目，直到1954年，凡经手者都有"任意拉［挪］用公款"现象。该年10月，文化局帮助该团建立账目，"经济制度初步走上正轨"。但由于"业务不振，收入极不平衡"，不过负债不多，经济上"勉强能维持"，只是团员的生活"完全没有保障"。②工薪采取的是"股账制"和"撇份制"，也有拿月薪者。演员中最高工资为51.57元，最低为16.71元；职员最高为31.74元，最低为16.71元；全团工资为平均27元。1954年在人民商场改建的剧场，全部经费由文化局补助，剧场所有权属文化局，使用权属剧团，每天租金10元，每月300元。由于剧场条件差，无化妆室、

---

① 《成都市文化局档案》，124-1-83。关于1950年代的妇女解放，见Gail Hershatter, "The Gender of Memory: Rural Chinese Women and the 1950s," *Journal of Women in Culture and Society* 28, no. 1（August 2002），pp. 43–70; Tina Mai Chen, "Female Icons, Feminist Iconography? Socialist Rhetoric and Women's Agency in 1950s China," *Gender and History* 15, no. 2（2003），pp. 268–295; Zheng Wang, "Dilemmas of Inside Agitators: Chinese State Feminists in 1957," *China Quarterly* 188（December 2006），pp. 913–932。

② 据《新蓉评剧团普查情况》1955年支出：税金1,268.52元，占支出5.07%；工薪13,819.56元，55.18%；水电1,866.19元，7.45%；房租2,490.77元，9.95%；宣传费1,076.59元，4.30%；演出费575.31元，2.30%；购置640.15元，2.56%；福利71.84元，0.29%；折旧1,693.24元，6.76%；其他1,540.27元，6.15%（《成都市文化局档案》，124-1-83）。

图3-1 武侯祠结义（茶）楼。作者摄于2003年夏。

观众休息室、厕所等，座位仅有577个，剧团申请减低房租为每月200元。①这两个试验书场的确在成都的娱乐界起到了不小的影响作用，在从民间文化娱乐向革命文艺的转化过程中，扮演了重要角色。政府的介入，使剧团从传统的戏班子家族式经营，发展到现代的企业管理。当然经营方式的改变过程，也是国家深入管理的过程。1951到1956年间，这个过程逐渐趋于完善。根据1956年《成都市曲艺从业人员及演唱场所基本情况的调查报告》，成都两个试验书场实际在"行政业务"上由文化局"直接管理领导"，

---

①《成都市文化局档案》，124-1-83。

据报告称两个书场在曲艺界都起了"良好的示范影响作用"。如清音艺人"在自愿基础上",组合成三个与试验书场类似的"书馆",与其他艺人合作,开始"试演曲艺剧",改良过去"长期存在的不合理的点唱陋规"。①

根据上述1956年市文化局的调查报告,每个书场经常都有八种曲艺演唱,平时演一场,星期天演两场,内容全都是"传统的"和反映"现实生活与歌颂新人新事的节目",在表演艺术方面有"比较显著改进和提高"。剧团几年来共演唱了三百多个"新节目",其中29个是"结合中心任务",由艺人自己创作的;有68个是"经过整理的传统优秀节目"。演出的剧目有:《秋江》《讨学钱》《祭塔》《尼姑下山》《一个青年》《王三打鸟》《报喜》《男女一同前进》等。②

制止业余和自发的茶馆娱乐

政府文化政策的重点,经常是针对传统娱乐的。尽管新政权理解最底层的民众,但事实上,其政策仍难以避免对大众文化和民间艺人的歧视,因为大众文化一直是精英与正统价值观批评的对象,现在则是"革命文化"旗帜之下被限制的目标。

从晚清到民国的成都,业余戏曲爱好者是茶馆中的另一类活

---

① 《成都市文化局档案》,124-1-83。
② 《成都市文化局档案》,124-1-83。

跃分子,他们定期到茶馆聚会唱戏,俗谓"打围鼓",亦称"板凳戏",以参加者围坐打鼓唱戏而得名。参加者不用化妆,也不需行头,自由随意,既满足了戏瘾,也给茶客增添了乐趣,晚清出版的《成都通览》里便有一幅插图具体描绘了这项活动。打围鼓经常会吸引一大群围观者欣赏免费表演,一些参加免费表演围鼓者后来甚至成为专业演员,这样非正式的茶馆练习,给他们的卖艺生涯奠定了基础。①但是,在新政权下,政府认为这项活动是"旧社会袍哥会门中川戏玩友借茶馆场地清唱消遣的一种形式,实际等于帮会俱乐部的堂会"。这样的定义,当然不由分说地将这种传统娱乐活动判处了死刑,所以很快打围鼓便"与袍哥活动同时绝迹"。②1950年曲改会筹备会成立时,由于围鼓没有得到政府承认,

---

① 傅崇矩:《成都通览》,上册,成都:通俗报社,1910,第297页;文闻子编:《四川风物志》,成都:四川人民出版社,1990,第455页;静环、曾荣华:《锦城艺苑话天籁》,《成都文史资料选辑》第3辑,1982,第133页。

② 这是1954年1月28日《成都市人民政府文化局报告稿——为报告"围鼓"滋生情况请示处理》(《成都市文化局档案》,124-1-39)中的描述,较之1955年5月《成都市围鼓座唱情况调查报告》(《成都市文化局档案》,124-1-39),基本观点和情况差不多,但有些描述更具体。不过,后者对围鼓的定义要稍微客观一些,"围鼓即清唱,是四川流行的一种群众业余娱乐形式"。原稿上还有"不属于曲艺范围内"一句,但用笔删去。该报告对围鼓背景的解释也与上一份报告有所不同,"由于演唱围鼓专人较多,包括生、旦、净、末、丑各类角色,并且所用的全套乐器一般与戏班相同,个别爱好者往往无力购置,因此解放前围鼓组织大半附属于封建会门码头",但不以营业为目的。然而1950年代初出现的围鼓,企图与曲艺的荷叶相"混淆",以便取得"曲艺从业人员的身份"。荷叶座以唱川戏为主,常唱七字句或十字句的韵文故事,使用铜荷叶子一片、板一副、竹签一根、单人演唱,因此围鼓与之"毫无共同之处"。其实,这些业余爱好者对四川戏曲的发展起了重要作用,见曾祥裕、钟稚如:《玩友对川剧唱腔改革的贡献》,《四川戏剧》1990年第4期,第39—40页;于映时:《川剧玩友:振兴川剧不可忽视的力量》,《四川戏剧》,1990年第2期,第7—8页。关于袍哥的研究,

有一些"围鼓玩友"便以木偶戏、灯影戏演员身份登记入会，当时并没有以"围鼓营业的情况"。① 也即是说，没有人以表演"围鼓"作为一种职业，这时"打围鼓"仍然只是一种业余的娱乐活动。（图3-2）

1953年9月，"打围鼓"活动首先在人民南路的茶馆复苏，不久又迁到纯化街的茶馆继续演唱，政府对"竟有不经合法手续擅自聚众"进行围鼓活动十分关注。根据1954年1月成都市文化局的调查报告，该活动最初有13人参加，但他们"成分极端复杂"，有曲艺艺人、小商店老板、手工工人、"自新人员"、流氓、娼妓、"旧日川戏玩友"、川戏教师、"反动军官家属"等。② 他们都"以演唱为副业，并非一贯职业艺人"。过去打围鼓只是一种自娱自乐的方法，但根据这份报告，这次复兴的打围鼓，却成了一种谋生的职业。他们每晚七八点钟开始"营业"，"大鼓大锣喧腾"，演唱"既不严肃，戏码也极芜乱"，以迎合"低级趣味，卖座赚钱"为

（接上页）见 Kristin Stapleton, "Urban Politics in an Age of 'Secret Societies': The Cases of Shanghai and Chengdu," *Republican China* 22, no. 1 (1996), pp. 23–64; Lee McIsaac, "'Righteous Fraternities' and Honorable Men: Sworn Brotherhoods in Wartime Chongqing," *American Historical Review* 105, no. 5 (2000), pp. 1641–1655; Di Wang, "Mysterious Communication: The Secret Language of the Gowned Brotherhood in Nineteenth-Century Sichuan," *Late Imperial China* 29, no. 1 (2008), pp. 77–103。

① 《成都市文化局档案》，124-1-39。
② 《成都市文化局档案》，124-1-39。这份报告具体列出了参加者的姓名和职业（这里只给出姓氏）：严（负责人）：男，过去为灯影戏艺人；杨：男，手工业者；郑：男，小旅店主；许：男，自新人员，做临时工；罗：男，过去为灯影戏艺人；高：男，鞋业工人；何：男，川戏教师；杨：男，过去为木偶艺人；刘：男，小商店主；刘：男，川戏玩友；李：男，川戏玩友；陈：女，烫发工人；林：女，"反动军官家属，私生活极恶劣"。

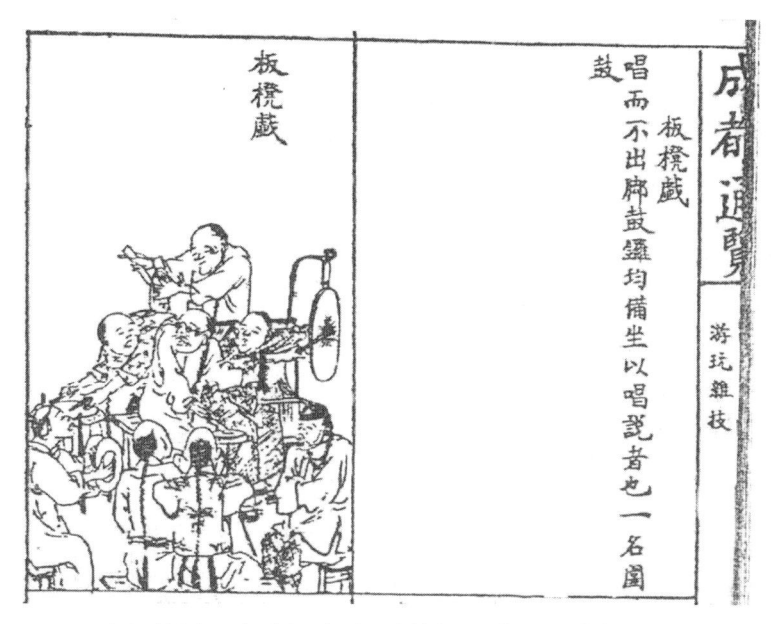

图3-2 "打围鼓"（又叫"板凳戏"）。资料来源：傅崇矩：《成都通览》。

目的，甚至演唱"诬蔑历史英雄"的戏目。①

据称曲改会曾经出面劝阻，但未能奏效。"由于此处围鼓没有及时制止，各处袍哥玩友纷纷效尤"。他们"拉拢"曲改会中的"落后艺人"，到处设这类的"书馆"，挂"曲改会××组艺员"招牌进行营业，甚至"变本加厉"，搞"客点客串"等花样，唱"淫荡猥亵"的唱词。除娱闲茶社外，打围鼓的茶馆还有青石桥中

---

① "低级趣味"是国家与精英从晚清到现在经常用来指责大众文化的词语。关于大众趣味的研究，见 Pierre Bourdieu, *Distinction: A Social Critique of the Judgment of Taste* (Cambridge: Harvard University Press, 1984)。

街的青园、东二道街的锦江茶社、荔枝巷的春融茶社、西大街的变通茶社等。一个开茶馆的居民还联络七位居民通过派出所,"以居民川剧组"的名义,向文化局申请备案。①

由于阶级斗争是1949年后的主题之一,对这些新出现的问题,当然也是首先进行阶级分析。据《成都市围鼓座唱情况调查报告》称,到1955年5月止,全市发展围鼓12处,计有"从业者"86人,其中男60人,女26人,其成分大致分为五类:无业游民及娼妓17人(占19.8%),失业川剧艺人8人(9.3%),城市贫民(包括家庭妇女、店员、手工工人、小贩、"迷信职业"者等)30人(34.9%),中小商人20人(23.3%),地主及"伪军警职员"等11人(12.8%)。报告称这些人的"历史政治情况极复杂",其中国民党员2人,三青团员1人,撤管特务10人,现管特务2人,袍哥大爷4人,一般袍哥19人,一贯道1人,撤管烟毒犯1人,甲长3人。他们的演唱"也较一般曲艺书馆混乱",唱的内容都是"未经过整理的旧本"和"下流庸俗的表演",在群众中"造成极不好的影响"。他们在茶馆演唱时间的长短取决于生意的好坏,而各处参演的成员也不固定,中间也有一些是"搞耍"的玩友,"偶尔唱两天"。②这个政治背景的分类法,很容易使执政者做出要打击此活动的决定,因为我们可看到大多数参与者,都属于被新政权打击

---

① 《成都市文化局档案》,124-1-39。
② 《成都市文化局档案》,124-1-39。

和控制的对象。①

调查报告将这12处演唱情况大概分三类。第一类"在群众中反映最坏",演唱内容、表演形象"极恶劣",成员"成分复杂"。第二类是茶馆中荷叶川剧座唱,不过据报告,整个成都只有青年路的龙翔茶社和东御街的百老汇茶社有这类演出,且都是在1954年出现的,共有成员23人,但都不是"艺人成分"。②他们都是川剧玩友的自动组合,他们的演唱在1955年前比较"混乱",但在报章批评了某些地方的打围鼓后,"有了一些转变",其营业方式改为挂牌。有些唱的内容"不健康","群众"过去对此"很不满意",但最近"有些改进"。第三类属挂牌演唱,派出所和"一般

---

① 中共执政之后,这些人受到全国范围内的打击。关于妓女改造,见Gail Hershatter, *Dangerous Pleasures: Prostitution and Modernity in Twentieth-Century Shanghai* (Berkeley: University of California Press, 1997), chap. 10; 黄金平:《净化社会环境、促进社会和谐——上海解放初期的妓女改造》,《上海党史与党建》,2005年第3期,第40—41页;马慧芳、高延春:《新中国初期废除娼妓制度的措施及现实启示》,《党史文苑》2008年第4期,第11—12页;董丽敏:《身体、历史与想象的政治:作为文学事件的"50年代妓女改造"》,《文学评论》,2010年第1期,第113—121页。关于中共针对政治、宗教、社会组织问题的研究,见李路:《三民主义青年团的创立与消亡》,《党史研究与教学》,1989年第2期,第48—54页;贾维:《三青团的成立与中共的对策》,《近代史研究》,1995年第2期,第222—242页;商进明、贝光生:《取缔一贯道,巩固新生的人民政权》,《北京党史研究》,1996年第3期,第41—43页;吕晨曦:《略论建国初期的城市社会问题》,《四川大学学报(哲学社会科学版)》,2004年第A1期,第113—116页;孙惠强:《1950,北京铲除一贯道邪教》,《档案春秋》,2009年第9期,第12—16页。

② 报告说其中官僚地主2人,现管特务1人,撤管特务4人,袍哥4人,商人4人,失业艺人1人,失业工人2人,家庭妇女4人(其中1人是"反动军阀"的姨太太),旧职员1人。

群众"不满的反映较少,共有4处茶馆,演唱人员39人,[1]他们演唱时唱词"很少乱加道白"。"据派出所所收集的群众反映",他们是"名副其实"的川剧座唱。每晚都是"大锣大鼓的唱",在"群众"中未有坏的反映,但也"未有表示欢迎的意见"。调查报告的结论是:打围鼓"不应成为一种职业化的戏曲形式在茶社内公开营业",因为这在"旧社会也是未有的现象"。而且大锣大鼓地演唱,"影响公共秩序",所唱的内容"对人民有严重毒害"。另外,现有的从业人员,其中34人有副业,生活主要不靠此维持,因此应该采取"妥善的积极措施,逐步予以取缔"。[2]

但半年后,打围鼓似乎还在发展。根据文化局的另一个报告,是虽然提出了处理意见,但未"及时进行处理",川剧围鼓从12处发展到14处,人员从95人(但根据上引调查报告为86人),增加到166人,"组织成员经常变动,演唱地点也不固定"。如过去的12处,有4处合并为2处,有2处自动解散,实际上只留下8处,也就是说近半年来新设了6处(但该报告误为5处);虽然仍然是座唱的形式,但发展到化妆表演,内容"含有浓厚的封建毒素",

---

[1] 义学巷的裕记茶社、暑袜北一街的随园茶社、鼓楼街的芙蓉亭茶社和人民南路茶社。这些人中有现管特务1人,撤管特务1人,国民党员1人,袍哥大爷3人,一般袍哥8人,失业艺人4人,"伪甲长"1人,"伪职员"2人,游民5人,商人5人,一贯道1人,家庭妇女7人。
[2]《成都市文化局档案》,124-1-39。

演唱时加了许多"淫秽下流的对话"。①报告指出"有些落后的观众说'解放后要看这样的戏,只有到这些茶铺才看得到,又相因,又安逸'"。这里似乎透露出观众对围鼓的欢迎。但另一份报告又称这些打围鼓在"群众中的影响极其恶劣",附近居民"纷纷向派出所提出'赶他们走','不准这些乌七八糟的在这里唱'"。这里似乎有矛盾之处,当然这也可以解释为观众对打围鼓的不同评价。据文化局调查,化妆围鼓的发展也是由于不少外县失业的川剧艺人"盲目流入城市",如有参加川戏座唱者在"最近打击流氓盗匪运动中"被判处徒刑。调查称他们的演出方式也是"极不合理"的,因为采用的是"点唱形式",把戏折子送到听众面前,点一折戏收1至2角,送折子者"多是女的,她们就趁此机会给别人做怪像",甚至还有"乱搞关系"的。报告称东波茶社刘姓女演员"腐蚀"了一个唐姓建筑工人,便是从点戏"搞起来的",但报告并没有说明"腐蚀"的具体情况。文化局还抱怨所在地派出所采取"放任不管"的态度。②

---

① 《成都市文化局档案》,124-1-39。《成都市围鼓座唱情况调查报告》还举例说:南门外西巷子大茶铺演《青梅配》,男人对他老婆说:"哈,看不出哩你土窑子还出广货啊!"他指着一个男人对老婆说:"你怎不借根绳,把裤裆给他补好啊!"老婆回答:"那是一块腊肉在那里掉着……"表演得"极其丑恶下流"。报告提到在芙蓉亭演《欢娱楼》的一个艺人时,后面括号加注"男妓",说他故意做"淫荡丑恶的动作和声调",以迎合观众的"低级趣味"。另外的例子还有"穿起短衣乱扭",包括表演1949年后从未唱过的本子如《调叔》和《龚裁缝裁衣》等。还有表演者把"比较好"的剧本"乱加乱唱",使其变成了"坏剧本"。如外北小西天茶社唱《二堂释放》时,原词是"惟愿他夫妻二人百[白]头到老",却被唱成"惟愿他两口子亲亲热热抱倒一头睡"。据称表演"更是丑恶下流",举的例子无非"挤眉弄眼",观众称之为"眉毛跳舞"(《成都市文化局档案》:124-1-39)。
② 《成都市文化局档案》,124-1-39。

根据文化局的调查，这些从业者组成了自己的剧团，有的与地方政府还有一定的联系，如一个称为"简阳县人民政府第四区工农剧团"（简阳在成都远郊）的班子，"农闲时拉人唱戏，农忙时解散"，通过区政府"滥发"所谓"离团证"，班子中大半是"一贯'跑滩'的旧艺人"。业主还以"收徒"的名义，"诱骗"失学青年参加，还被指责"引诱"农民脱离生产。其实，农忙时在地里干活，农闲时干杂务，是四川农村长期形成的谋生方式。因此"农闲时拉人唱戏，农忙时解散"，无非延续了多年来的生活方式。随着政府对人们日常生活作出越来越多的干预，这些传统的做法便成了问题。①

这个报告承认，在剧团被解散或被处理离团时，许多参加此业的人"并没有得到当地妥善有效的安排"，很多"不具备还乡劳动"条件的人回家后无以为生，"实际成为游民"，只好又回到成都，"继续其非法剧团活动"。因此许多人加入打围鼓活动，看来也是无可奈何的。他们以所谓"采［彩］排川剧书场"的形式吸引观众。如张姓业主先在外北城隍巷小西天茶馆彩排，又"广辟财源"，利用"原系妓女"而被收容过的女人到牛市口诗清阁茶馆，"招纳来自各县的艺人"，组成"联艺书场"，出租服装道具，收取"高额"租金。如一件"素女折子"，每晚收取租金8角。一些茶馆也"纷起效尤"，有的从外县拉角色摆书场，又"引诱"人投资买服装来"变相出租"，把这些"股东"分别以守门、售牌、

---

① 《成都市文化局档案》，124-1-83。关于过去的这种生活方式，见王笛：《跨出封闭的世界：长江上游区域社会研究，1644—1911》，北京：中华书局，1993，第4章。

管箱等职务,安置在书场"分帐(账)",本人则以"经办人""代表"的身份"袖手坐食其间"。由于彩排能够吸引"落后群众",所以茶馆老板"乐于接纳,并给予补贴"。这样租服装者可以"大赚其钱",一般演唱者平均每天能挣8角至1元,以"维持比较优裕的生活"。这样外县大批艺人和玩友"向成都集中",从而"加重了围鼓处理工作的困难"。①从这个指责中我们可以看到,即使在政府的管控下,这些人仍然试图寻求谋生途径。从他们的经营方式来看,这些活动并不存在多少违法或对社会有害的成分,但在当时的环境下是不被允许的。

取缔打围鼓

1954年1月28日,文化局在《成都市人民政府文化局报告稿——为报告"围鼓"滋生情况请示处理》中,提出处理打围鼓的意见。稿中表示从打围鼓的来源、性质、演唱方式、内容、营业情况等看,"可以认定这种形式既不是正当曲艺,没有发展前途,更不能作为向人民进行宣传教育的工具"。由于传统娱乐被视为"不是正当曲艺",因此当局以消极的眼光来看待打围鼓就不足为怪了。文化局认为这种形式逐渐向职业化发展,"如果听其流行,将会成为戏改政策推行的障碍,影响正当曲艺的演唱,并给以前搞过玩友的地主袍哥造成躲避劳动的机会"。其实,从后面的

---

① 《成都市文化局档案》,124-1-83。

调查看，打围鼓很多人都不是袍哥，但由于有旧袍哥身份者参加，这项活动遭受打击。政府认为，这些人应该参加体力劳动进行改造，不该让他们有机会"躲避劳动"。根据四川省文化事业管理局"制止围鼓发展"的指示，成都市文化局提出两条办法：第一，由市政府通知纯化街及其他茶馆所属区人民政府，"制止该处围鼓演唱"，对其他围鼓性质的艺人，在文化局和公安局进行"艺人登记时予以限制"；第二，通知各公会，不得在茶馆及其他公共场所演唱围鼓，并"不得有营业行为"。①

在1955年5月8日的《成都市围鼓座唱情况调查报告》中，文化局提出了三条更具体的处理意见：第一，市政府责成区委、街道办事处、派出所各有关部门，制止打围鼓发展。第二，对现有的演唱人员，根据情况分别处理。失业艺人只准唱"好本"，一般失业人员无其他手段谋生者，暂时准唱，逐步让其"转业"，但对于家庭有副业和其他收入的"良家女子"，予以劝说"脱离此业，另就他业"；那些以打围鼓作"掩护"，实际上"卖淫、敲诈或作其他不正当活动者，坚决予以取缔"。第三，加强对现有12处打围鼓参加者的"正面教育"，召开一次各打围鼓"经办人"的会议，指出演唱中的问题，积极改进，同时"发动社会舆论"，对"乱唱乱演"的行为进行批评。②

但直至半年以后的1956年2月7日，市政府才开始了实际的行动，拖延行动的原因并不清楚。成都市人民委员会对各区人民

---

① 《成都市文化局档案》，124-1-39。
② 《成都市文化局档案》，124-1-39。文化局在1955年年底的《围鼓现在的分布情况》中，重申了这三条处理意见（《成都市文化局档案》124-1-39）。

委员会、市文化局、公安局、民政局、工商行政管理局发布《对现有川剧围鼓的处理意见》，根据文化局提出的三条处理办法，指出："为了迅速制止目前川剧围鼓中不良现象的继续发展，文化局应即会同公安局、民政局及东城、西城区人民委员会，分别指派专人抓紧时间共同办理，并于办理完结后，将办理情况汇报本会核备。"①

处理打围鼓工作分三阶段进行。第一阶段，2月7日召开"围鼓经办人会"，对全体经办人"进行教育"，指出目前打围鼓发展的"盲目性"，以及"乱说乱唱"在群众中造成的"恶劣影响"；而且，要求他们立即停止继续发展，将现有人员资料填报，改善演唱，"首先放弃化装［妆］"。打围鼓由传统较为随意的形式，发展到有化妆和服装等比较正规的表演，表明了活动由业余爱好到职业谋生的转化，由此可吸引更多观众。政府要求首先放弃化妆，实际上即阻止打围鼓往专业化方向的发展。据报告称，以上决定公布后，曾经遇到"普遍的抵触"。书场的经办人当时即"借口有种种困难"，要求"暂缓执行"。报告称其目的在于"混过春节以后，分散转移到郊区或外县继续活动"。但政府"态度坚决"，当天即到各书场了解其执行情况，使大部分人"感到混不下去"，不得不"重新考虑自己的生活出路"。2月9日，文化局又会同工商行政管理局召集"茶馆经理会"，宣布今后未经许可，不得任意接纳围鼓，对现有围鼓，在统一处理之前，暂时维持现状。报告透露，由于不准再化妆，茶馆感到"无利可图"，反而希望"及早结

---

①《成都市文化局档案》，124-1-83。

束处理"。①

工作组对演唱者进行"分类排队",以采取不同的处理办法,共分为六类。一、留唱33人,皆为"一贯艺人",而非新入业者,是有相当演唱水平,无其他谋生手段,未犯过严重过失者。他们目前被准许继续演唱,以后视各地剧团需要"酌情予以介绍"。二、暂唱43人,包括失业艺人、一般失业人员、目前无法还乡或从事其他职业者,准暂时演唱,材料转住地办事处掌握,逐步让其转业。三、暂唱转业24人,为原戏班的学员、年轻失业有劳力者,准暂时演唱,材料转住地办事处掌握,"优先协助就业劳动"。四、停唱61人,凡有其他经济收入的家庭妇女、以演唱围鼓为副业者,通过"个别说服"动员其放弃演唱。五、还乡43人,为在家乡有土地有亲人者,发给"处理还乡通知单","说服"其回乡生产或从事其他劳动,如果有困难,由民政局补助旅费。六、收容21人,为年老残疾无生活能力者,予以"收容救济"和"改造"。另外,情况不明、尚需调查者17人。②

第二阶段,于2月18日召集部分围鼓演唱者和经理人30余人开会,在"较大范围内对他们进行教育",即结合国家的"发展形势",从围鼓演唱者的来源、演唱能力、节目内容各方面"分析围鼓的前途"。会中指明了演唱围鼓"不是一种正当的生活出路",然后提出对围鼓人员的处理办法,"组织他们讨论",据称"得到了一致拥护"。另从这些与会者中吸收了8人成立"整顿小组",

---

① 《成都市文化局档案》,124-1-83。
② 《成都市文化局档案》,124-1-83。

布置他们立即开始在各书场动员说服能还乡者还乡，能停唱者停唱，并"逐日汇报工作情况"。他们在推动处理工作中"起了很大作用"，一些人开始还乡。2月20日，"全体围鼓人员大会"召开，提出了各项处理办法，由"整顿小组"领导讨论，"收效很好"，当时即有人"认清前途"，表示"愿意放弃此业"，如有人说"我们仍旧愿意回去做家庭妇女"。另有妇女说："以前参加书场，只当是找到了工作，免得在家受闲气，现在才晓得打错了主意。"从2月21日起，整顿小组通知还乡者办理手续，并持续说服不愿还乡或停唱者还乡。2月23日至26日，整顿小组再度审查演唱者材料，对名单作补充修改。2月24日，全市已经有五处围鼓"无法营业"，"采［彩］排书场"还乡人员不断增加，留下演唱者不断减少。①政府把这一系列的运动命名为"社会主义转型"：在这场运动中，成都的打围鼓演唱团体逐渐消失了。

民间艺人的结局

第三阶段是确保打围鼓书场"逐步缩小"。工作组于1956年2月28日将全部已处理的停唱、暂唱、转业人员的材料，通过各区人民委员会转给街道办事处，"结合社会救济，尽可能协助他们转业劳动"。3月1日，工作组召集处理停唱人员，进行最后动员，对于以演唱围鼓为副业、"一直抱观望态度"者予以"揭露批

---

① 《成都市文化局档案》，124-1-83。

评"；对一般家庭妇女，则向她们指出演唱围鼓的"坏处"，"委婉加以说服"。据称，"大会收到了如期的效果，顺利地结束了全部处理工作"。3月4日，整顿小组对留唱和暂唱者进行调整，分成"三大"（围鼓）和"三小"（荷叶）六个组，选择牛市口的诗清阁、东御街的百老汇、南打金街的宝林轩、鼓楼北一街的芙蓉亭、天涯石东街的四明、上南大街的东波等茶馆，作为演唱场地。当天，文化局工作组通过市公安局各有关派出所"停止了全市围鼓演唱"，宣布成立的六个组自3月5日起开始演出，往后如果人员减少，不能开锣演唱时，应通知文化局撤销书场，剩余人员重新编组。[1]这也即是说，虽然打围鼓不能立即全面禁止，但可利用政策限制让其自生自灭。[2]

文化局报告总结道："这次处理围鼓工作，由于上级指示明确，各有关部门取得配合，并由于处理工作与正面教育相结合，工作中充分发动和依靠群众，因此进行得比较顺利，基本上完成了规定的任务。"从1956年2月7日到3月4日，所有被政府称为"非法组织"或"临时性质"的"流动剧团"都被解散。工作组对于分布在全市17家茶馆内的围鼓演唱者242人，"按其各个不同的情况"，分别给予"适当的处理"，计"停唱"74人，"还乡"50人，"收容"1人，以上三类共125人，占总数51.7%；"留唱"36人，"暂唱"55人，"暂唱转业"26人，以上三类共117人，占总数48.3%。以上这些数字与上面提到的工作组分类的数字有差异，

---

[1]《成都市文化局档案》，124-1-83。
[2]《成都市文化局档案》，124-1-83。

说明"分类排队"后进行具体处理时,又根据实际情况进行了调整,其中采用"留唱""暂唱""暂唱转业""停唱""还乡"各类处理办法的都有所增加,只有"收容"一项由原来的21人,减为仅1人。①文化局撤销了11处"围鼓书场",把继续演唱的117人分为六个组,"安置在指定地点座唱"。

不过,文化局认为情况在整顿后仍存在若干问题。首先,为了达到缩减演唱人数的目的,工作组在分组时有意采取"唱角好坏兼搭的办法,使演唱者得不到丰厚的收入,从而刺激他们渐次转向正当劳动";另把材料转到有关街道办事处,尽可能协助他们转业。但首先,各街道办事处对围鼓演唱是否"正当职业",与文化局"未取得一致认识",有的对此事"不重视",有的"置之不理",因此有十余人"自行离开本市",到外县成立剧团。其次,由于就业困难,所以对"暂唱"和"暂唱转业"的人都没有规定具体期限,"形成了围鼓演唱的稳定局面,使处理工作不能一气进行"。再者,工作组在处理围鼓时,曾经"考虑到如何使围鼓演唱转化为业余性质",但由于上述两项的问题,"无法作出具体安排"。最后,处理打围鼓工作结束后,各有关部门对打围鼓演唱活

---

① 《成都市文化局档案》,124-1-83。1949年后,在"收容"政策之下,政府要求许多无家可归者、游民及在外务工者返乡,这个问题一度成为社会关注的焦点。2003年孙志刚案发生之后,社会反响强烈,导致了收容政策的终止。孙来自湖北省,在广州一家公司工作,他被收容是因为没有暂住证,却在收容期间被殴打致死。关于孙志刚案,详见唐杏湘、李志刚、匡映彤:《从遣送到救助:从孙志刚案看收容制度的变迁》,《政府法制》,2003年第17期,第14—15页。关于"收容"政策,见朱文轶:《我国收容制度始末》,《政府法制》,2003年第17期,第15页;王行健:《社会救助制度的异化和变革:从收容遣送到救助管理》,《天府新论》,2004年第6期,第87—90页。

动如何进行管理没有一致意见,"最近"发现在下北打金街又有一批"群众自发组织的业余围鼓",同样"未能有效制止"。针对上述情况,文化局提出三个办法:首先,请省文化局通知各县文教部门,"有效地限制非法剧团的活动",就地解决演唱人员的生活问题,"避免他们外流";其次,请市人民委员会通知各区人民委员会,"继续贯彻限制围鼓发展的决定",协助现有演唱者"参加劳动";最后,加强对群众业余围鼓的"管理辅导",保证其"演唱内容的健康",在职业围鼓规模逐步缩小以后,将其中优秀的唱角,介绍任业余围鼓教师,由聘请单位发给津贴和生活费用。①

从改造打围鼓后存在的问题和文化局提出的进一步建议看,政府发现群众自发组织的业余围鼓很难被完全禁止。政府所特别关注的主要是那些以此为生者,所以退而求其次,力图对群众业余围鼓进行"管理辅导",以保证其"演唱内容的健康"。这可以算是国家权力面对传统娱乐的反抗,最终妥协的结果。不少人进行打围鼓活动,生计问题是主要因素。政府撤销了许多剧团,使很多人失业,才促成打围鼓发展。虽然政府不愿承认这点,但报告中仍然暴露了这个问题。如第一类多是"脱离剧团"者,第三类多是"原经动员转业的(剧团)学生",所以即使已经处理了的打围鼓,甚至许多人被送到乡下,但由于不能解决艺人的生计问题,不少人只好又返回城市,重操旧业。这种反复相当程度上固然是由于生活所迫,但也可以说是当时"弱者的反抗"的一种形式。

---

① 《成都市文化局档案》,124-1-83。

即使是那些被允许继续演出的艺人，情况也并不乐观，他们像中国其他城市中的艺人一样，为生存而挣扎。1956年，官方的《戏剧报》发表了由演员黄振元所写题为《请听我们的呼吁》的文章，文中反映的这种情况，可以说是代表整个中国艺人面临的困境。黄呼吁政府和地方领导关心艺人的生活并尊重他们的工作。根据黄的陈述，大部分艺人都从属某个小戏班子，工作十分辛苦，为观众提供娱乐，在社会中发挥积极的作用。但是近些年商业不景气，他们的生活面临着困难，著名的演员每月可以赚大约30元，大多数演员则每月赚17、18元，其中很多只能赚10元，而且是家里唯一的经济来源。剧团中尚有一些老艺人，"年老力衰"，不能参加演出，剧团也无力赡养他们，使他们感到"彷徨无依"。许多人都随着剧团四处演出，只能住在后台，条件恶劣。地方政府则无暇顾及这些数量巨大的艺人的处境。[①]

黄还抱怨道，戏班子的演出经常受到地方官员的不合理干扰。官员们不尊重演员，"不仅各地方的文化机关可以随便指挥他们，税务机关、公安机关、粮食机关以至民兵都可以看白戏或随便来干涉剧团和艺人"，甚至任意取消他们的演出。尽管每年戏班表演四五百场，但1952至1956年间，演员每年实际只能得到三四个月的工资。黄举例称：他所在戏班子已经租好一个场地，原本准备在阴历正月——这是演出的旺季——进行演出，不料场地被地方政府临时占用，演出不得不推迟十天。没有场地但是又必须生存，戏班子被迫去乡村和山区巡回演出。戏班如果因任何事情得罪了

---

① 黄振元：《请听我们的呼吁》，《戏剧报》，1956年第9期，第4—5页。

地方官员,"稍为做得不周到马上就要横祸飞来"。黄认为这就像旧社会人们对艺人的歧视。"这种旧社会遗留下来的统治阶级对待艺人的态度,到现在居然还相当普遍存在,这的确是令人不能容忍的。"

《戏剧报》发表这封信时加了编者按,指出"应该教育所有干部都认识到应该尊重艺人的劳动,应该正确地对待艺人,总之,我们必须关怀数十万艺人的生活,必须改变目前存在的各种不合理现象,应该使全国所有的戏剧工作者都有温饱的生活,并且在艺术上也能得到提高与发展"。编者按还指出文化部近期在关注这些问题,也在积极采取措施,由当地政府的文化机构来实施。编者按还强调,一些戏班和剧团也需要改革,以提高演员的表演和素质。[1](图3-3)

这样一封信之所以能够发表,是由于当时正执行"百花齐放,百家争鸣"的方针。1957年5月,中共成都市委举办了一次座谈会,由党外演员代表发表他们对一些政策的看法。有民间曲艺艺人提出,他们"无固定演出场所,到茶馆等公共场所演出,又往往遭到拒绝和排挤,影响了他们的生活"。市长听到这一情况后,即指示有关部门,会同艺人代表开会研究解决。[2]艺人们的抱怨能够被当政者听到,是因为此时中共正在征集和鼓励人们对党发表批评与提意见。尽管有一些演员仍能够通过他们的表演艺术而谋生,

---

[1] 黄振元:《请听我们的呼吁》,第4—5页。
[2]《人民日报》,1957年5月28日。

图 3-3　在大慈寺文博大茶园的业余演出。作者摄于 2003 年夏。

但在当时的环境中，自我保护意识使他们保持了沉默。①

---

① 关于反右运动，见 Chun Wong, "From 'Anti-Rightist Struggle' to Taking off Rightist's Hat," *Asian Outlook* 13, no. 7（1978）, pp. 28–32; Chen-pang Chang, "Anti-Rightist in Politics, Anti-Leftist in Economics," *Issues and Studies* 23, no. 8（1987）, pp. 5–8; Yen-lin Chung, "The Witch-hunting Vanguard: The Central Secretariat's Roles and Activities in the Anti-Rightist Campaign," *China Quarterly* 206（June 2011）, pp. 391–411; Zhihua Shen, "Mao Zedong and the Origins of the Anti-Rightist Rectification Campaign," in *The People's Republic of China at 60: An International Assessment*, ed. William C. Kirby（Cambridge: Harvard University Asia Center, 2011）, pp. 25–40。

大众娱乐的社会主义改造

1955年,文化部发布《关于加强对民间职业剧团的领导和管理的指示》,根据中央"全面规划,加强领导"的总方针,以及四川省文化局《1955年文化工作计划要点》,成都市文化局从8月到11月的四个月间,对全市民间职业剧团和曲艺艺人进行了一次全面的调查。调查目的是在普查的基础上作出规划,以便进一步"加强其政治思想领导",有计划、有步骤地"完成对民间职业剧团和曲艺艺人社会主义改造工作",使他们发挥"在社会主义建设事业中应有的作用"。这次调查也是为了"掌握本市曲艺从业人员和演唱场所的基本情况",以便于文化局"进一步加强领导管理",而且"遏制曲艺从业人员中之演唱混乱与盲目发展现象"。这次调查范围包括全市民间职业剧团,如戏曲、杂技、木偶、皮影剧团及书场等;还包括全部艺人,即清音、扬琴、荷叶、评书、金钱板、大鼓、竹琴、相声、花鼓、口技、幻术、猴戏艺人等。[①](图3-4)

这次调查以文化局戏曲科干部为主,抽调区文化科干部以及一些剧团干部,组成"民间职业剧团和曲艺艺人普查工作组",由戏曲科负责人担任组长。工作组在下到剧团后,吸收该团"积极可靠"的负责人三至五人参加工作;"为了更深入了解各剧团工作

---

① 《成都市文化局档案》,124-1-83。

图 3-4 "唱道琴"。资料来源：傅崇矩：《成都通览》。

人员的政治历史情况"，还请市公安局派两三人参加调查。参加调查的干部先集中学习四天，明确普查的目的、方法、党和政府"对戏改良与民间职业剧团的方针政策"。调查者应尽量避免影响剧团和曲艺艺人的正常演出；如果"发现有潜藏的反革命分子，或其他坏分子"，则会同有关机关处理。调查过程中要"贯彻群众路线的工作方法"，团结剧团干部，依靠积极分子和老艺人，采取各种方式深入调查，防止"走马观花、简单急躁、包办代替"等问题。工作组另外还要求，对于艺人的"思想作风"问题，不得开展"群众性的批评或自我批评",不得"形成斗争",而应该"积极热情的进行正面教育";还强调集中领导,如要求严格执行"请示汇报制度",重大问题的处理决定,必须事先请示,并定期汇报研究工作。①这里所谓"思想作风",实际上应该是指"思想"和"生活作风"。当时共产党对艺人的基本估计是思想落后、生活作风不好,但这时政府避免激进政策,对这类问题不进行"斗争",而是采取"正面教育",较之以后的政策要温和得多。

调查分三个步骤进行。第一步是宣传动员,通过文化局负责人进行普查工作的动员报告,学习文化部的指示,采取小型座谈会、个别访问等形式,"交待普查意义,消除顾虑,发动群众",使多数艺人能积极参加这个活动。另外,还要发现和培养积极分子作为普查和今后工作的依靠,"抓紧对落后艺人的教育"。同时调查还进行"摸底排队",即"摸出剧团历史、业务、组织主要情况、主要问题,积极、中间、落后人数等",然后进行研究。第二步是普查,即在工作组的具体领导下,每个剧团成立业务和财务两组。另外还要组织人员了解艺人历史、政治情况和学习情况,研究和总结1953年以来剧团的工作及目前存在的主要问题。第三步是工作规划,即在调查结束后,形成各种调查表格和文字材料一式三份,分别存于区、市、省文化局。凡经过调查的民间职业剧团由市文化局报请省文化局发给"演出证",职业曲艺艺人由市文化局制发演唱证,并报省文化局备查。这样,一旦工作计划到

---

① 《成都市文化局档案》,124-1-83。

位，地方政府便可直接管理各个剧团及表演艺人了。①

从成都市文化局的工作大纲中，我们可以看到政府想挖掘出关于剧团生活的方方面面，主要有沿革、组织、人员、演出、学习、经济、剧场、环境八大内容，每项下面还有具体要求。

（1）剧团沿革：何时何地成立，经哪级政府批准？是否经过整顿，整顿后有哪些变化和改进？（2）剧团组织：组织形式怎样，设立了哪些机构，各部门如何分工？有无一定的工作制度和会议制度，剧团内是否建立了党团组织，党团员是多少？（3）人员情况：剧团组成人员的成分、出身、政治情况如何？原艺人多少，1949年后新参加的多少？现有人员中演员、音乐、舞台、职员、学徒人数，各占全团人数比例如何？各行角色有多少，哪些是主要演员？文化程度如何？擅长哪几出戏？人员是否固定，近两年变动情况是否报当地文教科批准，有无乱拉演员或变相收留其他剧团演员现象？（4）演出情况：经常上演的大幕戏、折子戏有多少？剧目自己整理、改编或创作多少，有多少保留剧目？剧团或团内演职员有收藏哪些传统剧目的原本，上演过哪些表现现代生活的剧本？剧目上演计划和送审制度建立和执行情况如何？哪几出戏最受欢迎，连续上演次数最多是多少场？有无导演制度，如何排演？演出所需的服装、道具等状况如何？1955年度在剧场及农村巡回演出的日期、场次和观众数情况如何？（5）学习情况：政治学习是否经常进行？学过哪些文件，现在学习什么文件？是否进行过扫盲工作，现在有多少文盲？业务学习（练身段、嗓子、

---

① 《成都市文化局档案》，124-1-83。

武功、业务理论等)如何组织进行?学生家庭出身工农成分占多大比重?教学内容方式方法如何?(6)经济情况:经济上如何管理,是否建立财务制度及执行情况如何?1953至1956年四年的收支情况,能否到达平衡?有无公积金?1955年全年支出有哪些项目,各占比例多少?演职员工薪分配方式是什么,工资是否固定,最高最低是多少,平均多少?(7)剧场情况:有无固定剧场?剧场何年修建,有无培修或改建,以及经费来源如何?如果剧场属政府或团体,月租金是多少?(8)地方环境:经济条件及交通情况如何?本城市有无其他文娱场所?等等。①

通过《成都市曲艺从业人员及演唱场所基本情况的调查报告》,我们得知,当时在成都的东城、西城和望江三区总共有405名民间艺人105处表演场所,全市有13种曲艺形式,即金钱板、荷叶、花鼓、评书、竹琴、扬琴、大鼓、相声、口技、清音、京戏清唱、木偶戏(调查中称"木人戏")、皮影戏等。②这与之前成都市文教局于1950年3月17日给出的报告基本一致,这也许说

---

① 《成都市文化局档案》,124-1-83。
② 值得注意的是,这份报告并未提到有三百多年历史的"讲圣谕"。1950年还有二十多个讲圣谕者,显然这时已经消失了(石友山、方崇实 [执笔]:《"圣谕"简史》,《金牛文史资料选辑》第3辑,成都:中国人民政治协商会议成都市金牛区委员会文史资料委员会,1986年,第183页)。关于地方娱乐的研究,见 Barbara E. Ward, "Regional Operas and Their Audiences: Evidence from Hong Kong," in *Popular Culture in Late Imperial China*, eds. David Johnson, Andrew J. Nathan and Evelyn S. Rawski (Berkeley: University of California Press, 1985), pp. 161-187。对艺人,特别是女演员的研究,见 Weikun Cheng, "The Challenge of the Actresses: Female Performers and Cultural Alternatives in Early Twentieth Century Beijing and Tianjin," *Modern China* 22, no. 2 (1996), pp. 197-233; Suwen Luo, "Gender on Stage: Actresses in an Actors' World, 1895-1930," in *Gender in Motion: Divisions of Labor and Cultural Change in Late*

明了五年之后，一些大众文化形式在政府的不断控制之下，仍顽强地生存着。该报告详细给出了这些人的政治背景，政治上"有问题"的人比例很高。这405人中，有219人为1949年前的"职业说唱者"，186人是之后进入本行的。这些新入行的186人分三类：第一类88人，曾有谋生困难，包括失业的"城市贫民"、手工工人、店员、自由职业者、学生；第二类61人，是1949年后"被斗争、被管制和失去地位的地主、伪军警、旧职员及反动党团分子等"；第三类37人，是"旧有的社会渣滓、迷信职业者、游民、娼妓等"，其中一些人有"相当业务水平，并以此为生"。显然，第二类和第三类都属于有"政治问题"的人，在此后的政治运动中是被视为"阶级敌人"来对待的。按照这个统计，他们所占的比例在行业中甚高，两类相加近百人，占总数的二分之一。

根据这份报告，总数405人中，有171人（42%）有"政治问

（接上页）*Imperial and Modern China*, eds. Bryna Goodman and Wendy Larson (Lanham: Rowman & Littlefield, 2005), pp. 75–95; Catherine Vance Yeh, "Playing with the Public: Late Qing Courtesans and Their Opera Singer Lovers," in *Gender in Motion*, eds. Goodman and Larson, pp. 145–168。关于评书的研究，见Wang, *Street Culture in Chengdu*, pp. 77–79; Li Fei, "Performance Technique and Schools of Yangzhou Storytelling," in *Four Masters of Chinese Storytelling: Full-length Repertoires of Yangzhou Storytelling on Video*, eds. Vibeke Børdahl, Li Fei and Ying Huang (Copenhagen: NIAS, 2004), pp. 17–27; Vibeke Børdahl, "Written Scripts in the Oral Tradition of Yangzhou Storytelling," in *Lifestyle and Entertainment in Yangzhou*, eds. Lucie B. Olivová and Vibeke Børdahl (Copenhagen: NIAS, 2009), pp. 245–270。关于相声的研究，见Marja Kaikkonen, *Laughable Propaganda: Modern Xiangsheng as Didactic Entertainment* (Stockholm: Institute of Oriental Languages, Stockholm University, 1990); Perry, "The Crocodile Bird," pp. 207–231。关于皮影戏研究，见Ka Bo Tsang, "Tiger Story: A Set of Chinese Shadow Puppets from Chengdu, Sichuan Province," *Oriental Art* 45, no. 2 (1999), pp. 38–49。

题",其中有国民党、三青团"骨干分子"9人,"撤管特务"17人,国民党校级军官6人,"封建会道门头子"9人,"烟毒犯"13人,"参加过暴乱组织的政治土匪分子"3人,"伪保长"1人,还有身兼若干身份的"一般党团分子"24人,"封建会道门分子"89人等。所以报告的总体估计是:"这些人大部分是解放后经过自新撤管的分子,混进曲艺界的,少部分是解放前的职业艺人。思想作风一般不好和比较恶劣。他们从事曲艺演唱一般是为了维持生活,对人民的曲艺事业缺乏认识。个别人对党和政府心怀不满,有意借曲艺演唱散播不满情绪和进行隐蔽活动。"报告中举了一个张姓相声演员的例子,说他系"伪职员出身",1949年前与国民党高级军官"有密切联系",利用军用飞机来往香港做走私生意,1952年"混进曲改会伪装进步",但1954年因"政治问题"被捕。① 很明显,这个例子说明这位相声演员的主要麻烦是他的"历史问题",而非他在当时有什么违法行为。1949年以后,"历史问题"对个人命运影响甚巨。

在405名从业人员中,以说评书者最多(图3-5),计117人,占总数的28.9%,其中只有43人为1949年以后从业者。其次是清音艺人(包括京戏清唱),共115人,几乎都是女性,占总数28.4%,且多是1949年后入业的。报告称"部分人生活作风恶劣,往往以演唱作掩护,进行卖淫诈骗等不正当的勾当"。他们收入情况不等,一般"可以维持生活"。在115个清音艺人中,有18人曾经是娼妓。我们有理由怀疑,这些关于清音艺人"生活作风恶

---

① 《成都市文化局档案》,124-1-83。

劣""卖淫诈骗"等的说法,到底有多少是事实,有多少是基于社会上的行业歧视、偏见或流言蜚语。①再次为竹琴、扬琴艺人,共73人,占总数18%,他们以盲人为主,艺龄年龄均较长,但"文化程度低",生活比较困难,"部分人有时还不能维持生活"。第四为木偶和灯影戏艺人,共46人,占总数11.4%,其中多为1949年前的"玩友",艺龄不长,但年龄较长,均可"勉强维持生活"。第五为金钱板、荷叶和花鼓艺人,共43人,占总数10.6%,其中1949年前的"旧艺人"占多数,"形式简单,收入较多,生活不困难"。第六为大鼓、相声和口技艺人,共11人,占总数2.7%,多为1949年前艺人,"收入情况较好,可以维持生活"。②从这个调查可以看出,除评书和清音外,其余曲艺艺人的人数在1949年以后几乎没有什么增加,艺人们也面临着谋生的困难。

---

① 目前从档案中看到的调查结果,仅是一个囊括各曲艺形式的总报告。这个报告应该是在各曲艺形式的分报告基础上完成的。我没有在现存档案中发现这些分报告,不过根据稍后一点的《曲改会清音组艺人情况调查材料报告》,我们对清音的情况有了进一步的了解。清音组有会员104人(上述调查为113人,这个调查的时间要晚几个月,故有不同),分清音一组(清音)、清音二组(京戏清唱)。一组有会员72人,除19人流动于市区茶社演唱外,其余在外北市场三个书棚内演唱;二组有32人,除5人在外演出,其余都在春熙路南段的益智茶楼和后子门的劳工茶社。该报告说清音组是曲改会中人数最多、"成分最复杂"、流动性较大的一个组,所以文化局选定该组作为调查对象。根据组内"积极分子的反映"和调查组"掌握的现有材料",当局在组内选出"历史不够清楚、问题较多"的43名会员作重点调查,以下是调查结果:艺人12人,家庭妇女5人,小商人1人,手工工人1人,旧职员1人,伪军官2人,兵痞1人,流氓1人,娼妓18人,出身不明1人。以他们的收入分类(天):6,000至8,000元(1955年颁发新版人民币之前)者有8人,4,000至6,000元20人,4,000元以下15人。报告判定他们的"业务水平":一组内"无水平较高者"(《成都市文化局档案》,124-1-83)。
②《成都市文化局档案》,124-1-83。

图3-5 "说评书"。资料来源：傅崇矩：《成都通览》。

为这些民间表演提供场地的共计145个茶馆，可分为三类。第一类较正规，即"带示范性质"的、前面所提到的2处"试验书场"；第二类是供各种曲艺形式表演的茶馆132处（未包括郊区）；第三类是"书棚"11处。① 全市三个区每天演出总计达165场。可

---

① 这次调查说明成都曲艺演唱主要是在茶馆里，其中东城区59处，从业者共131人，每天演74场；西城区47处，从业者共105人，每天演61场；望江区26处，从业者35人，每天演30场（《成都市文化局档案》124-1-83）。

以看到，1950年代中期曲艺的演出场次还是很可观的。我们并不清楚每场一般有多少观众，但考虑到当时在茶馆观看曲艺几乎是一般市民唯一的娱乐，可以估计数目应该不少。

通过这次调查，文化局认为这个行业主要存在三个问题。

第一是"组织混乱"。由于曲艺艺人分散，流动性大，加上"我局几年来对曲艺艺人放松了管理与教育"，因此业内出现了"盲目发展与组织混乱"的情况。报告称，全市艺人人数从1950年前的219人升至当时的405人，几乎增加了一倍，"但未引起我们及早注意而采取有效办法加以适当限制"，政府对他们也未进行过"深入细致的了解与审查"。虽然1952年建立了曲改会，但该会"机构不健全"，不能起到"协助政府团结教育"艺人，以及"改正曲艺业务"的作用。在曲改会之下，全市曲艺艺人分编为六个大组，但缺少"按地区建立统一领导的组织"进行有效管理和教育，缺乏全面、系统的戏曲业务政策学习，仅限于作"大报告"，未能联系和解决实际问题。1956年4月文化局召开了第一次全市曲艺从业人员会议，进行比较系统的集中学习，"扭转了演唱中的混乱现象"，但对这两年发展的从业人员未进行过管理教育。[①]

这里报告所说的艺人人数"增加一倍"是缺乏根据的，不能因为有219人是1950年前从业的，便称1949年时全成都只有219人从事曲艺演唱。实际上，许多艺人在1949年后已经改行了，由1950年剧团重组，无数茶馆歇业开始，许多人都离开了这个行业。所以对当时曲艺从业人员的数目应该这样理解：到1956年，大量

[①]《成都市文化局档案》，124-1-83。

在1950年之前从事这个行业的人员，只剩下了219人。根据成都市档案馆所藏档案，1950年仅仅悦来茶园就有各类雇员126名，其中演员艺人占相当大的比例。①从1950到1956年的六七年间，偌大一个城市，居然只有186人加入这个行业，这恰恰是演艺业走向衰落的表现，但在市文化局看来，却是"盲目发展"。这个例子说明，在使用官方文件和数字的时候，根据当时语境进行具体分析是多么重要。

第二是"乱说乱唱"与"下流表演"。调查报告认为艺人"成分复杂"，对"人民曲艺事业缺乏认识"，加上"未抓紧管理教育"，导致了全市曲艺演唱中的"严重混乱现象"，说唱中有不少"淫乱、神怪、迷信"的内容，以评书、清音、金钱板三种曲艺形式最为严重。表演者们被指控用了"淫词"，如清音说唱的《十八摸》；②如在唱《断桥》时，故意把原词中的"一把手拉官人桥上坐"，唱成"一把手拉奴的嫩东东的官人夫［扶］在怀中坐"，有些人还故意做出"种种丑恶表情"和"下流动作"来逗人嬉笑。③报告认为这对群众，特别是青少年的"危害"极大。报告中举了一名小学生的例子，他每晚到双栅子街的"上天梯茶楼"听"剑侠书"，"听迷了心"。一天他在街上见一辆汽车迎面开来，不慌不忙卧倒在街心，嘴里念道："我有金钟罩，铁布衫，刀枪不入，汽车也辗不死。"另一例子说人们到茶馆听"神怪迷信"故事，影响

---

① 《成都市文化局档案》，124-2-1。
② 《十八摸》的唱词含有性暗示，颇为流行，其中表演者把一个女孩从头触摸到脚。
③ 《断桥》基于著名的《白蛇传》，描述了一段发生在西湖边上的爱情故事。

了"晚上开会学习"。①实际上关于"淫词"的指控，主要是指一些带有性暗示或者调情的语言。至于说人们晚上去茶馆听故事而不去开会学习，则间接透露了大众文化对人们的魅力。小学生听了书而误以为"刀枪不入"，此类例子从义和团以来便屡见不鲜，"迷信"这一指控，晚清民国时期便是精英和国家打击大众文化的最好借口。

第三是"不良作风"。报告称少数艺人"生活作风恶劣"，具体的例子有"强迫观众点戏给钱""乱搞男女关系""敲诈别人钱财"等，还有个别艺人因为"侮辱妇女、强奸幼女、贩毒、诈骗、腐蚀干部青年"等行为而受到"法律制裁"。一个金钱板艺人因"先后侮辱妇女三十余人"，在1956年的"打击流氓盗匪运动"中被判处死刑。一个清音艺人唱"淫荡词调"和进行"不良表演"，曾与三人"发生不正当关系"，一旦发现"某观众有钱，便勾搭别人去吃馆子，开旅馆，直到把别人的钱弄光为止"。②这些违法行为，再加上部分人的偏见，会毁了整个行业的声誉。不过，这些"非法"行为也经常被夸大。

针对调查中发现的情况，市文化局的结论是，成都曲艺艺人"在组织和演唱上的混乱现象是很严重的"，同时提出了改变这种状况的三项措施。

首先是"整顿组织"，先以市人民委员会的名义通知各区人民委员会，市公安局责成各区街道办事处、派出所，严格控制成都

---

① 《成都市文化局档案》，124-1-83。
② 报告给的另一个例子是，一位女演员骗走一位鞋匠一百多双鞋，导致这位鞋匠停业（《成都市文化局档案》，124-1-83）。

曲艺从业人员，不再"继续盲目发展"。对"个别"符合具体条件申请从事曲艺演唱者，必须经过区人民委员会"审查批准"，并报文化局备查；对有业务水平、有本市户口者，发给"曲艺演唱证"，准予进行演唱。两者均"分别劝说其转业"。如果生活有困难者，可允许继续演唱，但发给"临时演唱证"。对那些以演唱曲艺为"掩护"，实际上"卖淫""乞讨"或从事其他"不正当"活动者，进行驱逐处理。①

其次是"改进和丰富说唱内容"，停止说唱那些所谓"含毒最重"的"坏（评）书"。什么是"含毒最重"的呢？文化局指出，即那些"十分色情淫秽""神怪迷信"以及"侮辱劳动人民"的节目和唱词，包括《济公传》《十美图》《思秀才》《十八摸》等；②有些节目"含有毒素"，但"危害不大"，则允许继续演唱，不过得"边唱边改"。文化局还要求对节目进行登记，通过"集体讨论，初步排队"，然后由"曲艺艺人编写组"会同有关部门和政府干部"进行审查，决定取舍"；对决定停止演出的节目经"领导批准"后，将"正式宣布取缔"。报告称"此项工作现已进行"。同时推广说唱新书新词，发挥两个试验书场的"示范"作用，要求它们每月作一场小型、每季作一场大型的"示范演出"，组织全市曲艺

---

①《成都市文化局档案》，124-1-83。
②《济公传》是关于济公和尚劫富济贫的故事；《十美图》讲的是曾宣的儿子幸免于难后，报复严嵩陷害其父抄斩满门的故事；《思秀才》讲的是一位年轻女子与秀才之间的爱情故事。

艺人进行"观摩"。① 另外，整顿"曲艺编写小组"，发动艺人挖掘整理传统节目和结合"中心任务"节目，由两个新书场上演。

最后是"加强曲艺艺人的政治和业务学习"。文化局会组织"中心学习组"，每周进行一次政治时事学习及一次业务政策学习，由中心学习组辅导各小组学习。政治学习按全市"戏曲艺人学习计划"统一安排；业务学习则包括"有关文艺理论的初步知识"和戏曲改革的政策。② 曲艺艺人由于其工作性质，是一个非常散漫的群体，政治学习无疑有助于当局管理。

社会主义国家与文化转型

1949年以后，国家在人们的娱乐活动及日常生活等各个方面，有着前所未有的影响。过去，大众总是抵制精英与国家对他们的控制，这种抵制一直持续到了20世纪50年代。打围鼓活动在1950年之后消失了，虽然在1954至1956年间短暂地复兴，但很快又被压制下去。各种形式的民间娱乐也面临着管理的压力，许多没有被纳入"革命文艺"的艺人及表演形式，也逐渐消失了。

1949年之后，党和政府大力推进及开展代表着革命意识的群

---

① 《成都市文化局档案》，124-1-83。"观摩"是社会主义中国一种十分有趣的现象，一般都是"内部"的演出，经常是在剧院，但也会在学校、工厂、政府单位的场所进行示范。"文化大革命"时期，由于商业性表演基本上不存在，一切演出都成为宣传的一部分，"观摩"成为人们观看文艺演出的主要形式，不售门票，完全免费提供给党内官员、政府要员、工作人员，普通民众则没有这种特权。
② 《成都市文化局档案》，124-1-83。

众文化运动，以便引导和动员大众。而传统的娱乐活动，特别是那些出现在街头巷尾及茶馆里的娱乐，则经历各种各样的压力。党的革命文化生根于农村地区，特别是解放区，在那里，人们的生活被高度组织起来，文娱活动也经常被用到群众动员之中，这类活动经常吸引数百人参加。贺戴维（David Holm）关于"秧歌"的研究发现，早在1942年，秧歌就被共产党用作宣传手段，将党的影响力延伸到基层，甚至是最小、最偏僻的村庄。秧歌最初只是中国北方乡村集体唱歌跳舞的表演和娱乐形式，在革命运动中，通过公共庆祝活动与群众动员，秧歌成为建立革命文化的一个标志。在解放区，秧歌"迅速发展"，"随着党不断深入到乡村社会中，党举行了一系列的新仪式以及类似的活动，使群众通过参加公共生活，表达自己的新民主主义价值观"。①J. 加德纳在对1950年代起早期上海的研究中指出，共产党具有一种"在农业环境中的高度组织的能力，直到1949年，在中国农村获得了相当广泛的合法性的支持"，但他仍然怀疑"共产党能否控制相对复杂以及功能分散的城市社会"。②

对于加德纳的疑问，我的回答应该是肯定的。随着共产主义革命的胜利，"红色"的革命文化从乡村转移到城市，而这种文化在城市中缺乏根基。中共对革命文化在城市的生根和发展的努力，

---

① David Holm, "Folk Art as Propaganda: The Yangge Movement in Yan'an," in *Popular Chinese Literature and Performing Arts in the People's Republic of China, 1949-1979*, ed. McDougall, p. 32. 关于"秧歌"的研究，还可以见 Hung, "The Dance of Revolution," pp. 82-99。

② Gardner, "The Wu-fan Campaign in Shanghai," p. 479.

是非常成功的。在新政权成立的初期,国家积极寻求改造传统文化的方法,但文化管理者对于如何把传统城市文化转变为社会主义文化,没有一个很清晰的路线图,他们一直在寻求解决之道。他们更多依靠农村文化改造与宣传的经验,而不是遵循城市中传统文化娱乐及表演艺术的发展轨迹。他们考虑的,是怎样把地方传统文化转变为社会主义宣传的工具。

更为复杂的是,所谓革命文化固然是革命政治运动的产物,但实际也有中国传统文化的根基。把这些传统的文化转变为革命新文化,实际上是一个全国范围内的运动,陆惠风(Wai-fong Loh)关于电影《刘三姐》的研究便是一个极好的例子。刘三姐的故事可追溯至明代,学者们收集了丰富的关于刘三姐生平的口述资料。1950年以后,中国电影充斥着阶级斗争的主题,刘三姐的故事也不例外:"刘三姐通过她的歌声点燃了反对地主的火苗。"[①]塑造"刘三姐"这样一个喜闻乐见的形象,反映了传统故事是怎样服务于革命文艺和意识形态的。

根据黄琼潘(Isabel Wong)对"革命的歌曲"的研究,"音乐作为一种社会、政治、以及教育的工具,被中国的马克思主义者运用,对中国人来说不是什么新鲜事了"。自西汉以来,音乐就被政府关注,也可能共产党吸收了古代精英的治国经验,因为他们认为这样可以教育及启迪民众。最重要的是,之前的中国从未有一个政权能像共产党那样,对民众及其日常生活产生如此大的影

---

① Wai-fong Loh, "From Romantic Love to Class Struggle: Reflections on the Film Liu Sanjie," in *Popular Chinese Literature and Performing Arts in the People's Republic of China, 1949–1979*, ed. McDougall, p. 179.

响。有趣的是，基于黄琼潘的研究，革命歌曲与非正统或农民起义有联系，两者"在内容、语言风格、标题、隐喻等方面，都有异曲同工之妙"。① 可见，中国在1949至1976年间的文化政策，并非单纯起源于革命运动，而是有着复杂且悠久的起源，并被国家巧妙地改造和利用。

实际上，20世纪50年代至60年代前半期，是革命文化与传统文化并存的时期。对此，杜博妮认为，"文化的多样性削弱了国家一统大众文化的目标"。然而，传统娱乐"在不同层次的观众中，都十分流行，对革命现代化有着强烈的抵制"。例如话剧的观众"几乎都是城市知识分子，很显然现代革命内容只是在他们中间传播"。② 在成都，我们所看到的不是"文化的多样性削弱了国家一统大众文化的目标"；现实恰恰相反，文化日趋走向同一，多样性不断地被削弱。这一现象反映了从20世纪50年代早期到60年代中期，传统文化的衰落与激进革命文化渗透的过程。

当然，一些学者可能会认为国家并没有足够的力量去控制所有的娱乐，人们依然有空间自行开展娱乐活动。确实，中国有如此辽阔的领土，丰富和复杂的地方社会、经济和文化，国家不可避免会留下一些权力空白，在一些角落与缝隙之间，还有某些自由空间。本章所讨论的打围鼓就是一个例子，政府尽管做了许多

---

① Isabel K. F. Wong, "Geming Gequ: Songs for the Education of the Masses," in *Popular Chinese Literature and Performing Arts in the People's Republic of China, 1949–1979*, ed. McDougall, pp. 112–114.

② Bonnie S. McDougall, "Writers and Performers, Their Works, and Their Audiences in the First Three Decade," in *Popular Chinese Literature and Performing Arts in the People's Republic of China, 1949–1979*, ed. McDougall, p. 291.

努力，但也不可能将这种活动完全消除。不过，我们也不能低估执政党和国家在社会控制方面的巨大能力。从杜博妮所编关于中华人民共和国早期文学和表演艺术的论文集，我们看到这段时期的文化转型方式。①这些研究给我们提供了研究毛泽东时代的知识分子、作家，以及表演艺术家们经历的数据。不过，这本论文集没有研究那些在街头巷尾或者邻里间进行表演的下层艺人，而这正是本章所详细讲述的故事。

---

① McDougall, "Writers and Performers, Their Works, and Their Audiences in the First Three Decade," p. 269.

第四章　茶馆生活的衰落

　　从晚清到民国，茶馆都是成都最重要的公共空间，也是人们日常生活的重要场所。1949年革命的胜利，不仅重建了中国的政治体制，也造成经济和社会结构的根本变化，人民日常生活的改变更是前所未有。[①]本章着眼于1949年到"文化大革命"时期成都公共生活的变化，这种变化表明政府不仅决定着茶馆的命运，还

[①] 关于1949年以后的社会控制，见Salaff, "Urban Residential Communities in the Wake of the Cultural Revolution," pp. 289–323; Chen-ch'ang Chiang, "Social Control under the Chinese Communist Regime," *Issues and Studies* 22, no. 5（May 1986）, pp. 87–111; Ronald J. Troyer, John P. Clark and Dean G. Rojek, eds., *Social Control in the People's Republic of China*（New York: Praeger, 1989）; Raymond W. K. Lau, "Socio-political Control in Urban China: Changes and Crisis," *British Journal of Sociology* 52, no. 4（December 2001）, pp. 605–620; Yang Zhong, *Local Government and Politics in China: Challenges from Below*（Armonk: M. E. Sharpe, 2003）; Chang-tai Hung, "Mao's Parades: State Spectacles in China in the 1950s," *China Quarterly* 190（January 2007）, pp. 411–431; Sujian Guo, *Chinese Politics and Government: Power, Ideology and Organization*（London: Routledge, 2012）。

改变了人们的生活方式。①茶馆行业和公共生活紧密相关，因此，本章也讨论了政府怎样加强对小商业的控制，以及怎样导致茶馆业走向衰落。

成都的居民在20世纪50至60年代仍然能进行茶馆生活，不过对党和政府来说，休闲茶馆的存在与建设现代工业城市，有着难以调和的矛盾。由于政府对茶馆这种公共空间的密切介入，市民利用这种空间的机会日益缩小。在"文化大革命"的前期，茶馆在激进的革命浪潮中，几乎消失殆尽。人们避免在公共生活中或是公众间谈论政治，退回家中去寻找安全感。但是，家庭中夫妻父子的反目在当时到处可见，所以家庭也不再是安全的避风港。"文化大革命"的前半期是茶馆与公共生活在20世纪的最低谷。不过，政府不可能完全地禁止茶馆的存在，"文化大革命"后半期它们又顽强地冒出来，继续在城市的日常生活中扮演一定的角色。尽管生存艰难，但它们终于挺到了改革开放的到来。

---

① 关于1949年以后的公共空间，见Mary G. Mazur, "Public Space for Memory in Contemporary Civil Society: Freedom to Learn from the Mirror of the Past?," *China Quarterly* 160（December 1999）, pp. 1019–1035; James L. Watson, "Feeding the Revolution: Public Mess Halls and Coercive Commensality in Maoist China," in *Governance of Life in Chinese Moral Experience: The Quest for an Adequate Life*, eds. Everett Zhang, Arthur Kleinman and Weiming Tu（London: Routledge, 2011）, pp. 33–46。

20世纪50年代的茶馆生活

老革命马识途回忆道,新政府成立后,茶馆被认为是隐藏着污秽与懒惰的地方,因为党和政府的领导者们都认为:既然茶馆不再是能支持革命的地方,我们必须坚决地消除它们。因此,茶馆倒闭了。尽管人们不喜欢这种不便,但他们除了无条件服从外,无能为力。实际上,一些有识之士认为我们可以取茶馆之益而去其之弊,当然,这样的话茶馆的弊处将会完全被消除,茶馆将成为一个文化活动中心以及宣传教育的场所。但当局没有听见这些声音,因此,茶馆在四川大地上几乎消失殆尽。

尽管马识途所说的"几乎从四川的大地上消失了"[1]有些夸张,但茶馆的数量确实是大大减少了。成都作为一个大城市,受到了国家更严格的控制,因此也遭遇了更强烈的政治影响,使茶馆的消失比农村集镇更为迅速。根据雷影娜(Regina Abrami)的研究,非成都居民不能获得营业执照,店主和小贩也被要求每年续签营业证,而"工商局的干部们有着极大的权限,去定义什么是合法私有生意的规模与范围"。[2]

---

[1] 马识途:《四川的茶馆》,见邓九平主编:《中国文化名人谈故乡》上册,北京:大众文艺出版社,2000,第474页。

[2] Regina Marie Abrami, "Self-Making, Class Struggle and Labor Autarky: The Political Origins of Private Entrepreneurship in Vietnam and China"(PhD diss., University of California, Berkeley), p.96.

官办的地方报纸不再像民国时期那么关注茶馆,有关的报道很少,但有时也从其他角度透露一些茶馆的信息。如1956年《成都日报》发表《不怕困难的茶社工人》,介绍锦春茶社烧瓮子工人龙森荣,报道他这年3月被评"行业二等劳动模范"后,在劳动竞赛中"又作出了新的贡献"。他用锯末代替煤炭烧茶炉子,经多次试验,终于成功。锦春茶社一天可节约煤120斤,全年达4.3万多斤。随后他又向其他茶社推广这个办法,帮助13家茶社改进炉灶。[1]回忆资料也从另外的角度揭示了茶馆的状况。如沃若回忆小时候父亲被打成右派,下放到一家茶馆烧开水,家里的所有财产除身上的衣服外,就只有一床被子、一张油布、一个铜罐。每晚当最后一位顾客离开后,父亲便把四张桌子拼在一起,铺上油布作床,脱下衣服作枕头,每早天不亮就被几个喝早茶的老爷子吆喝起来。[2](图4-1)

据一位老市民对西御街德盛茶馆的回忆,该茶馆有两间铺面大小,店堂宽敞明亮,分成前后两部分:前堂多为零星客人,后堂主要为老顾客。该茶馆是20世纪50年代初开办的,生意颇为兴隆。德盛茶馆每晚都有相声演出,当时成都颇有名气的相声演员都在那里登台,但由于内容重复,听众渐少,后换成竹琴演出。有一位姓杨的竹琴艺人,约四十岁,胖而面善,有弥勒佛之相。他可唱全本《慈云走国》,声情并茂,"紧张处让你提心吊胆,伤悲处让你潸然泪下"。《慈云走国》讲的是宋朝慈云太子被奸臣

---

[1] 庐思贵:《不怕困难的茶社工人》,《成都日报》,1956年7月6日,第2版。
[2] 沃若:《难忘的茶馆》,《成都晚报》,1987年5月10日,第2版。

图4-1　茶馆热气腾腾的炉灶，每一个火眼上放一个开水壶烧水。作者摄于成都双流区彭镇观音阁老茶馆。2021年夏。

加害，流落民间，后在忠义之士的帮助下，历尽艰难，扫除奸佞，重振朝纲的故事，很受听众欢迎。中间休息时，由妻子挨个收钱，他则闭目养神,或抽烟喝茶。①

又据阿年回忆,20世纪50年代初,他父亲经常在晚上带他到街口的茶铺里去听评书,他在那里结识了几个来茶铺捡烟头的小伙伴,不久他自己也加入了捡烟头的行列。碰上演出精彩的评书,听众多,烟头也多,有时一次捡的烟头足够父亲抽两三天。后来阿年住西沟头巷,地处市中心,在文化宫对面,他家隔壁便是中心茶社。那时一般人家烧柴灶,他外公觉得锅里烧的水有烟味,不能沏茶,所以一天至少要去茶馆买几次开水。没有钱买茶叶时,便去茶馆倒"加班茶"(顾客喝剩下来的茶)。阿年十分乐意去茶馆买水,这样可以借机在那里玩一阵,不必担心回去挨骂。有时耽误久了,就找若干理由,像水没有烧开,或茶客多开水不出堂之类。其实他外公知道他只要一进茶铺,便要看热闹。那里有算命的、打竹琴的、耍魔术的、看"洋片"("西洋景",小孩从一个孔看里面的各种图片)的、卖麻辣兔肉的,形形色色,"只要一扎进去,半天也出不来,大概这中心茶社便是我童年包罗万象的游乐宫了,甚至就连今天的夜总会、卡拉OK厅也绝没有如此精彩"。②

作家黄裳喜欢在成都坐茶馆,大大小小、形形色色的茶馆也都光顾过,如人民公园里临河的茶座、春熙路的茶楼、在旧花园基础上改造的三桂茶园等都去过。他说,20世纪50年代成都的茶馆有很多优点,"只要在这样的茶馆里一坐,就会自然而然地习惯

---

① 刘振尧:《"德盛"茶馆忆曲艺》,收入冯至诚编:《市民记忆中的老成都》,成都:四川文艺出版社,1999,第150—151页。
② 阿年:《怀念旧居》,北京:中央民族大学出版社,1997,第7、19页。

了成都的风格和生活基调的"。那个时候的茶馆，都还有民间艺人唱各种小调，打着木板，讲着故事。还有卖烟的妇女，她们拿着四五尺长的竹烟管卖烟，竹烟管也可以出租给茶客，由于烟管太长，自己无法点火，所以还得替租用者点火。也有不少卖瓜子花生者，他们穿行于茶座之间。修鞋匠也在那里谋生活，出租连环画的摊子生意也不错。①尽管经过了改朝换代，但茶馆传统的生活方式仍在继续。（图4-2）

另一位成都老居民张先德指出20世纪50年代的茶馆还是同过去一样，大量坐落在街边、河边、桥头，还有相当部分在公园内，少数在市中心者布置较高雅。但最能代表成都茶馆者，还是那些大众化的街角茶铺，所以当时成都人爱说："到口子上去唻三花！"张先德不无夸张地说，如果要评选成都人最经常使用、最能代表成都人的一句话，恐怕这句话当之无愧。掺茶师傅仍然继承了先辈的敬业精神，他们多为青壮年男子，技术高，服务好，头脑活，反应快，加之又善社交，眼观六路，耳听八方，见机行事。不过那些小茶铺的店主往往兼做堂倌。②

又据张先德回忆，他过去住的小街上，百步以内就有两家中等规模的茶馆，即万花楼茶社和百花茶社。前者有三间铺面和一层楼面，茶馆还可以利用街沿和街对面空地增设茶座，因此可同时接待上百客人，但该茶馆在20世纪60年代初关闭，改作酱园铺。百花茶社比较简陋，亦可容纳数十人，经常拥挤不堪，特别

---

① 黄裳：《闲》，收入曾智中、尤德彦编：《文化人视野中的老成都》，成都：四川文艺出版社，1999，第322—323页。
② 张先德：《成都》，第54、57页。

图4-2 成都双流区彭镇观音阁老茶馆,墙上还可以看见貌似"文化大革命"期间的标语"毛主席万岁"。根据我对茶馆老板的采访,其实墙上的字是2008年一部电影拍摄时作为布景绘制的。作者摄于2015年秋。

是打围鼓、讲评书时,一二百人济济一堂。那时经常有人来坐场打围鼓、说书,或拉二胡、弹扬琴,"茶铺借此吸引茶客,艺人则借此谋生"。正如本书第三章所讨论的,政府虽然试图取消这项活动,但仍然不能完全成功。① 讲评书一般在晚上,有时下午也有,讲的多是《说岳》《水浒》《三国》《聊斋》《济公传》等节目。尽管政府做出了极大的努力,但传统节目仍然在相当程度上保留下

---

① 关于政府对板凳戏的打击,见第三章。

来。随着政治运动的日益激进，到20世纪60年代社会主义教育运动乃至"文化大革命"前夕，说书人也不得不紧跟形势，讲述《林则徐禁烟》《敌后武工队》等革命节目。百花茶社一直维持到"文化大革命"开始。①

在许多人的记忆中，即使是在最困难的年代里，茶馆生活也依然存在。黄先生出生于1956年，在东大街度过了孩提和青少年时代。他家的隔壁便是一家茶馆，他经常透过墙上的一个洞来窥探茶馆内的活动。直到"文化大革命"前夕，茶馆里仍有木偶戏、"打道琴"和长长的水烟管。夏天，一些小伙伴会到茶馆里拉一个巨大的吊扇来赚钱，扇子悬在梁上，下面的人用绳子拉动扇子为顾客送风。②吴女士也回忆说，在20世纪50年代，她的一位同事每天早上5点去茶馆，这位同事当父亲之后，把小孩也带去茶馆，甚至在冬天也不间断。喝完早茶后，他才回家吃早餐，然后再去单位上班。后来他搬了家，离常去的茶馆有好几里路远，但是他还是坚持坐公共汽车去那里喝早茶。③以上这些故事都显示了茶馆生活对人们的吸引力及重要性。

民间艺人和茶馆有着密切的依附关系，艺人得到茶馆同意，约定了演唱时间、演出收入分配办法等，便可以开演了。一般茶馆中茶资和评书费"各自收取"，艺人和茶馆之间"尚未发现其他关系"。其他演员人数较多的表演形式如演戏等，艺人还需向茶馆交付房租、电费及其他费用等。演唱时间一般都在下午和晚上。

---

① 张先德：《成都》，第56页。
② 对黄先生的采访，44岁，于四川民族出版社，2000年7月22日。
③ 对吴女士的采访，69岁，于成都画院茶馆，2003年5月2日。

据一份1955年的报告指出,在所有的民间艺人中,评书为最多,占54%;其次是金钱板、荷叶、竹琴、扬琴等,占33%。演木偶、灯影戏者少得多。对茶馆里面演出的内容,调查报告认为这些演出多是"未经整理过""含有毒素的旧唱词",因为他们演唱的目的是"招徕顾主,维持生活,因此不顾形式内容,乱说乱唱,甚至表现下流庸俗动作"。不过调查报告对曲艺也有正面评价,表示有部分艺人的说唱是"经过整理推荐的优秀传统节目"和"反映现代生活的新书词"。[①]

"书棚"是另一种类型的娱乐场所,那里整天都有说书和其他曲艺表演。书棚一般设施都非常简陋,多在城郊,观众和艺人多是收入低、社会地位低的农民。调查报告称书棚里"乱说乱唱和下流表演比较普遍",在群众中的影响也"最为不好"。这份1955年的报告还说他们演唱水平一般不高,流动性大,"生活作风不好",甚至指责有少数艺人"与流氓盗窃分子有联系"。报告中列举若干人名,其中一个是金钱板艺人、四个是清音艺人,"由于卖淫、偷窃、诈骗等均被拘捕劳改过和正在劳改中"。[②]在晚清和民国时期,乡场上的演出相比城内,历来较少受精英和政府的直接干预;但在社会主义时期,它们无疑都在新政府的严格管理之下了。(图4-3)

去茶馆喝茶的是各色人等,小贩和耍小把戏者也可在茶社招徕顾客,还有"一等功力深厚的旧式老茶客"。说他们"功力深

[①]《成都市文化局档案》,124-1-83。
[②]《成都市文化局档案》,124-1-83。

图4-3 成都郊区一座寺庙里的戏台,平时也用作茶馆了。戏台下面还有小贩摆摊,充分利用了空间。作者摄于2003年夏。

厚",并不是指他们的品茶水平,而是指他们"以茶铺为家,整天屁股难离茶座,像有钉子钉着,或放了一块磨盘"。他们到茶馆,并非为茶,甚至也不是玩棋牌、听戏曲或弄鸟雀,而是"属意茶铺那种习惯了的气氛"。他们一大早来到茶馆,一碗茶,一张报纸,便可打发几个小时,困了则用报纸捂着脸打瞌睡。这种坐功,可以同和尚的"坐禅"或"打禅"相媲美。张先德回忆这些茶客时评论道,他从小到大,在茶铺里"见识过各等人物,其中不乏有意思的人、能人、高人";但他印象最深者,是那些"坐功极佳的老禅客"。人们或许认为他们"是无用之辈,穷极无聊",但也说不定是"闹市中的野鹤闲云"。在他们那里,似乎隐藏着无尽的奥秘,他们能够"处变不惊,于无味之处品尝人生的味道",可以说把"成都人的闲适发挥到了极致"。他们甚至可以成为区分外地人与成都人的"重要标志"。①

在20世纪上半叶,妇女是否可以进入茶馆便一直是人们讨论的问题,她们也逐渐争取到茶馆的使用权。然而即使到了20世纪50年代,女人坐茶馆仍远不如男人普遍,特别是人们对女学生和女青年泡茶馆仍然颇有微词,认为她们不高雅、太低俗。人们对中老年女人坐茶馆倒是习以为常,这些女人"多是家庭妇女中家务事较少,或不大经佑家务的老耍家"。

茶馆里人们的穿着和外表也昭示着时代的变化。着长衫者日益减少,中山服、列宁装等逐渐流行,那个时候时兴在上衣口袋内插钢笔,人们可以从中猜测其身份,所以当时有个说法是:一支钢笔小学生,两支钢笔中学生,三支钢笔大学生。②

不仅是一般民众,甚至大学教授们也是茶馆的常客,如四川大学历史系蒙文通(1894—1968)教授的课,"考场不在教室,而在川大旁边望江楼公园竹丛中的茶铺里,学生按指定分组去品茗应试,由蒙先生掏钱招待吃茶"。他的考试也别具一格,并非他出题考学生,而是由学生出题问先生,往往考生的问题一出口,"先生就能知道学生的学识程度"。如果问题问得好,蒙先生则"大笑

---

① 张先德:《成都》,第57—58页。
② 张先德:《成都》,第54页。

不已，然后点燃叶子烟猛吸一口，开始详加评论"。若有学生登门问学，"他多半邀对方去家隔壁的茶馆，一边吃茶，一边讲学，一边操着带些盐亭土腔的四川话得意地说："你在茶馆里头听到我讲的，在课堂上不一定听得到喔。"①不过，我们应该看到，蒙文通此举是在中华人民共和国建立初期。

政权的更迭可以在短时期内完成，但生活方式的改变需要很长时间。光顾茶馆是一个在中国日常生活中根深蒂固了许多年的习惯，在共产党执政后的第一个十年里，尽管茶馆业在逐步萎缩，但人们的茶馆生活仍然在继续。茶馆仍然是各阶层人士喜欢光顾的地方。直到"文化大革命"前夕，人们仍然光顾茶馆，虽然此时人们已经感觉到政治的疾风暴雨到来前的压抑。公共生活被国家密切关注，特别是被那些国家权力中较低层次的代表，如派出所、街道办事处、居民委员会等机构关注。"文化大革命"的发动，给了茶馆致命一击，当茶馆和其他公共生活的因素消失之后，成都的茶馆和茶馆生活也跌至20世纪的最低谷。（图4-4）

工业发展与茶馆生活的矛盾

成都是传统的手工业城市，《人民日报》1954年一篇题为《成都手工业者的出路》的文章，透露了成都小手工业者与茶馆的一种特殊关系。按这篇文章的说法，"忍受私商的中间剥削"，是手

---

① 《蒙文通——儒者豪迈》，《中国青年报》，2004年9月1日。

图4-4　一家街角茶馆占道经营。作者摄于成都双流区彭镇观音阁老茶馆。2015年秋。

工业劳动者最痛苦的一件事。他们"除了小部分人有个自产自销的铺面外",大部分人要靠商人来买货。他们因处在穷街陋巷,货色不全,花色不新,很难与商号竞争。到了淡季,他们不得不把部分产品卖给私商,甚至把货卖到"底堂"。这些"底堂"就设在茶馆里,也就是私商"杀价收买他们产品的地方",如皮房街的远大茶馆,就是皮鞋业的"底堂"。买货的商人坐在那里喝茶:"腿翘起,脸黑起,你拿着皮鞋走到他跟前,他还装着没看见。你连喊几声'老板',他才翻起眼皮,冷冷看你一眼。他把皮鞋接到手里,左看,右看,等他把毛病挑够了,才说出个价钱。该值十万,顶多给你七万,还说他本不想买,这是为了照顾你。"①

这篇文章也透露了成都的一般经济状况。据前面所述,成都商铺在1950年代早期开始便受到打击:"成都是全国有名的手工业城市。一条条街道上满是手工业的铺子,制革业集中在皮房街,木器业集中在锣锅巷,差不多每个较大的行业,都有自己集中的地方。"按这篇文章的说法,成都市的手工业在地方经济中所占的比重甚大,全市手工业有14,800多户,占全市工业户的98%;从业人员有40,100多人,占全市工业总人数74%;全年生产总值四千多亿元(旧币),占全市工业总产值的41%。手工业有96个行业,制造砖、瓦等建筑器材,马具、军锅等军用品,铁、木农具,工业原料,各种家具,文化和生活用品以及精巧的手工艺品等,总共有9,500多种。②但是由于新政权的各种政策限制,手工业品制造和销售都面临困难,它们逐步让位于新兴的国营大工业。

在那个年代,坐茶馆总被认为是社会的消极现象,因此茶馆的衰落是被作为社会进步因素来看待的。1956年,张彦在《人民日报》上发表的长文《回成都》,记述了成都面貌的变化。张彦在抗战结束不久的1946年回过成都一次,那时候,他看到茶馆里:"座上还是那么多饱食终日的'闲人'。只是,柱子上和墙壁上增添了'各照衣冠,休谈国事'的字条,笼罩着一层恐怖的乌云。"

---

① 刘衡:《成都手工业者的出路》,《人民日报》1954年5月15日,第2版。关于民国和中华人民共和国早期的经济实践,见 X. Zheng, "Chinese Business Culture from the 1920s to the 1950s," in *Economic Development in Twentieth-Century East Asia: The International Context*, ed. Aiko Ikeo (London: Routledge, 1997), pp. 55-65。

② 刘衡:《成都手工业者的出路》。

离开成都的时候,他"是多少带着悲观失望的情绪离开它的"。1956年,他再次回到成都,这个城市给他的"第一个印象就是崭新的"。不过"原有的街名和许多还是保持原来样子的铺面",使张彦"才慢慢地把它们和旧成都的面貌联系起来"。①

据张彦的描述,这个城市最大的变化是新马路:"解放后才短短的六年多,人民政府已经翻修了总长达一百公里的马路,主要街道现在差不多都是十几公尺至二十公尺宽的柏油路或者水泥路了;有的街道还添上了街心花坛,栽种了成行的梧桐树或芙蓉树。"张说变化最剧烈的是旧皇城坝一带,那里过去是"有名的贫民窟,尽是些破街小巷,污泥满地,又臭又脏;旁边有一座所谓'煤山',实际上是几十年积累下来的一座垃圾山;还有一条'龙须沟'似的污秽恶臭的'御河'"。如今皇城前面修了一条宽阔的柏油大马路——人民南路,"每逢国际劳动节和国庆节,成都市人民就在这个马路广场上集会庆祝"。然而,张彦没有提到,重修道路导致许多街角茶馆永远消失了。

张彦继续赞扬道,御河旁边那座垃圾山也变成可容三万人的人民体育场。过去发臭的御河,"也已拓宽加深,流着从城外引来的清水"。马路下也发生了巨大的变化,"解放后不到两个月,人民政府就着手解决直接关系几十万市民最紧迫的下水道问题"。前后将近有十万人参加疏淘横贯市区南部的河道和阴沟,新修了"可供二十万居民排水用的钢筋混凝土下水道"。②民国时期成都涝

---

① 张彦:《回成都》,《人民日报》,1956年9月13日,第2版。
② 张彦:《回成都》。

灾频仍，而新政府在短期内解决了这个大问题，的确反映了其效率和能力。①

这篇文章没有提到这时茶馆的情况，作者所关注的也不在此。他在这篇文章中想要表达的是成都的"进步"形象，茶馆虽然仍然存在，但是属于"消极"因素。因为他所设想的成都是"未来的工业城"，茶馆与此显然是格格不入的。他为看见"一根根正在冒烟的烟囱和一座座的水塔"而欢欣鼓舞。成都市是传统的消费城市，到新政权建立时，还几乎没有大工业，遍布全城的是小手工业。但政府确立了建立工业城市的宏伟计划。作者在城市建设委员会办公室里，看见一张关于成都建设规划的巨幅蓝图。根据这个蓝图，到1962年的时候："工厂和学校差不多会把整个城区一层又一层地包围起来。在东南北三方一二十公里范围内，烟囱和高楼将密集如森林，只是西边还留着一个缺口作为发展的余地。那时候，二十公里外将有许多个八九万人的'工人镇'，像卫星似的保卫着这座巨大的社会主义工业城市。"

这与成都传统的手工业、小商业和消费城市的性质，显然是完全不同的发展模式。茶馆这样属于日常生活的公共空间，很难在轰轰烈烈的"社会主义建设"中找到其位置。张彦的文章，其实反映政府对于城市经济的全国性政策，是经济发展的同一模式。这位作者反映出共产党想要把中国转变为工业化国家的强烈愿望，并认为这种发展方向，将会很快地使国家强大起来。柯英茂（Yingmao Kau）在他1969年对武汉的研究中发现，"自中国共产党1949

---

① 关于民国时期成都的水灾，见Wang, *Street Culture in Chengdu*, p. 66。

年掌权以来,建立以其为领导的现代化的工业国家是其首要目标"。①这说明,这样的城市经济发展模式,不仅出现在成都,而且是全国的趋向。

茶馆和其他小商业一样,面临着种种困难。1954至1956年的社会主义改造之后,政府要求所有的店铺重新注册,却拒绝了其中许多店铺的申请。②1957年,只有3,598个企业注册成功,其中,2,393个为公私合营集体所有制,另有2,211个家庭经营不在这个统计之内。③根据社会主义改造时期成都的手工业生产及发展统计表,在1949年有10,997个手工业家庭作坊雇用了31,427人。但在1956年,大多数家庭作坊被改造成为"集体所有制",诸如"街道工厂""合作商店"之类,家庭作坊数量减少到1,825个。④1957年1月,"大跃进"运动前夕,成都市共有438个茶馆,加上26个

---

① Ying-mao Kau, "The Urban Bureaucratic Elite in Communist China: A Case Study of Wuhan, 1949–1965," in *Chinese Communist Politics in Action*, ed. Barnett, p. 219.
② 关于社会主义改造的研究多为中文资料,见黄如桐:《资本主义工商业社会主义改造的历史回顾》,《当代中国史研究》,1994年第2期,第83—94页;娄胜华:《社会主义改造和集中动员型体制的形成》,《南京社会科学》,2000年第11期,第33—38页;沙健孙:《关于社会主义改造问题的再评价》,《当代中国史研究》,2005年第1期,第115—128页。
③ 成都市地方志编纂委员会:《成都市志·文化艺术志》,第57页。
④ 成都市地方志编纂委员会:《成都市志·文化艺术志》,第105页。西方很少有学者研究城镇集体所有制企业,现存研究大多为中文成果,见洪远朋、翁其荃:《试论城市集体所有制工业》,《经济研究》,1980年第1期,第62—67页;许玉龙、倪占元:《略谈城市集体经济的性质及其在国民经济中的地位》,《财经问题研究》,1980年第1期,第61—65页;朱川:《论城镇集体所有制经济的发展》,《社会科学辑刊》,1980年第2期,第3—10页;李庆瑞、奚桂珍:《试论城市大集体企业的所有制性质》,《北京大学学报(哲学社会科学版)》,1980年第2期,第45—48页;王树春:《城市集体经济的制度变迁及其趋势》,《中国集体经济》,2001年第3期,第6—10页。

"老虎灶"(只卖热水或开水,没有提供茶座的地方),这个数量相比1951年的541个下降了近五分之一,雇员的数量也从1951年的3,885人跌至1957年的2,128人,大约下降了45%。① 其中最大的变化是,有的茶馆甚至还变为了国家所有制,这是历史上从来没有出现过的。

1958年在轰轰烈烈的"大跃进"运动中,集体代替了家庭和私人生活,这不可避免地会带来新的问题。② 关于这一时期成都茶馆的情况,由于资料缺乏,所以并不很清楚。在一些资料证据看来,茶馆就像城墙一样,代表着过去,是旧的事物,应该被摒弃。本书的一个观点认为:国共两党在对大众文化问题上,有许多共同点。在抗战时期,蒋介石也曾指责道:"假使坐茶馆的人,把时

---

① 《成都市商业二局档案》,117-2-244。
② 关于"大跃进"运动,见 Roderick MacFarquhar, *The Origins of the Cultural Revolution, Vol. 2, The Great Leap Forward, 1958–1960* (New York: Columbia University Press, 1983); William A. Joseph, "A Tragedy of Good Intentions: Post-Mao Views of the Great Leap Forward," *Modern China* 12, no. 4 (October 1986), pp. 419–457; David M. Bachman, *Bureaucracy, Economy, and Leadership in China: The Institutional Origins of the Great Leap Forward* (New York: Cambridge University Press, 1991); Wei Li and Dennis Tao Yang, "The Great Leap Forward: Anatomy of a Central Planning Disaster," *Journal of Political Economy* 113, no. 4 (August 2005), pp. 840–877; Kimberley Ens Manning and Felix Wemheuer, eds., *Eating Bitterness: New Perspectives on China's Great Leap Forward and Famine* (Vancouver: UBC Press, 2011); 刘建国:《社会主义阵营的赶超浪潮与中国大跃进运动的发生》,《江汉论坛》,2000年第4期,第75—78页;高其荣:《近十年来关于大跃进运动成因研究综述》,《党史研究与教学》,

图4-5 一些老人在成都双流区彭镇观音阁老茶馆里休闲。作者摄于2015年秋。

间用在革命事业上,则中国革命早就成功了。"①(图4-5)

和茶馆有关的另一份资料是《人民日报》1958年12月发表的《让社员生活丰富多彩——郫县保留和提高集镇饭馆酒馆茶馆》的文章,称成都郊区的郫县在办好公共食堂的同时,"积极加以调整、提高和发展,多方面满足社员的需要,使人们生活丰富多

(接上页)2004年第5期,第93—96页;曾红路:《再论"大跃进"的历史成因》,《南京大学学报(哲学·人文·社会科学)》,1998年第4期,第73—78页;刘愿:《"大跃进"运动与中国1958—1961年饥荒:集权体制下的国家、集体与农民》,《经济学(季刊)》,2010年第3期,第1119—1142页。

① 秋池:《成都的茶馆》,《新新新闻》,1942年8月7日至8日。

彩"。报道说,郫县在10月实现了公共食堂化,全县四万多户农民全部在公共食堂用餐。县委考虑到公共食堂不能解决人民各种不同的爱好和习俗,指示全县公社实行"四保留",即保留农民家中的锅灶,允许农民在参加集体食堂的同时,在家随意做点想吃的东西,并保留饭馆、酒馆、茶馆,以及酱园、粉坊、豆腐坊等各种作坊。保留茶馆是为了"便利农民喝茶",还在茶馆中"添置了图书画报,组织文娱演出,变成了农村的'文化乐园'"。① 这说明"大跃进"初期茶馆实际上停止了营业,但后来这种激进政策不得不进行调整。虽然我们不清楚这次政策的调整,是否由于农民向政府反映没有茶馆的不方便,但这至少说明了即使是在激进的"大跃进"运动中,茶馆在相当程度上还是幸存了下来。

值得注意的是,郫县在"大跃进"运动中扮演了一个重要角色。1958年春,中共中央政治局在成都召开扩大会议,毛泽东到郫县红光公社,为"大跃进"运动定了基调。② 尽管"大跃进"运动十分激进,但它并不能摧毁茶馆行业,因为茶馆已深深扎根于大众文化之中了。

---

① 于竞祁、刘宗棠:《让社员生活丰富多彩——郫县保留和提高集镇饭馆酒馆茶馆》,《人民日报》,1958年12月1日,第3版。
② 关于成都的会议,见裴棣:《一九五八年成都会议述评》,《中共党史研究》,1988年第5期,第37—43页。

茶馆里的政治和阶级斗争

1950年之后的茶馆,从外部看起来与民国时期并无太大差别,但内部的政治斗争更加激烈。[①]大多数街头茶馆同过去一样,当街一面是可拆卸的木板门,里面则有竹靠椅、矮方桌、盖碗茶、铜茶壶等。不过明显的变化是张贴的"莫谈国事"的告白不见了,"代之以歌颂共产党、新社会的新联语"。过去在一些茶馆里,店主如果受过点教育,也会在墙上撰写或贴古雅的诗词。但随着接踵而来的政治运动,茶馆的墙壁、柱头被用作张贴标语、文件、通知之处,提醒着人们政治是无处不在的。民国时期,许多茶馆老板和雇员都加入过袍哥,他们自然成为新政权整饬的对象,因此许多人都受到了牵连。袍哥的比例究竟有多高,据1955年的《随园茶社蓉声川剧组花名表》,该组共12人(11男1女),在"参加过何伪组织"一栏,除了3人空白及1人填"私塾四年",其余都填有"无党派,有袍哥"。[②]也就是说,这个茶馆川剧艺人60%以上都有袍哥背景。当然,也有不少人参加过国民党、三青团等"反动组织"。

[①] 关于民国时期茶馆中的政治,见Wang, *The Teahouse, 1900–1950*, chap. 8。
[②] 《成都市文化局档案》,124-2-133;张先德:《成都》,第55页。关于民国时期茶馆与袍哥的关系,见Di Wang, "The Idle and the Busy: Teahouses and Public Life in Early Twentieth-Century Chengdu," *Journal of Urban History* 26, no. 4 (May 2000), pp. 422–426。

1957年的反右运动对茶馆及文化也产生了重大影响。之前的学者都认为运动只是针对知识分子的，但档案显示不少小商业者也受到整肃。[①]在档案里，还有不少鸣放和反右的记录，如《工商界骨干分子整风学习登记表》等，都是茶馆中政治斗争的反映。如吟啸茶社的经理马某，"政治身份"是"民建会员"，政治态度是"中左"。登记表中有"鸣放中的言论摘要"，这些言论有："我认为工资改革实际上是降低了，违反了高工资不降的原则"，"工会不对工人进行教育，只强调阶级观点"；还有"别人揭发的问题"一栏，如有人揭发马某曾经抱怨"政府根本不重视私方人员"。新蓉茶社的周某，"政治态度"被划为"中中"，鸣放中的言论包括："工人阶级的领导应该有规格，不能任何个人都任领导"，"社会主义的企业是民主管理，我号就不民主"，又说"右派分子章乃器提的意见我同意"；在"鸣放中的态度"一栏中写道："在鸣放中该

[①] 西方有许多关于百花齐放和反右运动的研究，主要可参见 Naranarayan Das, *China's Hundred Weeds: A Study of the Anti-Rightist Campaign in China (1957–1958)* (Calcutta: K. P. Bagchi, 1979); Sylvia Chan, "The Blooming of a 'Hundred Flowers' and the Literature of the 'Wounded Generation'," in *China since the Gang of Four*, ed. Bill Brugger (New York: St. Martin's, 1980), pp. 174–201; Hualing Nieh, *Literature of the Hundred Flowers: Criticism and Polemics* (New York: Columbia University Press, 1981); Merle Goldman, "The Party and the Intellectuals," in *The Cambridge History of China, Vol. 14*, eds. Roderick MacFarquhar and John King Fairbank (Cambridge: Cambridge University Press, 1987), pp. 218–258; Richard Kraus, "Let a Hundred Flowers Blossom, Let a Hundred Schools of Thought Contend," in *Words and Their Stories: Essays on the Language of the Chinese Revolution*, ed. Ban Wang (Leiden: Brill, 2011), pp. 249–262; Shen, "Mao Zedong and the Origins of the Anti-Rightist Rectification Campaign," pp. 25–40. 中文世界的有关研究则较少，主要观点是：这场运动是必要的，问题在于运动的扩大化，这也是中共中央所定下的基调。见王怀臣：《略论反右派斗争的历史经验和教训》，《晋阳学刊》，1994年第2期，第28—32页。

人所放的东西虽然不多,但是他突出地表现出对工人阶级有严重的不满情绪,因而划他为中中分子。"在"反右斗争中的表现"一栏中写道,"对斗争右派分子比较积极,能和右派分子进行斗争,但其内容不充分,软弱无力"。①由此可以看出,对这些人的行为和言论的管理,较之过去要严密得多。人们很快便意识到,他们不得不积极地参与各种政治活动,但同时得十分小心自己的言论,以免惹祸上身。

根据评书艺人刘某所写的《本人简历》,他8岁时读私塾,后初小、高小毕业,读了7年,15岁时在鼓楼洞街水烟铺学徒3年,满师后在水烟铺工作到20岁,然后开始学讲评书和"讲圣谕",并以此为生15年,"中间并无间断"。自1950年起,"专以讲评书为生活",在沟头巷竹林茶社讲了3年。他曾在1944年参加"大成清吉社",1947年由讲书的"旧工会"集体参加三青团。他因为是评书工会的小组长,就顺理成章地成为三青团的小分队长。1950年他根据有关法令自首,1952年"恢复了人民权",由曲改会派往参加土地改革宣传组。完成后回成都"还是评书生活",还在文化局所安排的"曲艺艺人中心学习组学习"。②

而有些艺人就没有那么好的结局了,有的由于过去的经历和演唱的内容而被定为"反社会主义分子"。如罗某,简阳县人,出身贫民,本人成分"自由职业",为成都曲艺场评书演员,解放前为"袍哥五排,反共救国军中队长",由于"登记自新",所以没

---

① 《成都市委统战部档案》,76-2-76。
② 《成都市文化局档案》,124-2-133。

有受到管制。后来有人检举罗"系稽查处特务",在国民党军队当过军官。但据1958年《反社会主义分子罗××的材料》称,这个指控"待查"。根据这份材料,1949年后罗继续以讲评书为业,1953年参加曲艺场,1955年"因乱搞男女关系",被书场开除。他后来到昌都、拉萨等地讲评书,"获利"七八千元,1957年4月又到成都曲艺场演出。①

从这份材料看,罗××之所以被打成所谓"反社会主义分子",是因批评了当时的一些社会现象,有的通过他编写的节目表现出来。他的罪名包括:(1)"编写反动评书、反对党的领导。"在大鸣大放中,罗将《新观察》刊登的《首长的衣冠》独幕讽刺剧,改编为评书,而被判定为"丑化党的干部,攻击党的领导"。这里说的"丑化",就是评书中所讲的:"他们对上奉承,对下摆架子,耍威风。首长一摸烟,他就赶快点火;首长一拿茶,他就赶快去倒开水;首长一咳嗽,他就赶快拿痰盂。至于群众之痛痒,他是不管的,他们所唯一关心的是首长的印象。"(2)"污蔑曲改政策,挑拨党与艺人的关系。""污蔑曲改政策",就是他在鸣放中说"戏曲改革有毛病",在"贯彻上级取消封建神怪黄色、色情的指示中,都有粗暴行为,只说不准演唱一些戏,但不说为什么,造成许多艺人受迫害,个别艺人甚至寻死上吊",而且批评:"在旧社会我们艺人受歧视,为什么新社会还是瞧不起我们艺人?"(3)"演唱坏书、散布毒素。"材料称罗一贯"巧立名目",演唱坏评书。他到凉山慰问解放军时,"未经领导审查",又向解放军演

---

① 《成都市文化局档案》,124-1-106。

唱"有毒素的坏书《打雷招亲》",当时在解放军中"影响很坏"。(4)"捏造事实、造谣惑众。"材料称罗1957年回来后,说到有次看电影"观众中有人打枪,当场打死几个人"。(5)"流氓成性,一贯乱搞男女关系。"材料说罗解放前"犯嫖滥赌",1955年离婚,接着又结婚,在凉山慰问解放军时,与一个女演员"发生暧昧关系"。①

以上所列的所谓"反社会主义"言行或所谓"历史问题",背后原因或是在大鸣大放中对领导提出批评意见,或是表达了对一些社会现象的不满,或是传播了小道消息,或是个人生活方式不当,等等。但由于1950年代的社会和经济生活的变化,这些都可能成为严重的政治问题。一些茶馆经理和艺人不能继续在茶馆谋生,有的不得不关闭茶馆,有的则作为"反革命分子"被捕。

罗的命运也反映了大量艺人的共同经历,这些民间艺人唯一的目标就是在新政权下继续谋生。他们无心介入政治,更不必说反党或反政府。正如有研究指出的,表演者具有讽刺意味的台词,不过是借用讽刺的方法来善意地指出上级和政府的不足与失误,期望帮助改进工作,促进社会发展,但他们并不知道这样做的危险性。有人用"鳄鱼鸟"来比喻这种现象,这些鸟喜欢吃鳄鱼嘴里的残渣,喂饱了自己,也给鳄鱼清洁了牙齿。但是,这也使自己处于随时被吃掉的危险中。②

---

① 《成都市文化局档案》,124-1-106。
② 关于相声的研究,见 Link, "The Crocodile Bird," pp. 207–231; Link, "The Genie and the Lamp," pp. 83–111。

茶馆：成都的公共生活和微观世界（1950—2000）

20世纪60年代前期的茶馆表演

20世纪60年代早期，在刘少奇主持日常中央工作时期的宽松政策下，一些曲艺艺人在经历了20世纪50年代的一系列政治运动，以及1959至1961年的三年困难时期以后，有了一点自由，陆续重操他们的旧业。小商业和茶馆也开始恢复。① 茶馆老板们利用这个机会，进而用茶馆为大众娱乐的复苏提供了一个平台。干部们很快注意到了这个现象，并采取了行动。据1962年12月6日成都市文化局《关于调查、处理流散艺人的工作计划》，官方认为成都"流散演唱的艺人日益增多"，说唱内容"向不健康的方向发展"，决定对艺人进行登记，加强管理，"弄清人员及说唱情况，建立必要管理制度，对其人员进行经常教育，对说唱内容加强指导和控制，以达到澄清目前混乱情况，限制自由发展，提高艺人思想意识，抵制坏（评）书，说唱好书，起到社会主义文化宣传作用，为社会主义事业服务"。处理原则为，对那些属"真正艺人"（过去登记过的艺人），但确实无适当职业的，准其登记，发给临时演唱证明，让其可以在固定的说唱地点演唱。但对那些1958年"精简机构"中，安排了适当工作的艺人，"劝其服从原单

---

① 关于刘少奇在三年困难时期后的经济政策，见 Nicholas R. Lardy, "The Chinese Economy under Stress, 1958-1965," in *The Cambridge History of China, Vol. 14*, eds. MacFarquhar and Fairbank, pp. 391-397; Lowell Dittmer and Lance Gore, "China Builds a Market Culture," *East Asia* 19, no. 3（September 2001）, p. 20。

位安排，不予发证"。属于"非艺人的城市居民、公社农民，以及有职业兼搞说唱的人，坚决予以取缔"。而对允许演唱的艺人，"加强经常管理"。根据工作计划，成都市以区为单位，由区文教局和公安分局协同办理，从12月21日开始，对全市流散艺人，进行调查登记，经过调查掌握情况，分别处理。从1963年1月1日，艺人一律凭临时演唱证进行演唱活动。凡被批准演出的艺人，要"定期组织学习"，以"提高其思想认识"。艺人要"自报个人说唱的书目"。[①]和第三章所讨论的一样，我们可以看到这次行动与20世纪50年代中期控制打围鼓的相似之处，但是令人惊奇的是，这么多年的管控，并不能彻底消弭这个民间的传统活动，只要有任何机会，它就会复苏。（图4-6）

成都市文化局在《关于对流散艺人进行管理的意见》中称，这些艺人计有60人，其中评书28人，金钱板12人，清音5人，竹琴4人，荷叶4人，花鼓3人，盘子1人，魔术3人。流散艺人增多的主要原因，是1958年"大跃进"时期，不少艺人被安排到工厂"参加劳动生产"。但是后来由于工厂停办或精简，有些人只好离职，回到原来的职业。有部分人则是一直以曲艺演唱为生，因身体或演唱条件差，"既未安排搞他业，也未加入有组织曲艺队伍，一直在单干流动演唱"，过去是时断时续的，但"目前活动较经常"。有极少数是最近退职回家的教员，"学搞此业"。有的则是有职业者"兼搞此业，增加个人收入"。其中少数人"身份复杂"，有"中统特务、撤管分子、反动军官、右派分子"等。他们

[①]《成都市文化局档案》，124-1-236。

图4-6 一位老人在茶馆外面表演他玩响簧的技巧。作者摄于成都双流区彭镇观音阁老茶馆。2015年秋。

年龄多是四五十岁,不是体弱多病就是盲人,部分家庭生活负担重。"流散艺人的生活方式,一般是在背街小巷茶馆说唱",地点比较固定。但少数曲艺和魔术艺人,"则在街头巷坝或茶馆流动演唱,无固定地点"。一般每天演出一两场,说唱的内容主要是古本演义,如《水浒传》《说唐》《说岳传》等;还有"内容含有毒素"的《拾剑图》《鸾凤剑》《济公传》,但"由于内容迎合了一部分低级趣味,上座较好,收入较大",一般3至5元,最少1元,最多者达10元。"因为收入多,部分人生活上较奢侈,大吃大喝",使部分人"讲享受，降低演唱质量，集体思想削弱"。①

1963年1月12日，成都市文化局、公安局、商业二局发布了《关于对流动演唱艺人加强管理的联合通知》。通知中说，流动演唱艺人"迅速增多"，有评书、金钱板、花鼓、相声、竹琴、歌舞、魔术、杂耍、拳术、器乐等项目的艺人。通知承认："在演出内容方面，大部分是好的，健康的，对宣传党的方针政策、鼓舞群众的劳动热情起了积极的作用，适当地满足了广大劳动群众的文化娱乐的要求。"但是该通知指出："也有不少的演唱内容是很不健康的，甚至宣传封建迷信荒诞色情和诋毁党的方针政策。"②1964年7月，文化局下发了一份公告，要求茶馆工人协助政府"严厉禁止艺人在茶馆中表演不良故事"，这似乎透露出，有相当数量的流动艺人没有政府的许可，表演的是政府认定的不健康的节目。茶馆经理与雇员被要求积极支持"现代节目"，反对"迷信、淫秽、荒诞的表演"。③

大众文化总是具有持久的生命力。④如上文所提到的，在中国，特别是在成都，不少艺人们在20世纪60年代后重返他们的茶馆舞台。值得注意的是，这种回归主要是传统节目的回归，这无疑挑战了政府在1949年后所作出的建立"社会主义娱乐"、清除"迷信"和"庸俗"节目等一系列努力。尽管国家的力量是强大的，

---

① 《成都市文化局档案》，124-1-236。
② 《成都市文化局档案》，124-1-236。
③ 成都市地方志编纂委员会：《成都市志·文化艺术志》，第342页。
④ 我曾经讨论过大众文化的持续性和生命力，见Wang, *Street Culture in Chengdu*, chaps. 1 & 8。

但传统的娱乐不可能消失殆尽。它们一直顽强生存到"史无前例"的"文化大革命"的到来。直到那时,"革命文化"才最终占领了所有的公共空间与舞台。

激进年代中的茶馆日常

关于成都20世纪60年代的茶馆记录很少,主要是因为它们在日常生活中的角色及对城市经济的重要性急剧下降,但是我们仍然可以从成都的商业资料中得到一些关于茶馆的有用信息。一些小商业企业在政府的控制下,还是设法生存了下来,即使根据官方的政策,这些小商业企业是"不合法"的。例如,在20世纪60年代早期,做中药买卖的人在北门火车站附近两个茶馆,设立定期的交易市场,进行跨省商品贸易。一份报告指出,在1961年,也就是刘少奇实施宽松政策的前一年,那里有五千多个长途贩运的生意人活动。茶馆继续在经济中发挥市场"信息交流"和"买卖中介"的作用。后来中药交易转移到了北门另外一个叫红旗茶社的地方,不久附近出现了青龙茶社进行中药交易,与红旗茶社展开了激烈的竞争。① (图4-7)

1962年6月,成都市工商行政管理局决定恢复对工商企业的登记管理(1957年以后这项工作基本停顿),那些从事生产、交通、饮食、服务、文化和娱乐行业的私营企业都要申请执照,由

---

① Abrami, "Self-Making, Class Struggle and Labor Autarky," pp. 316–318.

图4-7 一些老人在成都郊区的一个路边茶馆打牌。作者摄于2003年夏。

政府"核准换发新证,或予以取缔"。根据这项登记,1962年国营、公私合营、集体所有制的工商企业总数也不过是6,006家,注册资金15,702万元,从业人员118,266人。① 虽然1960年代的茶馆资料非常缺乏,我还是有幸从档案中发现了"文化大革命"前夕有关茶馆的统计。据1966年3月的《工商企业登记册》统计,成都东城区、西城区、金牛区三区共有167家茶馆,从业人员1,395

---

① 成都市地方志编纂委员会:《成都市志·文化艺术志》,第58—62页。

人，股金228,124元，公积金192,455元，公益金29,260元。① 此外，从1966年3月15日西城区《工商企业登记册》可以看到，西城区有18个合作茶社，共60个门市部，从业人数429人，共有股金91,057元，公积金84,171元，公益金10,273元。这些茶社皆为集体所有制。② 这些数据告诉我们，在"文化大革命"前夕，成都茶馆的数量从1949年的600多家下降为167家，相对应的从业人数也从1951年的3,885人降为1966年的1,395人，几乎下降了三分之二。③

尽管1949年以后官方一直大力推行"革命的生活方式"，但茶馆仍然在人们的日常生活中扮演着一定的角色。此时在官方的报纸上，几乎看不到有关茶馆的报道，但是在个人回忆或是日记中，仍然可以发现一些坐茶馆的记载。例如上文提到的曾任中共四川省委宣传部部长的马识途回忆说，在1960年代初，朱德到成都，想喝盖碗茶，但是已经很难找到，朱德批评了四川关闭茶馆、取消盖碗茶的不当。④

1963年，著名历史学家、中国科学院哲学社会科学部（学部后改为中国社会科学院）研究员谢国桢教授，应四川大学历史系

---

① 《成都市工商局档案》，119-2-752、119-2-754、119-2-755。那时成都分为东城区、西城区和金牛区三个区。
② 《成都市工商局档案》，119-2-752。有趣的是，几乎所有这些茶馆的"开业日期"都登记为1958年7月20日，除了有五个登记为1962年10月1日。我怀疑实际的开业日期并不是在1958年（"大跃进"运动时期），这可能只是登记的日期。
③ 关于1949年的茶馆数量，见Wang, *The Teahouse, 1900–1950*, p. 30；关于1951年的茶馆雇员人数，见《成都市工商局档案》，119-2-167。
④ 马识途：《四川的茶馆》，第474页。

主任徐中舒教授邀请到四川大学讲学,当时他仍然可以看到成都街市的特点是"茶馆多,茶馆内摆着好几排竹椅子和矮桌子,许多劳动人民在那里喝茶休息,而不是品茶"。在随后的一个月,他在日记中记录了不少在茶馆里的活动。如4月20日,他上午游武侯祠,"走了一遭,到茶亭里吃了一杯茶,歇了歇脚,身上觉有微汗,精神顿觉爽适"。晚上又乘车到春熙路五一茶社听清音,他认为李月秋所唱的《赶花会》,歌喉清脆,唱出了四川本地的风光,最为好听;四川的相声也相当有趣。4月21日,他由徐中舒陪同游草堂,遇到冯汉骥先生,他们"一同到茶亭中去吃茶"。4月27日,他到水井街去看蒙文通先生,只坐了一会儿,便到东大街"古大圣慈寺去吃茶"。古大圣慈寺又叫太慈寺,是一座古刹,建筑非常雄伟。他们到大殿上游览,走了一圈,"就到东偏院厅堂去吃茶,竹篱茅舍,地方却非常清洁,已经有许多老人在那里喝茶谈天,颇有悠闲自得的趣味"。他们拣了一个座位坐下后,"服务员沏上两杯盖碗茶来","我一面喝茶,一面听蒙老的高论"。在茶馆,他们又碰见了一位川剧编剧,于是开始谈论戏剧,从清同光年间成都的各种剧种和戏班,如秦腔的泰鸿班、昆腔的舒颐班、高腔的庆华班,到民国初年这些剧种如何汇合而为一;又说到戏剧改革家黄吉安,每逢清明,黄门的弟子都要去扫墓。那编剧说有时高兴,还要参加表演,如下星期三在南门外茶馆里同几个老朋友同台,"班配齐全,或者要清茶相候呢"。

5月1日,谢国桢和蒙文通又一起去南门大街茶馆听清唱,即去听"围鼓"。我前面论述过,20世纪50年代初,政府对打围鼓进行了全面的清理,但是从谢国桢在"文化大革命"前夕成都之行的日记，我们可以看到人们仍然在打围鼓。他们到那里，发现"因为节日，茶馆中人太多，没有容足之地"。5月3日早餐后，谢闲步江畔，连日小雨，锦江水波荡漾，两岸杨柳拂人，走到望江公园，"甚觉幽闲有致"，便在"公园的茶座上，沏了一碗香片茶，坐下来写讲稿"，快中午方回校。5月9日，他先参加讨论会，散会后在成都餐厅吃晚饭，"并到温泉茶室饮茶"，近晚上10点才回。第二天，他早晨到望江楼散步，"在茶厅饮茶"。再次日，他同朋友先到王建墓，再到三洞桥，桥的旁边有一家茶馆，在靠河边的座位坐下，喝盖碗茶，"一边看窗外的自然风景，听脚下从地板中发出来涓涓流水的声音；一边吃茶，一边谈学术讨论会的情况"。这使他回想起小时候济南家乡的柳园，但今天"悠然自得地在这里喝茶"，感觉"风景宜人，比柳园要好的多了"。5月15日，他同历史系的几位教授出发到灌县游都江堰，第二天"六时起来，略有微雨，在茶铺喝了茶"，才去游二王庙；吃完午饭后，则到"离堆公园去吃茶"，"茶座很为雅洁，院子里摆着盆景，闲看着远山和窗外苍翠的树林，大有'窗外青山是画图'的景象"。他在茶座上还遇见了已经72岁的灵岩山住持能修和尚，但见其"态度沉稳，步履如同少年一样"。①

谢的日记记录了真实的成都，也从一个侧面反映了当时知识分子的生活。茶馆不仅是一般市民喜欢的去处，而且吸引着知识分子频繁的光顾。这不过是"文化大革命"前三年的事情。经过

---

① 谢国桢：《锦城游记》，见曾智中、尤德彦编：《文化人视野中的老成都》，第352—362页。

了历次政治运动和剧烈社会变迁,茶馆仍然在他们日常生活中占据重要地位。

茶馆生活也暗藏着危险,在民国时期各个茶馆里便有"莫谈国事"的告示,因为讨论政治可能给茶客和茶馆都造成麻烦,茶客可能被抓,茶馆可能被迫关闭。1949年以后的茶馆里,虽然"莫谈国事"的告白已看不到了,但是聊天仍然可能造成严重后果。例如,银行职员姜先生经常去坐茶馆,结果茶馆里的聊天给他带来了灾难。有茶客向上面报告了他在茶馆里的言论,说他攻击"三面红旗",而事实上他不过是表达了对个人崇拜、三年困难时期和一些政策的批评,结果却被批斗,戴上"坏分子"的帽子,然后被逮捕,劳改八年。[①](图4-8)

1966年初夏,"文化大革命"开始。在疾风暴雨式的所谓"破四旧"运动中,茶馆立刻受到了冲击,在那里喝茶"被视为旧社会的陋习,茶铺被看作藏垢纳污、阶级异己分子与落后群众聚集之所,强行取缔、关闭了茶馆"。不过,这时老虎灶给成都的居民们提供了重要的服务,因为即使到了20世纪60年代,成都居民仍然缺乏燃料。老虎灶代替了茶铺的部分功能,向附近居民供应开水和热水,它们不像过去茶馆那么密集,一般隔三四条街有一处。不过老虎灶的开水热水比自家烧水方便,而且便宜,故居民经常光顾,将开水买回家泡茶。但是老虎灶并不提供人们坐下喝茶的空间,这样一个可以让人们聚集聊天休闲的公共场所,便从成都

---

① 对姜先生的采访,81岁,于悦来茶馆,2000年7月21日。"三面红旗"是指"社会主义建设总路线""大跃进"和"人民公社"。

图4-8 成都双流区彭镇观音阁老茶馆,这是由一间庙宇改造而来的茶馆,墙上有拍"文化大革命"题材的电影时留下的标语和壁画,使这家茶馆显得特别有历史感。作者摄于2015年秋。

的街头巷尾迅速消失。①

张戎（Jung Chang）在她著名的家族史《鸿：三代中国女人的故事》（*Wild Swans: Three Daughters of China*）中回忆道,成都的茶馆在"文化大革命"之初便被强行关闭。那时,她和其他二十多名学生,冲到茶馆中开始了他们红卫兵的革命行动,把顾客赶出茶馆,勒令茶馆关门："打包走人！打包走人！不准在这个资产

---

① 张先德：《成都》,第58—59页。

阶级的地方逗留!"一个男孩甚至一掀棋盘,让棋子全洒落在地板上,大叫着:"不要象棋!你不知道这是资产阶级的爱好吗?"随后把棋子棋盘都扔到河里。一些学生在茶馆墙上刷标语。①

此时,成都街头的政治运动达到了顶点,各种群众组织都在公共场合表达他们对毛主席的忠诚。当红卫兵在街上表演激进的革命歌舞时,所谓"黑五类"——地主、富农、反革命、坏分子、右派被批斗,游街示众。随后,街头暴力升级为全面的派系斗争乃至武斗,红卫兵及其他群众组织的公开批斗也屡见不鲜,在街头、公园、学校、工厂、政府机关,到处都张贴着"大字报"。所有的学校都"停课闹革命"。年轻人无事可做,只能三五成群,游荡街头。整个成都陷入了一种"革命运动"的疯狂状态,在这样的环境下,怎么能够容忍追求休闲的茶馆呢?②

对于"文化大革命"期间的茶馆,我只能在此做一个简略的概括,因为可写的东西的确不多。这种情况主要由三个原因造成:一是在激进的政治环境的干扰下,茶馆的数量急剧减少;二是茶馆在日常生活中所扮演的角色重要性下降;三是缺乏茶馆生活的记载,新闻媒体也完全没有相关的报道,因为激进的左派认为茶馆代表的是"封建""落后"的生活方式。正如社会学家怀默霆所指出的,"文化大革命"期间的文化和娱乐生活是"贫乏的",人们被要求"反复参与一些非常受限制的活动,最极端的例子就是一

---

① Chang, *Wild Swans*, pp. 290–291.
② 关于红卫兵运动,见 Andrew G. Walder, *Fractured Rebellion: The Beijing Red Guard Movement* (Cambridge: Harvard University Press, 2009)。

次次反复观看所谓革命样板戏"。①在"文化大革命"后期，人们的文娱活动稍微有了多一点的选择，但是也几乎都是"革命的""政治的"或者"教育的"节目，而非真正娱乐和休闲的。

然而，后来一些人在回忆自己在"文化大革命"的经历时，并没有表现出对生活的巨大压力或者恐惧。怀默霆也为此提供了一个解释："对于许多城市年轻人来说，这是一个令人振奋的时期，至少一开始是这样。他们不会觉得受困于在城市中寻找工作机会的激烈竞争之中，反而认为自己在新的革命时代拥有了更广阔的行动空间。"②他们可能只是喜欢没有工作和学习压力的生活，但其实他们之中的许多人都失去了上学的机会，一些人甚至在暴力冲突中丧生。今天，红卫兵的一代已经在中国政治、经济、教育、军事、文化等领域扮演重要的角色，但同时人们也仍然在辩论，"文化大革命"是否或在多大程度上影响或者改变了他们人生的轨迹？③

我想强调的是，评价"文化大革命"时期的公共生活既要看主流，也要注意特例。不可否认的是，在"文化大革命"中，人们依然会追求娱乐生活，但比之前面临更多的困难，因为公共生活变得危险了。"在'文化大革命'初期，人们如果在街上打扮成不适合无产阶级的风格，就会遭受被剪头发、撕衣服的危险。"④

---

① Whyte, "Urban Life in the People's Republic," p. 727.
② Whyte, "Urban Life in the People's Republic," p. 717.
③ Yarong Jiang and David Ashley, *Mao's Children in the New China: Voices from the Red Guard Generation* (London: Routledge, 2013).
④ Whyte, "Urban Life in the People's Republic," pp. 725–726.

混乱和暴力四处蔓延，公共生活受到更为严格的控制。虽然国家控制私人生活的能力有限，但整个国家都处于紧张的状态，夫妻父子因政治见解不同，反目成仇的例子也是经常可见的。居民的住屋可以被所谓"红卫兵""革命群众""人保组"或者"纠察队"等这样的街道或小区组织强行闯入，人们在私人生活中尚且没有安全感，更遑论在公共空间中活动了。因此，公共生活的空间变得越来越小，尽管人们仍然在公共场合露面，进行日常生活，并且有很多机会去看街头的革命歌舞或是各种庆祝活动，但所有的这些活动都不是我所讨论的那种自发的公共生活。

"文化大革命"中期，当最激进的几年过去后，日常的生活节奏开始恢复，茶馆得以死灰复燃，特别是公园里的茶馆开始营业，作为游客的休息处。那些茶馆一般都设备简陋，茶杯、热水瓶、凳子取代了过去的盖碗茶、掺茶师傅、靠背竹椅。没有服务员端茶倒水，而是客人自己排队倒开水。人们可以看到，在茶馆门口、柜台等地方经常张贴着"人保组、群专的各种公告，和这不准那犯禁的'饮茶须知'，即使老茶客也必须对这些条条框框铭记在心，以免自找麻烦"。报贩仍可在茶馆卖报，但那时的报纸上刊登的都是革命文章。仍然有算命先生在茶馆谋生，不过他们只能隐蔽活动。小贩虽然受到打击，但禁而不止。乞讨者被认为给社会主义"丢了脸"，因此被禁止出现在公共场合，虽然茶馆里面的乞讨一直都存在。掺茶工人也不再叫"堂倌""茶博士"之类了，而改称"服务员""师傅"或"师兄",等等。①

总的来说,虽然茶馆没有完全消失,但是这种旧式的公共空间不再在人们的日常生活中扮演重要的角色。茶馆里虽说展示出所谓"革命文化",但也表现出抵抗的情绪。如1976年年初周恩来总理逝世,官方规定在单位按统一口径进行悼念,低调处理,市民们"在茶铺、在街头巷尾的悼念、铭怀,虽然仍不能大肆声张,言语态度却要明朗、自由得多"。②那个时候,茶馆里的人们完全没有预料到,一个翻天覆地的变化就要来临,一个重新属于茶馆的时代就在眼前。不久,随着"四人帮"的覆灭,一切都在一夜之间开始柳暗花明。

---

① 张先德:《成都》,第58—59页。最近关于"文化大革命"的书中,也有研究者指出个人也可以处于激进运动之外,而不会受到大的冲击(Yiching Wu, *The Cultural Revolution at the Margins: Chinese Socialism in Crisis* [Cambridge: Harvard University Press, 2014])。
② 张先德:《成都》,第58—59页。

第五章　改革时期茶馆业的复苏

　　邓小平的改革开放政策，完全改变了中国的面貌，不仅使政治、经济和文化等方面发生大变化，也使人们的日常生活重新获得了发展。中国的重点是发展经济，不再发动一场又一场的群众政治运动。但是，我们也应该看到，即使是改革开放时期，文化和日常生活也并非与政治完全脱离，中国特色社会主义是一个必须坚持的原则。20世纪70年代末期到80年代，随着经济改革的深入，诸如"经济特区"的建立，鼓励国际贸易、外国投资、全民经商等，中国呈现出一派新气象。当然，社会也持续存在着一些意识形态和政治上的争论，包括批判"资产阶级自由化"。经济、文化、时代的变迁，林林总总，都成了人们在茶馆中谈论的话题。在20世纪90年代，股市开放，农民工拥入城市，国有企业工人大量下岗，土地重新规划，城市大拆大建。随着这些改变，成都和全国一样，公共生活蓬勃发展起来，茶馆提供了一个了解这些变化及其轨迹的非常理想的窗口。①

---

① 关于中国改革开放的研究非常丰富,全面的研究见Hungdah Chiu, "Socialist Legalism: Reform and Continuity in Post Mao Communist China," *Issues and Studies* 17, no. 11 (1981), pp. 45-69; Elizabeth J. Perry, *The Political Economy of Reform in Post-Mao China* (Cambridge: Council on East Asian Studies, Harvard University, 1985); Tsou, *The Cultural Revolution and Post-Mao Reforms*; Harry Harding, "Political Development in Post-Mao China," in *Modernizing China: Post-Mao Reform and Development*, eds. A. Doak Barnett and Ralph N. Clough (Boulder: Westview, 1986), pp. 13-37; Vera Schwarcz, "Behind a Partially-Open Door: Chinese Intellectuals and the Post-Mao Reform Process," *Pacific Affairs* 59, no. 4 (Winter 1986-1987), pp. 577-604; Paul A. Cohen, "The Post-Mao Reforms in Historical Perspective," *Journal of Asian Studies* 47, no. 3 (August 1988), pp. 518-540; Nina P. Halpern, "Economic Reform, Social Mobilization, and Democratization in Post-Mao China," in *Reform and Reaction in Post-Mao China: The Road to Tiananmen*, ed. Richard Baum (London: Routledge, 1991), pp. 38-59; Merle Goldman and Roderick MacFarquhar, eds., *The Paradox of China's Post-Mao Reforms* (Cambridge: Harvard University Press, 1999)。关于经济改革,见Dorothy J. Solinger, *From Lathes to Looms: China's Industrial Policy in Comparative Perspective, 1979-1982* (Stanford: Stanford University Press, 1991); Dorothy J. Solinger, *China's Transition from Socialism: Statist Legacies and Market Reforms, 1980-1990* (Armonk: M. E. Sharpe, 1993); Jean C. Oi, "The Role of the Local State in China's Transitional Economy," *China Quarterly* 144 (December 1995), pp. 1132-1149。关于教育改革,见Mariko Silver, "Higher Education and Science Policy in China's Post-Mao Reform Era," *Harvard Asia Quarterly* 11, no. 1 (Winter 2008), pp. 42-53。关于改革开放以后城市的变化,见Carolyn Cartier, "Transnational Urbanism in the Reform Era Chinese City: Landscapes from Shenzhen," *Urban Studies* 39, no. 9 (2002), pp. 1513-1532; Piper Rae Gaubatz, "Urban Transformation in Post-Mao China: Impacts of the Reform Era on China's Urban Form," in *Urban Spaces in Contemporary China: The Potential for Autonomy and Community in Post-Mao China*, eds. Deborah Davis et al. (New York: Cambridge University Press, 1995), pp. 28-60。关于改革开放时代的家庭生活,见Deborah Davis and Stevan Harrell, eds., *Chinese Families in the Post-Mao Era* (Berkeley: University of California Press, 1993)。对改革开放后成都的研究,见D. J. Dwyer, "Chengdu, Sichuan: The Modernisation of a Chinese City," *Geography* 71, no. 3 (1986), pp. 215-227。

第五章 改革时期茶馆业的复苏

改革开放从根本上改变了中国，也为茶馆的复苏和行业规模的扩大，提供了适当的经济和社会环境。改革鼓励人们"发挥主观能动性去致富"。① 中国最高的政治决策者创造了一种有利于小商业发展的商业环境：1987年出台的"社会主义初级阶段理论"，扫除了鼓励私有制在意识形态上的障碍；1999年，宪法修正案赋予私营商业与国有和集体所有制企业一样平等合法的地位。这一切政治和政策上的改变，都进一步促进了市场经济的发展。

由于一系列政策的刺激，中国的小商业逐步走向繁荣。1996年，在920万个极小商铺中（那种只有几个雇员的铺子），大概有780万个属私营，120万个属集体所有，占零售行业总销售额的28%。② 但

---

① Lieberthal, *Governing China*, p. 190.
② Dittmer and Gore, "China Builds a Market Culture," pp. 39-40. 关于后毛泽东中国的小商业研究，见 Thomas B. Gold, "China's Private Entrepreneurs: Small-Scale Private Business Prospers under Socialism," *China Business Review* 12, no. 6 (November-December 1985), pp. 46-50; Martin Lockett, "Small Business and Socialism in Urban China," *Development and Change* 17, no. 1 (January 1986), pp. 35-68; Mohammad A. Chaichian, "The Development of Small Business and Petty Commodity Production in the People's Republic of China," *Asian Profile* 22, no. 4 (1994), pp. 167-176; Jinglian Wu, "The Key to China's Transition: Small and Midsize Enterprises," *Harvard China Review* 1, no. 2 (1999), pp. 7-12; Wai-sum Siu and Zhi-chao Liu, "Marketing in Chinese Small and Medium Enterprises (SMEs): The State of the Art in a Chinese Socialist Economy," *Small Business Economics* 25, no. 4 (November 2005), pp. 333-346; Thomas C. Head, "Structural Changes in Turbulent Environments: A Study of Small and Mid-Size Chinese Organizations," *Journal of Leadership & Organizational Studies* 12, no. 2 (2005), pp. 82-93; Andrew Atherton and Alaric Fairbanks, "Stimulating Private Sector Development in China: The Emergence of Enterprise Development Centres in Liaoning and Sichuan Provinces," *Asia Pacific Business Review* 12, no. 3 (July 2006), pp. 333-354; Li Xue Cunningham and Chris Rowley, "Small and Medium-Sized Enterprises in China: A Literature Review, Human Resource Management and Suggestions for Further Research," *Asia Pacific Business Review* 16, no. 3 (2010), pp. 319-337。

是我们应当看到,当时的中国并没有形成真正的"市场经济",正如苏黛瑞所指出的,"中国经济表面上的市场化,导致了建立'市场体系'的需求,但在这种'市场体系'中,还存在着许多类似于计划经济的结构性问题"。[①]小商业对计划经济的依赖最小,当计划经济被削弱后,茶馆便抓住了这个机会,得以发展壮大。随着国家对日常生活控制的放松,人们更加积极地赚钱致富,以提高物质生活的水平。日渐宽松的经济和公共生活环境,使得茶馆这个成都持久的文化象征,再次得以复兴。[②]从某种程度上说,茶馆的归来,可以视为改革开放后,私营小商业蓬勃发展最具代表性的标志。

在改革开放时代,开茶馆比晚清以来历史上任何阶段都要容易。在民国时期,茶社业公会严格控制着茶馆的总数,以避免恶性竞争,甚至售茶价格的浮动也必须得到政府允许。[③]但在改革开放时期,只要有足够的资本,就能申请营业执照。与其他行业不同,茶馆需要的投资不大:租一间屋,购置一个开水炉、一些桌椅和茶碗便可以开业。在小一些的茶馆,一个人可以身兼数职,既当经理,又当服务员和烧水工。当然,开高档茶馆则需要更多的投资。在一个短时期内,成都的茶馆如雨后春笋,比民国时期

---

① Solinger, *Chinese Business under Socialism*, p. 108.
② 对改革开放后中国茶馆的研究多为中文,主要是从人类学和社会学的角度出发的,见吕卓红:《川西茶馆:作为公共空间的生成和变迁》,博士学位论文,中央民族大学,2003年;戴利朝:《茶馆观察:农村公共空间的复兴与基层社会整合》,《社会》,2005年第5期,第96—117页;余瑶:《茶馆民俗与茶人生活:俗民视野中的成都茶馆》,未刊硕士学位论文,上海大学,2007年。
③ 关于民国时期对茶馆数量的控制,见 Wang, *The Teahouse, 1900–1950*, chap. 2。

最高峰还要多得多。①当然，这也使茶馆间的竞争变得更加激烈。在改革开放时代，街角小茶铺与高档茶楼并存，它们为不同的社会群体提供服务，各有不同的功能。这时，除了上面没有一个行业公会的控制，茶馆的运营及管理与20世纪上半期相比较，几乎没有本质的不同。②茶馆作为一种小商业，有自己的一套经营方法。一方面，它们受到国家整体经济状况的影响；另一方面，它们有着

---

① 根据统计，民国时期茶馆数量最多的年份是1934年，总数有748家（Wang, *The Teahouse, 1900–1950*, p. 30）。
② 关于改革开放后政府对社会的控制，见Manoranjan Mohanty, "Party, State, and Modernization in Post-Mao China," in *China, the Post-Mao View*, ed. Vidya Prakash Dutt (New Delhi: Allied, 2000), pp. 45–66; Kenneth Lieberthal and David M. Lampton, eds., *Bureaucracy, Politics, and Decision Making in Post-Mao China* (Berkeley: University of California Press, 1992); Gordon White, "The Dynamics of Civil Society in Post-Mao China," in *The Individual and the State in China*, ed. Brian Hook (New York: Oxford University Press, 1996), pp. 196–221; Jean C. Oi, "Realms of Freedom in Post-Mao China," in *Realms of Freedom in Modern China*, ed. William C. Kirby (Stanford: Stanford University Press, 2004), pp. 264–284; Minxin Pei, "Political Change in Post-Mao China: Progress and Challenges," in *China's Future: Constructive Partner or Emerging Threat?* eds. Ted Galen Carpenter and James A. Dorn (Washington, DC: Cato Institute, 2000), pp. 291–315; David Shambaugh, "The Chinese State in the Post-Mao Era," in *The Modern Chinese State*, ed. David Shambaugh (Cambridge: Cambridge University Press, 2000), pp. 161–187。

很强的地域性特点。① 与民国时期不同，由于没有行会来控制成都茶馆的数量，所以新茶馆的开办如雨后春笋，数量大幅度地增加。那些小本生意人，开办一个茶馆几乎没有什么障碍，通过简单的营业执照申请和注册，便可开业。当然他们还需要得到成都市不同政府机构的批准，如获得商业局、工商行政管理局、卫生局等颁发的各种许可证。为了得到这些许可证，他们一般只需要提供一些基本的信息，如住址、经营者姓名、服务类型等。② 但是同时，成都还存在大量未注册的茶馆，它们往往以诸如"小区中心""俱乐部""活动室"等名目而存在，提供所谓"内部服务"，也有许

---

① 关于改革开放后对私营商业的管理，见 Hill Gates, "Owner, Worker, Mother, Wife: Taipei and Chengdu Family Business Women," in *Putting Class in Its Place: Worker Identities in East Asia*, ed. Elizabeth J. Perry (Berkeley: Institute of East Asian Studies, University of California, 1996), pp. 127-165; Hill Gates, *Looking for Chengdu: A Woman's Adventures in China* (Ithaca: Cornell University Press, 1999); Wai-Sum Siu, "Chinese Small Business Management: A Tentative Theory," in *The Dragon Millennium: Chinese Business in the Coming World Economy*, ed. Frank-Jürgen Richter (Westport: Quorum, 2000), pp. 149-161; Wai-Sum Siu, "Small Firm Marketing in China: A Comparative Study," *Small Business Economics* 16, no. 4 (June 2001), pp. 279-292; Benjamin Yen and Phoebe Ho, "PGL: The Entrepreneur in China's Logistics Industry," in *Small Business Management and Entrepreneurship in Hong Kong: A Casebook*, ed. Ali Farhoomand (Hong Kong: Hong Kong University Press, 2005), pp. 230-243; Fang Lee Cooke, "Entrepreneurship, Humanistic Management and Business Turnaround: The Case of a Small Chinese Private Firm," in *Humanistic Management in Practice*, eds. Ernst Von Kimakowitz et al. (New York: Palgrave Macmillan, 2001), pp. 119-130。

② 例如，在石人南路的清芳茶园，墙上贴了三种许可证书："消防安全许可证""税务登记证"和"个体工商户经营执照"。另外，墙上还贴有"成都市门前'三包'责任书""消防安全要求"，以及"成都市爱国卫生'门内达标'责任书"等。作者在石人南路清芳茶园的考察，2000年7月13日。

多位于僻静的小街小巷,以及城乡接合部等政府难以监管的地区。总而言之,几乎所有的茶馆都在经济改革的"黄金时期",搭上了小商业发展的"顺风车"。

枯木逢春

在1979年年末,成都有2,318个家庭经营着"私营商业";一年后,这个数字上升到了7,242个,而到了1982年,更增长到16,659个。随着政府在1983至1985年间实施了越来越宽松的鼓励私营商业的政策,任何符合最低要求的经营者,都可以获得营业执照,很快社会便出现了"全民经商"的热潮。这个词虽然有点夸张,但是的确反映了当时人们热衷"下海"的社会大趋势。到1985年年底,家庭私有企业的数量达到了123,901家。虽然在1986至1989年间增长速度有所放缓,但到1989年年底,成都已经有155,675个家庭私有企业,占整体224,225个企业中的69%。1989年年底的成都工商注册统计表中,列出"服务业"的六项分类:旅游、旅馆、理发、澡堂、洗衣店和照相馆,但是没有看到茶馆单独立项统计。然而,在"饮食业"的项目下,有5,226家企业,雇员43,166名,我估计茶馆应该包括在其中。[①]应该指出的是,1990年代的茶馆和茶馆生活似乎仍然按照原来的轨迹持续发展。特别是在1992年邓小平的南方谈话之后,商业随着改革开放的步

[①] 成都市地方志编纂委员会:《成都市志·工商行政管理志》,第83—87、131—134页。

伐，仍然持续向前发展着。

1980年代的商业繁荣，促进了茶馆的兴盛。[1]1984年《人民日报》发表一篇文章对此赞赏道：

> 茶馆，茶馆，现在又颇有人为它呼吁起来。反动派是怕茶馆的。抗战时，在重庆的茶馆中，都用大字写在墙上，警告在茶馆中"摆龙门阵"的人"莫谈国事"。"四人帮"也是怕茶馆的。"四人帮"猖獗时……其他各地区的茶馆，都立即倒下去，闭起门来。政治不上轨道，道路以目，闲谈、休息、"摆龙门阵"所在地的茶馆，自然成为他们的眼中钉。他们可以横行不法，人民连"摆龙门阵"的叙谈的权利都没有，可谓不民主已极。[2]

正如前面我已经讨论过的，国共两党在茶馆问题上有许多相似的地方，即对茶馆几乎都是持批评的态度，只不过1949年以后，政府对茶馆采取了更严厉、更有效的限制措施。这篇文章把茶馆的消失归罪于"四人帮"，显然是不准确的。茶馆的衰落与公共空间的萎缩，是1949年以后的政治环境所决定的，不过在"文化大革命"中走到了极端。但该文作者把对茶馆的态度，视为政治是否清明的试金石，也不是毫无道理。

上文所提到的《人民日报》那篇文章的作者于1984年来到成

---

[1] 张先德：《成都》，第59页。
[2] 顾执中：《闲话茶馆》，《人民日报》，1984年5月26日。

都时,看见茶馆"似还未恢复原来的规模",但这种初步的复苏,却已体现"国家的大治和高度民主的气氛"。作者确实意识到了茶馆是大社会的缩影,反映了人民大众对于新时代的积极期望。特别应该注意到作者所作的如下评论:"现在退休离休的老同志日见其多,在家中耽得腻了,让他们到茶馆去散散心,听听在会议上所不能听到的人民意见,从中洞察得失,及时反映,岂不是好事?时代变了,今天的茶馆自然也变了。"① 作者正确地看到,茶馆是一个倾听民众声音的好地方。我们如果把这篇文章与第四章所引《人民日报》张彦的那篇文章进行比较,就可以看到,作为党和国家代言人的《人民日报》对茶馆态度的改变,直接反映了政治环境的宽松,这的确为茶馆和公共生活的大发展创造了有利的条件。在1990年前后,成都街头巷尾茶馆的数量急剧减少,其主要原因是大规模的城市拆迁与重建。但是到1990年代中期,那些低档茶馆开始收复失地,从中高端茶楼那里抢回了部分市场份额。低、中、高三个等级的茶楼大概各有数百,针对不同人群提供服务。另外,还有大量的"麻将馆"开张营业。那些狭窄、脏乱、喧闹的街角茶铺,则以放映录像来吸引顾客。中高档茶馆干净、安静且舒适,服务周到,不仅提供各种各样的茶品选择,而且桌椅和室内装饰比较讲究,以良好的环境吸引消费者。②

成都茶馆的盛况,给改革开放后来华的外国人留下了深刻的印象。内藤利信在其关于成都的书中,生动地描述了茶馆(特别

---

① 顾执中:《闲话茶馆》。
② 张先德:《成都》,第59—60页。

是公园里的茶馆）和茶馆生活。在那里，人们不停地进进出出，喝闲茶、吃零食、聊八卦、议政治。内藤认为，在中国城市中，成都保留着相对传统的生活方式，茶馆的存在就是其中一个重要的因素。①京都大学教授竹内实在20世纪70年代便出版过一本介绍中国文化的书，而且以"茶馆"为书名，可见在他眼中，茶馆最能代表中国文化。②20世纪50年代，竹内实教授作为一位日本访华代表团的翻译到访过成都，但是他没有自由活动的时间。根据当时安排，他去过杜甫草堂，"而茶馆则只是通过汽车窗口一闪而过地瞥见过"。后来，他翻译李劼人的小说，对其中描写的成都茶馆记忆深刻，那次访蓉时，一闪而过的茶馆情景，竟然成为他内心的一个遗憾。

20世纪90年代中期，竹内实教授终于如愿以偿又来到成都，直接去体验了坐茶馆的感觉，并记录了他对成都茶馆的印象。他回忆，当他去青羊宫的茶馆时，尽管这间茶馆里有上百个茶桌，他却没能找到一个座位。后来他去了百花潭公园，在正门旁边发现一个茶馆，大概所有的三十多张桌子都被占满了。据竹内先生的观察，茶馆"像是这一带的老年人俱乐部"，他看有一拨人，有男有女，把五六张桌子拼在一起，弄不清楚到底是在随便聊天，还是在开座谈会。在露天摆放的茶桌旁，还有其他两三拨客人在喝茶闲聊。

由此，竹内先生的结论是，"也许，正因为成都人是如此地挚

---

① 内藤利信：《住んでみた成都—蜀の国に见る中国の日常生活》，东京：サイマル出版会，1991，第203—204页。
② 竹内实：《茶馆—中国の风土と世界像》，东京：大修馆书店，1974。

爱他们的茶馆,古朴的、传统意义上的茶馆,才不至于在中国绝迹"。另外,他认为老舍笔下作为老北京象征的茶馆,早已销声匿迹了,北京的"茶文化"已经变成"大碗茶文化",即路边的茶摊子,人们咕嘟咕嘟地喝完放下茶碗便走,行色匆匆,哪里有半点悠闲?他写道:各地现在当然也都有一些新的所谓"红茶坊"或"茶艺馆",但大多装修豪华,设施考究,珠光宝气,高深华贵,且多半有几个所谓"小姐"在那里表演来路不明的所谓"茶道"或"茶艺",收取价格惊人的"茶钱"。至于老茶馆的那种氛围和情趣,当然是半点也没有的。

然而成都很不一样,现在的成都:虽然也有高档豪华、专供大款们摆阔的新茶楼,但同时也保留了不少质朴简陋、专供市民们休闲的老茶铺。这些老茶铺,或当街铺面,或巷中陋舍,或河畔凉棚,或树间空地,三五张方桌,十数把竹椅,再加上老虎灶、大铁壶(或大铜壶)、盖碗茶具,也就成了市井小民的一方乐土。①

他相信,正是成都茶馆及其茶馆文化这种固有的草根特性,使它们能够持续地发展。

当然毕竟时代不同了,改革开放时期的茶馆在功能上与过去已经有所差异。传统的街角茶铺、茶楼、公园和寺庙中的茶园,都有着悠久的历史。但不少低档茶铺顺应物质文化的发展,开始出现转型,不少变成了茶铺兼录像放映室。这种情况特别是在1980至1990年代非常流行(下面我将具体讨论这类茶馆)。不过,

---

① 竹内实:《蜀国成都的茶馆》,收入程麻译:《竹内实文集》,第9卷,北京:中国文联出版社,2006。

随着有线电视走进千家万户,外加盗版的影碟受到政府保护知识产权的打击,这些录像厅便逐渐从公共场所消失了。

街角茶馆的归来

　　街角茶铺,就是那些散布在小街小巷最简陋的小茶馆,也是成都普通居民最常去的公共场所。这些茶馆通常只有一两个房间大小,不足十张桌子。经常朝向街面,进出口是可以开关的卷帘门,或者可以拆卸的门板。这种空间布局对顾客来说非常方便,当茶馆内拥挤不堪时,人们可以很容易地把桌椅搬到街沿上。面对那些熙熙攘攘的过路人,不但不会让茶客们感到烦恼,反而会被认为是看街景和观察往来人们的最佳位置。对于那些喜欢观察成都时髦女郎的男人们,街角茶馆可能是最理想的地方。坐在街沿边,难道不就是在看一出永不重复的城市日常生活纪录片吗?

　　我在茶馆做实地考察时,也成为这些城市景致观察者的一员。我看到行色匆匆的上班族,看到悠闲的退休老人,看到一路嬉闹的小孩,看到卿卿我我的恋人,看到街头的争执,看到城管驱逐小贩,也看到随地吐痰、扔垃圾的路人……老年人买了菜,路过茶馆便停下来,坐下喝碗茶,和其他茶客随便聊天,手还不停着,慢慢地把菜收拾停当,然后又不紧不慢地回家做午饭了;也有年轻人在茶馆里,高声嚷嚷着争论什么问题;更多的是商人们在谈生意;有人安静地读报,还有人干脆就躺在椅子上打瞌睡。

　　有名的宽窄巷子在重新整修之前,集中了许多廉价的小茶铺

(这个区域被划定为所谓"文化保护区",但在21世纪初,除了一些大宅院保留维修,几乎被完全拆除新建,这里的茶馆,也从低档一跃变成了高端①)。在我保留的照片中,可以看到在宽巷子的墙上,有一家非常简陋的茶铺的广告:"茶,铜壶壹元",还配有英文"Tea, 1 Yuan"(图5-1),旁边还用粉笔写着"诸位请进"。附近有一家国际背包青年旅舍,年轻外国游客喜欢在那里落脚,显然这家简陋的茶铺,还是以外国人为服务对象的。在宽巷子的另一头,可以看到一家称"八旗茶苑"的茶馆,这个店名显然是因为这里过去是老"满城",这样一个名称可以让人们去怀旧,能在这个茶馆中体验对一个正在逝去的文化的记忆——虽然现代商业文化的包装,已经使这样的体验与真正的文化传统有着遥远的距离。②这个茶馆看上去很气派,装修精致,但几乎没什么客人。就在几步远的同一条巷子里,还有一家很小的茶馆,桌椅都摆在街旁的树荫下,还撑起了一个塑料棚,有几桌人在打麻将,还站着不少围观的行人。③两家茶馆外貌的高雅与低俗、顾客的多与寡,形成了鲜明的对比。

---

① 从2003到2008年,这个区域进行了大规模的重建和整修,茶馆和其他设施也都高档化,价格大大提高,超出了一般居民的承受能力,成为一个以吸引游客为主的旅游景点。关于这个地区的历史和现状,见《读城》,宽窄巷子专辑,2008年第6期。
② 关于满城,见Wang, *Street Culture in Chengdu*, chap. 2。
③ 走几步便看到另一家小茶馆,即成都市青羊区颐香茶馆。前面是小卖部,从窗子看进去,有一桌乡下人模样的人和一桌女人正在打麻将。这个茶馆更像过去家庭经营的茶馆,即住家和营业场地没有完全分开。茶馆用的还是老式竹椅。又走几步,看到另一铺面挂着"清河茶座"的幌子,幌子上写着"茶烟"两字。里面很清静,门口坐了一人,一只白猫蹲在外面。隔壁是一个小餐馆,茶馆外的那人坐的显然是餐馆的凳子。客人喝茶与吃饭当然都很方便。作者在宽窄巷子的考察,2003年6月7日。

图 5-1　宽巷子的一家街角茶馆。作者摄于 2003 年夏。

2000 年的夏天，我考察了一家叫作"集乐"的低档茶馆，并有机会和茶馆主人闲聊。① 该茶馆在大慈寺后面的和尚街，狭窄而古朴，是非常热闹的农贸市场。整个地区在我考察以后不久，便被完全拆除，重新改造，目前已经成为高档的商业中心"太古里"。集乐茶馆很小，只有一间屋大小，六张桌子，室内四张，街沿上放了两张，大概有三四十把老旧的竹椅。由于屋子太小，烧水炉只好放在主人住的里屋。一碗茶的价格从一到五元，最便宜的是茉莉花茶。茶馆主人和他的妻子都来自乡下，租下这家茶馆

---

① 作者在和尚街集乐茶馆的考察，2000 年 6 月 27 日。

打理,每月交给老板租金几百元,剩下的归自己。主人说开这样一个茶馆,大概需要资金六七千元。对面街沿上有两三张桌子和几十把塑料椅子,墙上写一个大大的"茶"字,主人说这些茶桌和椅子并不是他这家茶馆的,而属一家"非法"茶馆,一个月前开张,没有营业执照,因此不用纳税。不过,他说这家"非法"茶馆生意很差,与他的这家差得太远,他的茶馆已经开了六七年。他估计有关部门没有取缔这家非法茶馆,可能是以为这些桌椅是他这家"合法"茶馆的。我在那里和男主人聊了好一阵,女主人才睡眼惺忪地从里屋走出来,男的说肚子饿了,要妻子准备午饭。她出去了不一会儿,便买回肉、饺子皮和蔬菜,在一张空茶桌上开始包饺子,似乎这家茶馆也同时是她家的厨房。(图5-2)

周围居民经常到茶馆买开水,五角钱一大热水瓶。集乐茶馆尽管生意看起来也不是很好,不过不时还是有一两个顾客光顾,主人身兼服务员,随时准备招呼客人,他说不少是回头客。茶馆从早上6点半开张,营业到午夜关门。每天早上十几个老主顾会来茶馆喝早茶,他们大多过去在同一家工厂上班,退休后便经常在茶馆聚会,轮流买单。这个办法其实和民国时期茶馆中人们经常用"茶轮"的办法增进大家的情谊没什么不同。茶馆对这些老客人有特别优惠,每杯只收取八角钱。

就是这样一个小小的街角茶铺,不但本身能够生存,还能给其他人带来生意。一个看起来像乡下人的年轻男人,在这个茶馆里不时进进出出。原来他在茶馆门口摆了一个自行车修理摊,每天向茶馆交纳两元的摊位费。其他一些小贩有时也会临时在茶馆门口摆摊,根据所占地盘大小,而交纳五角到一元的费用。街头

图5-2 大慈寺后面和尚街的集乐茶馆。今天这个地方已经变为高档商业区"太古里"了。作者摄于2000年夏。

的小贩路过茶馆,也不时会停下招揽生意。一个擦鞋匠背着工具箱来到茶馆,主人问多少钱擦一次,答曰一元。显然主人并不是要擦皮鞋,而是闲得慌,随便问问。不过这引起一个茶客的评论:比扫大街的清洁工挣得多,清洁工一个月才挣两三百元。过了一会儿,一位女茶客看到一个挑着两担桃子的农民,便出去和他讨价还价,但最后没有达成交易。还有一个米贩路过,女主人出去询问价格,查看质量,但是也没有买。

观察街头来来往往的人们以及这家茶馆主人和客人的活动,我们可以了解许许多多茶馆和人们日常生活的信息。我们可以看到这个小茶铺和邻里、过路人,以及来来往往的小商小贩,都有着某种程度的联系，由此看到来自社会各阶层、各行业的人以不同的方式相互联系和依存。我们可以看到，这对经营茶铺的农民工小夫妻的工作空间和个人生活空间，基本是没有区分的。茶馆既是他们经营的生意，也是他们日常生活的场所；他们在这里和顾客聊天、做饭、吃饭，同时打理生意。他们的家庭生活就展现在顾客的眼前，不过顾客们似乎对这些已经习以为常，很少对他们的日常生活产生特别的兴趣。这样，街道、茶馆和城市里的人联系在一起。在这样的茶铺里，私人生活空间和公共空间的界限十分模糊。这种空间使用功能的流动性和不确定性，无疑使茶馆主人在做生意的同时，家庭的纽带也得到紧密的维系。

我还考察过另一家小的低档茶馆，即三圣街的"云海茶馆"。它只有六张桌子，室内四张，室外两张。桌面上都铺着专门打麻将的桌布，这种桌布每边都挂了个袋子，方便装赌资。主人是一位大约20岁的姑娘，一身黑色，黑衬衫，黑裙子，脚下是一双拖鞋。她告诉我生意还不错。她租下了这个铺面半年，除去月租1,500元，每月缴100多元的税，以及其他开支外，她每月大约能赚1,000元，并外加几百元的电话费收入。电话收费标准是：前三分钟三角钱，三至五分钟六角钱，超过六分钟九角钱。茶馆的电话实际上成了小区的公共电话。我在那里考察的时候，就听见黑衣女接到一通电话，然后叫对街发廊里工作的一个小妹来听。行人也经常使用这种电话。当时手机尚未普及，但是传呼机已很流行了，如果接到一个传呼信息，顾客或行人可以马上用茶馆或其他街边商店的电话或公用电话打回去。茶铺门口贴了一张写着"茶馆出售"的告白。她说有十几个人问过价，她希望以14,000

元出让,这是她一年前买下这个茶馆的价格,但是问价的人都嫌价太高了。这价格包括茶馆的各种设施,即桌椅、开水炉、电视、茶杯、茶碗等,但房租没有包括在内。

我到茶馆的时候,发现云海茶馆里只有一个年轻人在喝茶,其实他同时在照看隔着两间铺子的那家药店,看见有人来买药,就过去招呼;没有顾客时便又过来喝茶。后来陆续来了几位客人,茶馆的电视正在回放当天凌晨实况转播的欧洲杯足球决赛的录像,茶客们的聊天自然便转到了足球的话题,结果又引出了关于中国足球"冲出亚洲"的讨论。一个茶客悲观地说,中国足球没有希望,因为"内幕太黑了"。这时一位老人拿着报纸走进了茶馆,坐在门边,要了一碗两元的茶,并不与其他人搭话,只是专心读报,读了四五十分钟,便不声不响地又离开了。突然,那个黑衣姑娘大声叫起来:"王姐,要帮忙吗?"原来是隔壁卖光盘的店主来了,一个高个女人,正拉开帘子门,准备开门营业。然后她们两人把一台冰柜搬到了茶馆和光盘店之间,显然王姐也兼卖冷饮。王姐布置妥当后,走进茶馆,拿起桌上的水瓶倒了一杯水,便坐在街沿一张桌边,和茶馆主人闲聊起来。坐在茶馆里可以看到街对面的一些景象:四五家餐馆,两家发廊,还有一家小诊所。餐馆的员工们正把桌椅搬到人行道上,准备开业。这天云海茶馆生意相当清淡,大概一个小时内,茶馆只来了一个年老的妇人。她提着一袋蔬菜,在门口的一张桌边坐下,但并不买茶,只管整理那些菜。茶馆主人也不在意。菜整理干净了,她提着菜缓缓离去。[①]

---

① 作者在三圣街云海茶馆的考察,2000年7月3日。

我还去过一家叫作"往日情怀茶坊"的新式茶馆。它坐落在四川省档案馆附近的花牌坊街，除了卖茶也卖果汁饮料。这一片铺面都属四川省档案馆，每月收取租金1,000元。茶馆老板花了300元办营业执照，花四五百元办了卫生许可证。按照卫生许可要求，所有的茶具都要进行清洗和消毒。开这个茶坊，老板总共投资了三四万元。茶馆里只有3张桌子，12把椅子。收银台设在入口处，上面摆有饮料、水果和玻璃茶罐。茶坊使用电炉子烧茶水，冰茶每杯6至7元，热茶每杯5至10元。茶馆的房间虽小，但里面布置得很优雅，每张桌上摆有花瓶，空调开着，温度舒适。只是由于临主街，外面比较吵闹。茶馆老板是一位40至45岁的女士，她说这间茶馆的成本要高于其他茶馆，因为使用的是瓶装水而非自来水，外加空调费。由于茶馆门大开（其实就是卷帘门，开张时拉上去），所以很费电。她自我定位为低端的茶馆，说如果有门的话，人们可能认为这是一个高端的茶馆，会犹豫要不要进来——尽管价格表贴在了朝街的柜台外面。（图5-3）女老板还告诉我，她原来在一个政府机关工作，下岗后，利用补偿金开了这家茶坊，做生意的主要原因是要供她女儿上大学。她说她女儿花费太多，学费和住宿费一年大概要6,000元，另外生活费要1万多元。她还埋怨自己把女儿惯坏了，她女儿沉迷于网吧，所以她必须要比之前当政府雇员时每月多挣两三百元，才能维持生计。如果每个月营业额不足4,500元，她就会亏本。茶坊才开张十几天，生意一直不景气，本月营业额可能只有3,000元，却要承担租金、每月支付的1,000多元的工资，外加为雇员提供的餐食、水电和其他开销。她说这个地方表面上来来往往的人不少，但其实位置

图5-3　花牌坊街"往日情怀茶坊"。作者摄于2000年夏。

并不理想，大多数是外来的农民工，他们更喜欢喝可乐，而不是果汁。和春熙路的同类茶坊比，她说那些店虽然每月租金要4,000元，但每天有400元的营业额，也就是一个月12,000元。她之所以选择了现在这个位置，是因为附近没有其他同类的铺子。她想随着时间的推移，应该会有越来越多的老主顾，特别是吸引一些年轻人。一般晚上生意会好一些，情侣们出来散步，会光顾她的生意。虽然店很小，不过顾客大多买了就走，所以位子少似乎并不成问题。①

---

① 作者在花牌坊街往日情怀茶坊的考察，2000年7月7日。

总之，街角茶馆为居民和流动人口提供了必要的服务乃至谋生机会。在这些地方，消费低廉，他们能享受公共空间中的公共生活。当然，茶馆并不是唯一的公共生活空间，还有许多其他地方发挥着类似的功用。例如，A. 维克（Ann Veeck）的研究显示，菜市场发挥着"重要的社会活动中心"的作用，现在的快餐店、歌舞厅、保龄球馆和公园等，都扮演着类似的角色。[①]

新式茶楼的兴起

20世纪90年代，成都像中国其他城市一样，经历了持续的经济发展，人们生活水平不断得到提高，这同时也刺激了中高档茶楼的兴起。到2000年，成都大概有800座这类的茶楼，其中十几个坐落在府南河边。在二环路西延线，有许多规模大且设施齐全的茶楼，根据一个商业调查，这些茶馆的营业面积几乎都在1,000平方米以上，有的甚至有2,000平方米。大部分的顾客都是中青年人，谈生意、聚会或是约会。人们也喜欢在这些茶馆良好的环

[①] Ann Veeck, "The Revitalization of the Marketplace: Food Markets of Nanjing," in *The Consumer Revolution in Urban China*, ed. Davis, p. 108。关于对其他公共空间的研究，见Yan, "Of Hamburger and Social Space," pp. 201–225; James Farrer, "Dancing through the Market Transition: Disco and Dance Hall Sociability in Shanghai," in *The Consumer Revolution in Urban China*, ed. Davis, pp. 226–249; Richard Kraus, "Public Monuments and Private Pleasures in the Parks of Nanjing: A Tango in the Ruins of the Ming Emperor's Palace," in *The Consumer Revolution in Urban China*, ed. Davis, pp. 287–311。

境中阅读、写作或是处理商务。与传统的茶馆不同,这种茶楼不提供说评书、演戏或其他娱乐,只有轻柔的背景音乐,有的还有钢琴演奏,旨在给客人提供一个安静的环境,并尊重客人的隐私。在低端的茶馆里,陌生人之间经常会一起聊天,但在中高档茶楼幽雅的环境中,陌生人之间几乎没有交流,也不会受到打扰。位于成都市中心太升南路的"华都茶坊",据称是成都的"第一流茶坊",也是"成都茶文化的一个缩影"。这座茶楼"处闹市而不见闹,显华美而不露俗",在装修、隔音上都下了不少工夫,"既有传统茶坊的遗风,又有西洋建筑的格调,使人一进去便有入洞府、登雅堂之感"。大厅里除设六个风情卡座外,还有二十余桌散座,"宽敞豁亮,可听丝竹之音,可观书画表演,可赏名家对弈"。[1]

高档茶楼与街角茶铺的价格形成鲜明对比。在这些茶楼,最便宜的茶都要十元一杯,贵的有几十元的。一家茶楼的老板说,他不得不提高茶价,因为他光是装修就花了三四十万元,外加不菲的水电费和其他开销。[2] 一家新开的茶楼,有1,500平方米,由著名设计师进行装修设计,家具从香港进口,有中央空调和十几个豪华私人包间,总投资达800万元。另一家茶楼有1,000多平方米,在装修和设施上投资了200万元。这些茶楼老板认为,只有一流的设施才能增强他们的竞争力。[3]

当地报纸上发表过一篇关于成都二环路西延线一带高档茶楼

---

[1] 邓高如:《饮茶》,《人民日报》,1995年11月3日;秦鸿雁:《成都:热了茶水冷了咖啡》,《人民日报》,2000年9月8日。
[2] 余瑶:《茶馆民俗与茶人生活》,第43页。
[3] 《商务早报》,2000年7月13日。

的文章，指出这些茶楼老板之所以乐观自信是有原因的。第一，这一带有十多个新的豪华住宅小区，附近都是高收入的居民。第二，周围没什么好的餐馆，所以在茶楼用餐是不错的选择。第三，这个地区交通发达，成都其他区的人们很容易开车过来消费。茶馆老板说尽管周围集中了不少类似的茶楼，但他们没有遇到严酷的生意竞争。例如，有一家茶馆每天的营业额有8,000元，而且还没有达到满负荷。这些茶楼几乎都提供包间，每小时价格收38至88元不等，更豪华的甚至每小时280至480元。为了吸引顾客，这些新开的茶楼都打五至六折。

一些市场分析师提醒，要小心茶楼的数量供过于求，但另一些分析对茶楼前景抱比较乐观的态度。① 尽管大部分的茶馆是私营的，但也有少数属国有性质，特别是一些中型茶馆。清泉茶坊便是在一座楼的三楼（另一个茶馆在二楼），位于石人南路街口，虽然是国有企业，但实际上被承包了。这个地方两年前是一个家具店，后改造成为茶楼，为成都政府的运输公司所有，因此无须缴纳租金。这家茶馆规模很大，有屋顶花园，花园里有15张桌子和100多把椅子，种了竹子和花卉植物，还有常青藤；还有若干日本风格的包间，一间很大的会议室。茶馆正厅里有几十张桌子，上面都挂着吊灯。屋正中的大屏幕电视上播放着电视节目，还放有两个台球桌（租金每小时6元）。这家茶馆可容纳500名顾客，但从未满座过。人们花上15元便可以待上一整天，还包括餐食。这里生意还不错，和二楼开的一家茶馆是竞争关系。当我问服务员，

---

① 《商务早报》，2000年7月13日。

图5-4　石人南街清泉茶坊门口的招牌。作者摄于2000年夏。

这里是不是"清泉茶馆"时,她立马纠正我说这里是"茶坊"。可见,茶馆业内,认为茶坊比茶馆的规格要高。①(图5-4)

高档茶楼有不同的经营方法。当时,成都最豪华的茶楼是抚琴路的圣淘沙茶楼,服务非常讲究,服务员为下车的顾客开车门、撑伞,甚至提供泊车服务。1996年,茶楼先在二楼开业,后来从二楼扩展到四楼,有茶厅、包间和西餐厅。一杯茶28元到100多元。包厢租金每小时180元到600元不等,还不包括茶水。此外,自助餐每人是48元。这里哪怕是最基本的消费,也是一笔不小的支出。例如,一行五人,点三杯茶(每杯88元)、两杯咖啡、一

---

① 作者在石人南路清泉茶坊的考察,2000年7月19日。

杯茶加牛奶，加上一盘水果，总共要400多元，在当时这个价位是非常高的。这家茶馆总投资达四五千万元，但到2000年便已收回成本！

据圣淘沙的经理介绍，这里每天大概接待三百多名顾客，三分之一是家庭聚会，三分之二是商人和政府官员。私人包间都在二楼，所有的服务员都是男性，但在三楼的餐厅里，服务员都是女性。茶楼里面不能吸烟，顾客必须到吸烟室吸烟，而且不允许打麻将。这些规定在当时是独树一帜的，在人们的心目中确立了茶楼"高档"的形象。特别是那些要接待大客户、商谈重要生意的人，到这里来觉得最恰当不过。经理说他接待过许多重要的政府官员，还有明星和电视台的著名主持人。一些特殊顾客在公共空间里的隐私能够得到充分的保护，这也是私人包厢如此受欢迎的原因。[①]圣淘沙的成功，反映了新的商业文化在成都这个内陆城市的兴起。在这里，生活水平较高或者有特殊需要的人们，寻求更好的乃至豪华的服务。这里接待了大量的商人和官员，不是一般市民所能消费的地方。像中国的其他城市一样，成都正在从长期的计划经济中走出来，这种新的公共空间也适应了市场经济发展的需要——这个城市需要一些豪华和排场。[②]

如果说圣淘沙是最西化的茶馆，那么顺兴老茶馆正好相反，它强调的是中国传统文化和这个城市的历史。顺兴老茶馆位于成

---

① 作者在西延线圣淘沙茶楼的考察，2000年7月24日。
② 但是具有讽刺意味的是，全面反腐败运动开始后，全国这类高档消费场所受到极大打击，见《高端餐饮困境继续　成都高端茶楼圣淘沙悄然停业》，四川在线，2014年4月16日。

都会展中心，装修风格是仿老式的。整间茶馆分为三个区域，外面是一面圆形的墙，上面是四川民间传说的浮雕，颇能引起顾客们的兴趣。里面分为两部分：一部分是茶馆戏园，顾客在那里一边坐在老式的木椅上喝茶，一边观看地方戏的演出；另一部分是茶园，虽然都是在室内，但是装修得像川西的露天茶园，竹林环绕，配老式家具，经理称这些大部分是从北京买来的仿古家具，甚至还有几件是从私人收藏买来的古董家具。这里因价格偏高，所以顾客寥寥。

2000年我首次到这里来的时候，和经理聊天，得知这家茶馆在装修和家具上面就花了五六百万元，由于规模大，开销多，茶馆处于亏本的状态。但是由于这家茶馆属于会展中心，不需要缴纳房租，所以维持下去是没有问题的。茶馆每天卖出五六百碗茶，如果要收支平衡的话，这个茶馆每天需要有22,000元的营业额。三年后我再来到这个茶馆时，是中午时分，可容纳千人的大茶馆，依旧没几个顾客。随行的朋友解释道，这可能有两个原因：一是持续蔓延的非典疫情；二是成都的人们习惯于去新开张的场所看热闹，好奇心满足了，以后就不怎么去了，把注意力放到了更新的地方。[1]

中高档茶楼的兴起，反映出成都居民的生活水平，像中国其他城市的居民一样，得到了大幅度的提升。这也反映出他们更喜欢综合性的服务模式，即茶馆和餐厅相结合，喝茶吃饭的一条龙服务。这种变化体现了茶馆的灵活性，它们可以迅速适应新的商

---

[1] 作者在成都会展中心顺兴老茶馆的考察，2003年5月24日。

业模式，来满足人们不断变化着的需求。过去茶馆是生活慢节奏的产物，但现在茶楼也适应快节奏的需要，这样可以为进行商务和工作商谈的人们提供便利。他们不需要先喝茶然后去找饭馆吃饭，而是在同一个地方都解决了。还有，它们和街角茶铺相比，很大程度上保护了客人的隐私；但它们的价格和清冷的氛围，也使一些顾客望而却步，使他们分散到了其他的茶馆中，包括公园和寺庙茶馆。

与公园和寺庙共存

在成都，每个公园或寺庙至少都有一家茶馆。不少人到公园或寺庙，不是去游玩或者拜神，而是去坐茶馆，因为这些地方的茶馆自然环境优美，地方宽敞，空气清新。如果亲朋好友计划到公园或是寺庙中聚会，他们一般都先在茶馆里碰头。例如武侯祠的结义楼，条件优越，有庭院和戏台；茶价适中，一杯茶便宜的5元，最贵的30元；用电炉烧开水，但是使用的是传统的盖碗茶具。服务员说在非典疫情之前，这里每天都有表演，但是现在人们尽量避免到公共场合，客人太少，故表演也取消了。客人虽少，但仍然有一个掏耳朵匠在此招揽生意，他三十来岁，掏一次耳朵收10元。他是一个进城的农民工，在这个地方谋生已经三年多了。[①]

2003年我在成都考察时，去了草堂寺的一个茶馆，草堂寺是

---

① 作者在武侯祠的考察，2003年6月12日。

成都著名历史遗迹，很受外地游客和老年人的欢迎。但是门票要30元，因此成都居民很少去，不过由于老年人免费，因此这里成为老年人锻炼和散步的乐园。草堂寺有一家漂亮的茶园，茶价8到50元不等，茶是用传统的三件套（茶碗、茶盖、茶船）端上来的，墙上挂的是木漆雕刻画和诗，主题都与茶有关。顾客很少，只有三桌人在打麻将，有两个老人在喝茶休息，其中一人在看报，他们坐了一阵便离开了。显然，门票太贵，影响了人们进来坐茶馆。不过，这是"非典"的危险期，游客大大减少也是一个重要原因。在草堂寺的另一家档次较低的茶馆，我也看到一些老人在打麻将，但并不是每个人都买茶，有的喝自己带的茶。这样，他们既可以享受公共生活的欢愉，又不需要买茶，只需要付很少的开水钱便可以了。这是茶馆灵活经营的又一个很好的例子。①

人民公园坐落在市中心，是最受老年人欢迎的地方。人民公园正门右边，是"蜀风旅游演艺广场"，里面有"花园茶座"，花10元可以玩一天。门口牌子写着："最低消费5元，组合消费10元（玩一天、棋牌、茶水、午餐）。午餐九菜一汤，六荤三素。"意思是说，如果是集体活动，人们可以每人只付10元，玩棋牌，喝茶，一桌人还可以享受九菜一汤、六荤三素的午餐。我们可以看到，10个人不过100元，除去各项成本，提供这种大众服务的茶馆利润其实很低。在人民公园的鹤鸣茶社门口，有一个年轻姑娘在"倒糖饼"，这是一种过去流行的手工艺术，非常受小孩欢迎。民间艺人用糖做龙、凤及各种动物，妈妈们带着小孩围着摊子观看，还

---

① 作者在草堂寺的考察，2003年5月27日。

可旋转轮盘抽奖，轮盘上画着各种动物，如果运气好，转到一条龙的话，就赚大了，但是顾客多数得到的是小鸡或小鸟。（图5-5）鹤鸣茶社是一家历史悠久的露天茶馆，茶客们在竹林树荫下，享受公园的景色。这里价格也很大众化，每杯茶从5元到30元不等（下文将会对这家茶馆做更为详细的讨论）。[①]（图5-6、图5-7）

府南河旁柳树成荫，是开茶馆的好地方，这里的茶馆总是顾客盈门。2000年我在那里实地考察时，一碗茶仅售5元。服务员上茶时，也给一个热水瓶，这样茶馆和顾客都方便，不过失掉了过去堂倌在熙熙攘攘的客人间穿梭掺茶的景观。这天，茶馆里大多数顾客都是年轻的男女，有些很明显是情侣，也有一些生意人，还有几个年轻人在做问卷调查。这些做调查的都是大学生，其中一个说他今天必须完成60份问卷调查，目前已经回收了30多份。这个调查是为他的教授做的，共需要完成几千份问卷调查。问卷是关于汽车市场的，他请我也填一份问卷。我说我对汽车不太了解，其他人也都这么说，但这个学生说没关系，想选什么答案都行。题目诸如："你买车时，主要考虑些什么因素？ A.质量；B.经济；C.价格；D.外型。"其他的问题还有："您愿购哪种国产车？（下列若干国产车名字）""近期打算购车吗？""购哪种价格的车？"等等。[②]我们可以看到，和过去一样，茶馆仍然是收集信息的好地方，不过所收集的信息性质和收集的方式、目的有所变化。这时的茶馆已经全面商业化，甚至成为商业信息的收集处，虽然这些

[①] 作者在人民公园鹤鸣茶社的考察，2003年6月28日。关于鹤鸣茶社的历史，见Wang, *The Teahouse, 1900–1950*, pp. 43–45, 61, 88, 175, 208。
[②] 作者在府南河边茶馆的考察，2000年7月10日。

图5-5 一位民间艺人在人民公园鹤鸣茶社外面做糖人。作者摄于2003年夏。

图5-6 人民公园鹤鸣茶社长廊下喝茶的游客。作者摄于2000年夏。

图5-7 百花潭公园里的露天茶馆,全公园有六七个这样的露天茶馆。这里的茶馆全是折叠木桌与塑料椅,放置在树荫和回廊下,以及河边、庭园、池塘边,在这里喝茶,真是心旷神怡。茶客们还可以一边喝茶,一边钓鱼。作者摄于2003年夏。

信息并不一定是准确的。(图5-8)

　　几乎所有寺庙都开有茶馆。大慈寺里的文博大茶园在成都颇有名气,由文博艺术旅游公司管理。1992年,这间公司经营了茶馆、餐厅、寺庙内的小吃店,吸引了许多顾客。人们来文博茶馆里聚会或休闲,顾客花上三五元便可以在茶馆里坐上一整天。茶园每天可以卖出八九百碗茶。①1994至1996年间，生意最好的时候一天可以卖出上千碗茶。②经理姓江，她每天把茶叶分到茶碗中，每斤茶叶分成140碗。③这个茶园有八名员工：六名服务员、两名在柜台。江经理每天把茶碗按数分发给服务员，打烊时清点所剩茶碗，便能很清楚地知道当天卖了多少碗茶。

据江经理说，这个茶园更像是一个家族企业。她丈夫负责采购，因为之前被员工欺骗过，这名员工用假发票做了高于实际金额的假账，被发现后被开除了。小吃部的负责人也是自家人。这个茶馆还要为上级公司支付某些开销，因为文博旅游公司的一些雇员，包括出纳、会计、办公室主任、总经理助理等，虽然并不为茶馆工作，却由茶馆发工资，显然上级公司借此转嫁了人头成本的压力。早些年间，这个茶馆生意非常好，每天的营业额达到3,000元，早上10点便满座了。但1998年以来，生意开始下落，这固然是因为同行间竞争加剧了，但也有其他一些原因。例如受到天气的影响，茶园是露天的，故春秋生意好，夏冬生意差。经理说茶馆每月的成本至少2万元，其中包括4,000元的工资，每年还有800元的执照更新费用，似乎暗示茶馆很难维持下去。④不过，我2000年夏在此考察时发现，实际的财政状况没有那么黯淡，茶馆其实还有一些灰色收入。那里有卖书画、工艺品的，甚至还有

---

① 吕卓红：《川西茶馆》，第62页。
② 吕卓红：《川西茶馆》，第63页。
③ 民国时期，一斤茶一般可泡100到120碗茶，所以140碗茶意味着每杯茶里放的茶叶比以前少了。
④ 吕卓红：《川西茶馆》，第65—66页。

图5-8　2004年夏，我任教的美国得克萨斯A&M大学教育学院教授带一批得克萨斯州的中学历史老师赴华访学，成都是他们的访问地点之一。那时我也正在成都做研究，并带他们去了府南河边的一家茶馆体验。作者摄于2004年夏。

中医诊病，经营者要缴纳一定的费用，方能在茶馆做生意。不过这些人倒是很悠闲，有顾客的时候做生意，没顾客的时候当茶客，工作和休闲两不误。①（图5-9）

大慈寺还有一个大慈庄茶园。茶园门口立有一块牌子作为广告："大慈庄，茶，饭，棋牌，10至15元，耍一天。时间：08:00—22:00。"中间那个"茶"字特别大，告诉人们这是一家

---

① 作者在大慈寺文博大茶园的考察，2000年7月5日。

茶馆，不是饭馆。其实这是一个茶馆和饭馆一体的茶园。走进圆形拱门，里面为一院子，右边是一搭有藤架的回廊，阴凉下摆有八九张麻将桌，桌上都放着麻将，客人都在餐厅，围着五六张八仙桌吃饭，估计总共有五六十人。左边有一小池塘，池塘中间有一亭，亭里有一麻将桌和木椅若干，池内有鱼。一位40岁左右穿黑衣服的妇女端茶给我的时候，我问：10至15元包吃，包喝茶，包打麻将，这么便宜？她说也是没有办法，竞争大，没有多大赚头，而且从早忙到晚。她还告诉我，每天会有鱼贩送鱼到此，放入池里，顾客可以随时吃到活鱼。看来她是老板，说了一声请慢慢喝，便忙去了。我坐在那里喝茶的时候，便见一个厨师用网从池里捞出两条大鱼提到厨房，看来是有顾客点了新鲜活鱼。[①]

文殊院是成都最大的佛寺，那里的茶馆主要是为朝拜者和参观者提供一个休息的场所。营业时间从早上8点到下午5点半，价格也很大众化，最便宜的是茉莉花茶，每杯5元。我看到茶馆里居然还售酒，这显然不符合佛教教义，似乎也反映了哪怕是庙里的茶馆，其服务也是与信仰分开的。文殊院对老年人免费开放，所以大部分的顾客都是老年人，特别是老年妇女。这个茶馆不允许打麻将，以免太吵闹，但可以玩扑克牌。过去茶馆一天的销售额可达上万元，但自从文殊院被列为重点文化遗产保护单位后，门票上涨，茶客急剧减少，每天的销售额降到了一两千元。[②]寺庙中的茶馆几乎与宗教信仰无关。对茶馆来说，寺庙只不过是有稳定

---

① 作者在大慈寺大慈庄茶园的考察，2000年7月5日。
② 余瑶：《茶馆民俗与茶人生活》，第19页。

图5-9 大慈寺内的文博大茶园,可以看到卖医疗仪器的商家也在这里拉生意。作者摄于2003年夏。

客源的生意场所;而茶馆对于寺庙来说,不过是为拜佛的信徒或游客提供了方便。中国的寺庙总是与茶馆配合默契,因为两者都是公众聚集和娱乐的地方,创造了宗教信仰和世俗化生活结合的完美模式,哪怕是1949年以后几次激进的政治运动,以及改革开放和现代化的浪潮,也未能摧毁这样一个传统模式的存在。

茶馆的多种功能

茶馆文化一直和商业化结合在一起，适应着社会经济环境的变化。茶馆提供茶以外的其他服务，如不失时机地增加放录像、提供住宿、足疗等服务。这种多功能的服务，便是他们生存和发展的一个重要策略。

茶馆录像室 1980和1990年代港台电影和电视剧日益流行起来，特别是武打片很受欢迎。许多小茶馆为了吸引顾客，都提供录像放映服务，这甚至成为这些小茶馆的主业，使它们逐渐演变成了录像厅。这些录像厅的顾客大都是年轻的外来打工者和农民工，要不就是中小学生。[①]与传统的茶馆不同，这些茶馆的椅子不是围着桌子，而是像影院一样，把竹椅排成行列，方便顾客们观看电视屏幕。晚上，这些录像室里坐满了观众，外来打工者多是单身在城市打拼的，晚上无事可做，录像厅便是非常理想的打发时光的去处，花几元钱便可以在茶馆录像厅里喝茶和看片，而且没有时间限制。[②]（图5-10）

2000年前后，成都仍有许多这样的录像室，成都市档案馆附

[①] 关于农民工的研究，见 Dorothy J. Solinger, Contesting *Citizenship in Urban China: Peasant Migrants, the State, and the Logic of the Market*（Berkeley: University of California Press, 1999）。

[②] 参见戴善奎:《成都泡茶馆》,《人民日报》, 1998年7月10日；何小竹:《成都茶馆记忆》,《华西都市报》, 2005年12月11日。

近的"李小龙录像牌茶"便是其中之一。这个茶馆条件很简陋，竹棚外悬挂着一个大大的"茶"字，一个大木板立在门前，上面贴着各种影片和电视剧的封面，顾客可以很方便地选择他们想看的片子。一杯茶加上看录像只需一元钱，当然茶是质量很差的低档茶。茶馆里面小且昏暗，椅子有五排，每排六个位子，分两边，中间是过道，总共不过容纳30个顾客。每排两边各有一个小圆凳子，被用作桌子放茶杯。室内的墙上贴满了影碟的封面，大部分都是港、台和好莱坞拍摄的片子，如李小龙、成龙、施瓦辛格等主演的动作片。我看到里面只有五六个顾客，都是二三十岁的样子，正在看一部香港片。听他们的口音和衣着，是外来打工者。老板是位中年妇女，看起来很悠闲，正和几个人在店门口打麻将。[①]

我考察的另一个茶馆录像室坐落在成温立交桥旁的交叉口处。门口地上画有一个箭头，顺着标志，就到了一个宽敞而昏暗的楼上。里面有六排椅子，椅子之间放有长条形茶桌，每排的两边各有四把椅子，大概可容纳五十来人。屋里的正中间有一台大屏幕电视，这时是正午刚过，茶厅里空无一人，旁边的小屋里有一些人在打麻将。一碗茶只需一元钱，但茶的质量较差。女老板说顾客主要是对面烹饪学校的学生，他们现在已经放暑假了，所以录像厅门可罗雀。一般来说，只要有六七个人她就会放录像，但如果不是放假期间，通常会有二十多人。茶馆利润不高，租金是一

[①] 作者在成都市档案馆后门李小龙录像牌茶室的考察，2000年8月8日。

图5-10 一条拆迁街道旁的录像室。作者摄于2003年夏。

项大开销,大厅租金每月一千多元,小屋每月也得几百元。[①]

录像厅的出现,反映了科技的发展给人们日常生活和娱乐带来的改变。电视和录像机逐步取代了茶馆里的地方戏和其他形式的演出,茶馆经营和提供娱乐的方式也与过去大大不同。人们从观看舞台上的演员,变成看眼前的电视机。对茶馆而言,成本下降了,放映时间更灵活了,节目也更丰富了。在过去,能提供娱乐演出的往往是场地宽敞、客源充足且有一定规模的茶馆;但现

---

① 作者在成温立交桥旁峨影茶园的考察,2000年7月12日。

在，即使是规模最小的茶馆也能为顾客提供丰富的节目。大量的流动人口和城市低收入人群，在快速现代化的城市中，找到了适合他们的廉价消遣活动。

茶馆作为足疗店或旅店　即使是传统的茶馆也会设法满足人们的各种服务需求。在窄巷子，有一家叫作"老巷子"的大茶馆。门口两边立一座石狮，屋檐下悬挂着两只六角灯笼，上面写着大大的"茶"字。左门旁边立着个牌子，上面写着"本店隆重开业，感谢各位顾客光临"，还列出了所提供的各种服务，例如小包间每小时10元，中包间16元，大包间是20元。中药泡脚按摩是25元70分钟，使用西藏草药则是30元80分钟。茶馆也提供各种食品服务。两位穿着红色旗袍的女服务员在门口迎宾。一个穿着白色衬衫的女孩（可能是领班）告诉我茶馆才开业几个月，知道的人不多，所以生意比较清淡。里面环境很幽雅，有花园、流水和小桥，以及一个玻璃房，里面有人在喝茶、聊天、看报。楼上有许多私人包间，最大的包间价格是每天400元，茶水另算。[1] 一些茶馆兼足疗馆在不经意间，扮演了旅店的角色。一个茶馆的客人告诉我说，一些旅行和出差的人喜欢去24小时营业的茶铺兼足疗馆，在里面做做足疗，花上几元钱喝杯茶。足疗每小时10元钱，在躺椅上打盹，比住一晚旅馆便宜。[2]

在成都，许多酒店也经营茶坊，这样客人要会客，要商谈事情，不出酒店就可以在茶坊里办妥。但是也有以茶馆为主，提供

---

[1] 作者在宽窄巷子的考察，2003年6月7日。
[2] 作者在成都外东三圣乡顺兴花园的考察，2003年10月25日。

住宿为辅的茶馆旅舍。在花牌坊街,我就考察过一家这样的茶馆旅舍。茶馆中心是喝茶的大厅,但是在过道两边是一些客房,设施比较简陋。女老板也身兼服务员。顾客买了茶,她还附赠一盘瓜子。顾客如果闲而无聊,还可以听她和熟人的聊天。她谈到前几天带两个女员工去医院体检,确保她们没有肺病、皮肤病或其他传染病。然后,她抱怨她的"问题"儿子:儿子马上小学毕业,喜欢吃喝玩乐,不爱学习,她费了好大气力教育他走正路。从她的个人故事,我们可以知道一位普通女店主所面临的工作和家庭的问题,以及她是如何处理这些问题的。①

我们应该注意到,按照有关法规,茶馆并不允许经营像住宿这样的业务。政府把控制酒店住宿行业作为确保社会安全的一项重要措施。每间酒店都必须要求客人以身份证或护照进行实名登记,但茶馆并没有这些规则。由于这类茶馆小而分散,政府也很难完全监控它们,因此这些茶馆有了扩大其经营的自主空间。

茶馆就是一个市场

在1980年代,邓小平提出中国要由计划经济转向市场经济,在这个转型过程中,相应的服务设施也应运而生。②国有企业的生产原料是有所保障的,但私有企业必须通过市场来得到它们的原

---

① 作者在成都花牌坊街成都市金牛区商业公司茶馆旅社的考察,2000年7月17日。
② Dittmer and Gore, "China Builds a Market Culture," pp. 29.

料。改革开放初期,各种生产资料短缺,例如煤炭、钢铁、木材及其他许多设备,都需要政府部门特批,这相当于给一些有后台、有权势的人获取暴利创造了机会,时人称他们为"官倒"。他们经常靠一纸批文,便赚得盆满钵盈,不少如今的富豪,都是在那个时候赚下了第一桶金。

在这个时期,茶馆又恢复了它们在1949年以前的功能,即作为商人和小贩的市场。根据1984年《人民日报》一篇文章的观点,茶馆已经成了快速发展的城市市场经济中的一个重要场所:"从清谈清耍中产生出'实业精神'来——谈商务、传信息、论桑麻,商业热浪弥馆。"记者说在成都一家茶馆"稍坐片刻",就知道了青海的鱼每斤卖一角七八,到成都就要卖块把钱;成都两三分钱一斤的小白菜,运到青海要卖三四角。同城甚至省与省之间的行情,很方便地便可以得知。①一些茶馆实际上已成为钢铁、水泥、汽车以及其他生产数据的交易中心。1984年,成都生产数据服务公司为了满足经济发展的需要,在鹤鸣茶社开了一个贸易市场,每周五进行生产数据的交易。每周五上午,一些商人、工厂采购和原料供货商等,都在此谈生意。但是若干年后,政府关闭了这个市场。②

不过,成都最著名的生产数据交易市场,应该是城北体育馆茶园的"周五茶会",它尽管是私营的,却成了"成都生产数据交易会"。该茶馆占地300平方米,茶会之日,挤满了来自成都、外

---

① 戴善奎:《茶馆》,《人民日报》,1984年8月19日。
② 余瑶:《茶馆民俗与茶人生活》,第33页。

县及各省的采购和供货商。企业花上几十元成为会员，便可以在这里交易了。每逢茶会，茶馆的墙上和房柱子之间，都挂满了报纸大小的白纸，上写单位名称、物资规格及各种供求信息，有的还写上联络人姓名，标出价格，会场内外人声嘈杂。那些有经验的茶会老主顾，信息挂出来后，就买一碗茶，慢慢地品啜，等着客户上门。仅1987年的头三个季度，茶会的成交额便超过两亿元。这个茶会维持了好多年。①

由于有了茶馆生产数据交易中心，小厂小公司的采购们，不需要长途跋涉到处寻找供货商，只需要直接去茶会，一切便可以办妥。一位女采购员的公司急需两吨某种特型钢材，她很快便在茶馆里发现了卖家。一个乡镇企业的采购员，在公司需要材料时便到茶馆来，每次都不会空手而归，他认为茶会对小企业来说，真是非常重要的。有意思的是，在这里活动的采购和销售们，因为有更多的渠道与商业信息，甚至还为一些大型国有企业的原材料采购牵线搭桥。茶会从每笔交易中收取1%的回扣，建立了很好的声誉，人们诚信交易，没有欺诈。一位经营者表示，大家都努力建立这个市场的信誉，不会损害他人的利益。这使得全国经济信息网成都分部也考虑在这里进行供给需求调查。②

茶馆也成为各种"皮包公司"的办公室。"皮包公司"兴起于20世纪80年代，当时正处于所谓"全民经商"的高潮。许多小公司就只有一个人，没有办公室，没有员工，只有老板自己拎着个

---

① 韩南征：《茶馆与茶会》，见王木林、韩南征编：《巴蜀潮涌夔门开：四川改革见闻与思考》，北京：中国人民大学出版社，1990，第13—15页。
②《成都晚报》，1987年6月4日。

皮包到处找业务,所以被人们戏称为"皮包公司"。茶馆为"皮包公司"的老板们提供了最理想的交易和处理商务之地。即使那些有办公室的老板,也喜欢在茶馆里谈生意。何小竹是一名作家,当时也开了家公司,也有公司办公室,但是他还是喜欢去茶馆与客户见面,因为他觉得茶馆更容易给人"平等"的感觉。按照何的说法,不少成都的公司老板,虽然有聘用的员工及办公室,传真、计算机等办公用品都不缺,但是不喜欢坐在写字台前,于是每天上午开车去公司,签发几个文件,交代几件事情,然后就去了茶馆。他们在那里看报,或用手机与下属或客户联络;中午时分,就在茶馆里叫一碗排骨或红烧牛肉面,吃完后,便在舒适的躺椅上打一个盹;下午要么约见客户,要么约人谈在办公室不便谈的事。如果他们需要发传真或上网,档次高一点的茶馆都提供设备;如果没业务好谈,则约三五个朋友打麻将,赢的钱用来请大家一起去吃晚饭。[①]

与民国时期相似,不少经济组织也喜欢把茶馆作为它们的总部。许多商人来自外省或者外县,为了生意、生活或感情的联系,他们成立了同乡联谊组织。到90年代,便有十几个地方商会在成都成立。如来自浙江温州的商人以经商头脑而闻名,他们在成都建立了温州商会。这些商会大都没有自己的活动场所,所以把茶馆作为它们的活动中心。[②]这样,他们不需要专门租用办公室或会议室,会员聚会非常方便,茶水不需要准备,来早来迟也不要紧,

---

[①] 何小竹:《成都茶馆:一市居民半茶客》,成都:成都时代出版社,2006,第28、31页。
[②] Abrami, "Self-Making, Class Struggle and Labor Autarky," p.16.

茶馆聚会既可以商谈生意,也可以休闲和联络感情。

我们可以看到,茶馆作为一种公共空间,不仅适应了人们休闲和娱乐的需求,还发挥了市场和办公室的功用。在某种程度上,茶馆为商人们提供成本低且合适的场所,帮助他们获取信息,相互联系,促进了中国经济的转型。在一些地方,政府不得不提供一些场所以适应市场的需要,而茶馆作为一种现成的基础设施,发挥了它们新的功能,也得到政府的认可。尽管20世纪最后二十多年中发生了一些政治、经济和文化的变革,出现了其他的公共空间,还伴随着科技和物质文化的发展,但茶馆的市场功能从未被取代过。

生意场上的竞争

如上文所述,茶馆能够适应日益增长的多功能需求,导致茶馆数量增加,也使茶馆面临更大的竞争压力。为了吸引更多的顾客,茶馆提供了更舒适的环境。社会学家W. H. 怀特指出:"想要让一个地方有人气,最好的方法就是让它变得有吸引力。"[1]怀特是想告诉他的读者如何创造出理想的舒适环境,但是没有提到这样做的代价——更高的成本。2000年《华西都市报》便调查过茶馆的经营状况。调查者在夏天的一个下午来到府南河旁的一家茶馆,那里有110张桌子,400把椅子,茶价每碗从5到20元不等。服务

---

[1] Whyte, *The Social Life of Small Urban Spaces*, p. 63.

员告诉记者,该茶馆前几年生意很好,顾客们买价高的茶也不在乎,但这些年由于经济不景气,他们钱也花得少了。这个茶馆雇了22名工人,提供制服、餐食、住宿,外加每40天换一双新鞋。记者估计这个茶馆平均每天可接待大约500个顾客。一天下午,记者来到了一家装饰优雅的茶楼,尽管门口写着打七五折,但从下午3点至5点期间,他没看到一个顾客,只在晚间6点至9点半之间看到了八名顾客。记者还提到,一家2000年3月开业的茶楼,有700平方米,总投资达500万元,半年后便歇业了。[1]与街角茶馆相比,高档茶馆似乎更容易受到经济环境和人们生活水平变化的影响。(图5-11)

不同类型的茶馆,采取不同的方式,成为新兴消费文化的创造者。随着竞争的加剧,茶馆越来越注重自身的形象与宣传。2003年,第一届"茶馆形象"比赛举行,除了选举"茶花",还有五十多位参赛者参加"茶艺"比赛——特别是掺茶的表演。[2]在这场活动中,一对年轻的男孩和女孩展示了被称为"霸王别姬"的掺茶技术:那个女孩向后下腰,把茶碗放在她的腹部,男孩则站在三尺远处从一个长嘴壶中往里倒茶。茶水全部倒入了碗中,没洒一滴水,评委们认为他们的动作如行云流水,一气呵成。[3]四川茶文化协会还举办了一次品茶比赛,测试参赛者的鉴茶、掺茶和茶叶的知识等,胜出者是一位茶馆的经理,荣获"第一茶客"的

---

[1]《华西都市报》,2000年8月21日。
[2]《天府早报》,2003年10月26日。
[3]《天府早报》,2003年10月27日。

图 5-11　悦来茶园。作者摄于 2003 年夏。

称号。①2003 年 11 月，在琴台路的竹叶青茶坊前，一对九岁的龙凤胎小孩，自称是峨眉派茶艺的传人，伴随着中国的传统音乐"高山流水"，展示了他们的技艺。这两个小孩穿着白色的丝绸衣服，黑色的棉质鞋，表演"龙凤舞"。他们蹲在地上，从头顶上翻转大茶壶，把茶水倒入了身后的 20 个茶碗中，人群中响起了热烈的掌声。②

---

① 《天府早报》，2003 年 10 月 24 日。高档茶楼经常在报纸上打广告，例如 2002 年 7 月 17 日就有 82 个茶馆在《城市购物导报》上打广告（吕卓红：《川西茶馆》，第 19 页）。
② 《华西都市报》，2003 年 11 月 30 日。

天气因素对茶馆的生意有很大的影响。当地报纸上的一篇文章的标题就是《成都茶楼靠"天"吃饭》。这篇报道说，一个生意人在望江公园旁租了400多平方米的二楼房间，每月租金二万元，花了八十万设计装修，加了六个小包间，请了两位漂亮的迎宾小姐，却入不敷出。他想可能是因为设施不够完善，于是加了卡拉OK、棋牌等，还从公关学校请了老师来训练18名女服务员仪容仪表，但茶馆的生意仍然冷清，就算把价格降为"五元玩一整天"来吸引顾客，也没什么用。"五一节"七天长假期间生意没有好转，就算加了餐饮、纸牌、足部按摩也没有用。①茶楼在5月中旬还是门可罗雀，但到了月底，随着温度升高，来茶馆的人越来越多，因为茶馆里的冷气让人非常舒适。不少茶馆也以冷气开放作为揽客的手段。记者来到府南河旁的一家茶馆，都不敢相信自己的眼睛，那里简直生意爆棚。经理告诉记者，生意随着天气的变化，简直像坐过山车一样：5月15日之前，一天只有不足20个顾客，但随着天气变热，生意竟然突然变好了，特别是5月19日之后，顾客增加了近六倍。但是他对生意仍然不乐观，对茶馆生意受天气和季节的影响非常担忧。②

竞争是一种商业活动，但茶馆生意的竞争无疑也普及了茶文化，并为大众提供了娱乐。这些现象表明，茶馆再次适应了新的社会、文化和经济环境的变化，随时可以采取新的商业策略，以图生存和发展。它们为增加就业机会，保存传统生活方式，丰富

---

① 钟明华：《成都茶楼靠"天"吃饭》，《商务早报》，2000年5月26日。
② 钟明华：《成都茶楼靠"天"吃饭》。

公共生活，作出了贡献。虽然现今的茶馆与过去不同，但它们作为公共空间和提供各种服务的宗旨是不变的。即使其他的公共空间不断地出现，并争夺人们的时间和资源，但茶馆在人们日常生活中的中心地位，仍然是无法取代的。随着现代社会的发展，茶馆、茶馆文化和茶馆生活，能够很好地融入新的、充满竞争的商业氛围之中。

改革时代的国家、市场与茶馆

在改革开放时代，由于政治环境的变化，国家减少了对小企业和小商业的控制。李侃如在讨论这种转变时写道："政府现在不再为人们提供道德的指南。当代中国的一个重要特征，就是国家道德权威的削弱和精神上的满足。"[①]当然，这并非意味着国家完全置身于经济活动之外。实际上，国家仍然对商业发挥着影响，只是方式与过去不同而已。人类学家O. 布鲁恩（Ole Bruun）考察了1987至1991年间的成都小商业，这是毛泽东逝世之后中国的一个重要过渡时期，即从社会主义中国改革开放的最初阶段，到1989年后。布鲁恩发现，在成都，生意人竭力处理好与国家有关部门的关系，以确保生存和更多的利润。他们必须遵守当局所制定的各种规定和税收要求。例如，税务局要求业主估算竞争对手的利润，一些小商业主则用非法手段，把自己的私营商业登记为"集

---

① Lieberthal, *Governing China*, p. 296.

体所有"来逃税。布鲁恩的研究揭示,腐败成了一个严重问题。在1990年代初期,成都小企业的平均寿命大概是四到五年,其中25%维持不过两年,只有20%能生存十年以上。[1]这些都反映现今的企业仍然需要克服来自各方面的诸多障碍。

应对官方的各种限制,克服政策的朝令夕改,适应剧烈变化的政治局势,以及面对商业化、现代化的冲击,都是做生意必须面对的问题。改革开放以后,中国商业文化的发展与市场的持续扩张,使"市场像是一块巨大的磁铁吸引着人们"。[2]"全民经商"浪潮、大规模的农民工入城、国有企业的重组、城市大拆大建等因素,都影响着人们的公共生活。对于成都茶馆及其经营者来说,他们的茶馆要生存和发展,必须处理好与政府、管理者、规则及顾客的关系。正是他们这种非凡的适应能力,使茶馆继续在这个现代化的浪潮中繁荣昌盛。

---

[1] Ole Bruun, *Business and Bureaucracy in a Chinese City: An Ethnography of Private Business Households in Contemporary China* (Berkeley: Institute of East Asian Studies, University of California, 1993), p. 202.

[2] Dittmer and Gore, "China Builds a Market Culture," p. 23.

第六章　公共生活中的市民与外来工

市场经济给城市面貌、日常生活、文化乃至社会结构的方方面面带来了巨大的改变。正如社会学家戴慧思所指出的:"到20世纪90年代中期,更高的收入水平和新的零售市场满足了消费者的需要,降低了过去单位所承担的义务。"小商小贩充斥街道和市场,贩卖各种食品和日常必需品,"个体餐馆老板承包了单位的员工食堂,大量商业化的娱乐产业,为人们提供了工作之余休闲或洽谈生意的场所"。[1] 人们开始越来越依赖市场和公共空间,他们在日益丰富的商业文化氛围中谈生意,交换信息,并参与社会生活。[2] 茶馆满足了人们对公共生活的需求,并在消费活动中扮演了

---

[1] Davis, ed., *The Consumer Revolution in Urban China*, p. 5.
[2] 根据A. 维克(Ann Veeck)对1990年代南京食品市场的研究,她认为食品市场对城市居民来说是至关重要的,多样化的食品选择使得食品经营者们能够丰富居民的需求,一定程度上也展现了城市的繁荣景象(Veeck, "The Revitalization of the Marketplace," pp. 107–123)。

重要的角色。

还有另一类人群寻求公共空间的使用。他们就是我们经常所说的"流动人口",即来自农村的农民工,他们的数量持续地增加。从某种程度上讲,茶馆对这些流动人口来说,可能比对城市居民更为重要。许多农民工在茶馆中谋生活,为顾客提供各种服务,然而在工作之余,他们也可以成为茶馆的顾客。他们中的大多数人,家人都不在身边,往往居住在租金便宜、环境差的出租屋里。茶馆为他们的休息、会友、找工作、休闲娱乐等,提供了非常理想的场所。尽管政府放松了对外来工的限制,使农民可以在城市中务工,并暂时谋得一席之地,但是他们为了谋生来到陌生的城市,和城市居民相比,他们享有的权利并不平等,特别是许多社会服务只针对有城市户口的居民。户口问题影响着农村外来人口的经历、社会身份和城市归属感。[1]张鹂在《城市里的陌生人》(*Strangers in the City*)中对"流动人口"做了很好的研究,但她的关注点是城市中的生意人,而不是从事体力劳动的农民工,前者的处境相对来说比干重活的农民要好得多。而在茶馆谋生的工人或在街角茶馆休闲的"流动人口",大部分都是农民工。张鹂解释了为何政府付出那么多的努力去控制城中村,认为这是源于官方的"后社会主义城市美学理论"。[2]

这种美学理论,提倡的其实就是现代化、商业化、统一、整

---

[1] Li Zhang, "Urban Experiences and Social Belonging among Chinese Rural Migrants," in *Popular China: Unofficial Culture in a Globalizing Society*, eds. Perry Link, Richard P. Madsen, and Paul G. Pickowicz (Lanham: Rowman & Littlefield, 2002), p. 275.

[2] Zhang, *Strangers in the City*, pp. 3-4.

齐、干净、宏大、繁荣的城市外貌，这也是中国城市日趋千篇一律的重要原因。在这种思想指导下的城市管理，难免不能容忍下层民众摆摊设点，因此也时常发生小贩与城管的冲突。一些地方政府认为"流动人口"不利于城市管理和城市安全，甚至影响市容，因此需要作出相关的限制。但成都的农民工相较于其他城市的同类人群，有着较好的生活体验，因为他们是分散的，分散在这个城市的各个行业和各个地区，包括分散在茶馆中谋生计和度过休闲时光，因此没有像那种在城市的某个地方聚集大量来自一个地区的人口的北京"浙江村"之类那么引人注目。

茶馆仍然是适合休闲和娱乐的场所。这里消费不高，方便人们进行社交活动，也是谈生意的好地方。在晚清民国时期，茶馆便经常扮演市场的角色。虽然时代发生了翻天覆地的变化，但是茶馆这些基本的功能仍然保存下来。因此，20世纪80、90年代的茶馆生活，是改革开放后公共生活复兴的一部分，与变得日益复杂的社会和消费文化交织在一起。在新的时代，茶馆依然发挥着传统的功用，依然保持繁荣。

与20世纪50至70年代不同，改革开放时期的茶馆不再是党和政府的宣传中心，因为现在已经有更多、更强大的宣传工具，诸如报纸、电视及互联网等。党和政府更多地关注这些新媒体，并把它们纳入党政宣传之中。茶馆与政治的关系，不像过去那么密切联系了，而开始恢复其传统的休闲、娱乐和经济的功能。不过，人们这时依然可以在茶馆公开表达对政治的态度，哪怕直接提出某些意见,基本上也不会为自己惹上麻烦。①尽管国家关注各种言论,但它的精力也只可能局限于出版物,以及影响更大的大众媒体如电视等。对人们在茶馆里说的话,哪怕是一些批评的话,就无暇顾及了。

本章集中讨论在茶馆中进行活动的各种人群,我们可以看到,人们回到了公共空间,茶馆的恢复和茶馆生活的繁荣,给人们带来了更多、更丰富的公共生活的选择。在1949年以后,特别是"文化大革命"时期,人们从公共空间退回私人领域之内,因为只有在私人的封闭环境中,他们才能放心说出自己的观点,表达自己的心声。改革开放后,中国出现了一个相对宽松的政治环境,促进了公共生活的发展。人们无论年龄、性别、职业、教育水平,

---

① 关于中国城市中公共娱乐场所的研究,见Lisa Atkinson, "Fun for the '90s: Entertainment Just May Be China's Newest Growth Industry," *China Business Review* 21, no. 5 (September 1994), pp. 16–22; Atherton, Andrew, and Alaric Fairbanks, "What's Entertainment? New Censorship and Consolidation Concerns Plague China's Entertainment Market," *China Business Review* 24, no. 2 (March-April 1997), pp. 38–40; Augusta Lee Palmer, "Mainland China: Public Square to Shopping Mall and the New Entertainment Film," in *Contemporary Asian Cinema: Popular Culture in a Global Frame*, ed. Anne Tereska Ciecko (New York: Berg, 2006), pp. 144–155; Xiaoling Zhang, "Seeking Effective Public Space: Chinese Media at the Local Level," *China: An International Journal* 5, no. 1 (2007), pp. 55–77。

都越来越享受公共生活,茶馆再次成为成都最重要的社交场所。^①

共同兴趣与社交

有研究者认为,成都固有的茶馆文化是这个城市最大的特色,甚至可以用坐茶馆的功力来判断一个人是否真正的成都人。[②]一项调查发现,2.9%的成都居民每天都去茶馆,10.3%一周去一次,13.5%一周去两次,8.5%一个月去两次。此外,大量的流动人口也非常依赖茶馆。一项估计认为,在成都,超过20万人每天都去茶馆。[③]这一数字虽然很可观,但也并不令人惊讶,这不过是成都传统的恢复,因为在民国时期,每天便有10万至14万人光顾茶馆。[④]

随着茶馆的发展和光顾茶馆的客人持续增多,旧茶馆的多种

---

① 有一些关于城市日常生活和文化转型影响的研究,见 Farrer, "Dancing through the Market Transition," pp. 226-249。有论文集系统地研究了改革开放时代的文化,见 Link, Madsen and Pickowicz, eds., *Popular China*,其中有:Andrew Morris, "'I Believe You Can Fly': Basketball Culture in Postsocialist China"; Perry Link and Kate Zhou, "Shunkouliu: Popular Satirical Sayings and Popular Thought"; Julia F. Andrews and Kuiyi Shen, "The New Chinese Woman and Lifestyle Magazines in the Late 1990s"; Anita Chan, "The Culture of Survival: Lives of Migrant Workers through the Prism of Private Letters"; Any Hanser, "The Chinese Enterprising Self: Young, Educated Urbanites and the Search for Work"; Deborah Davis, "When a House Becomes His Home"; Robert Geyer, "In Love and Gay"; Zhang, "Urban Experiences and Social Belonging among Chinese Rural Migrants"。
② 张先德:《成都》,第54页。
③ 《商务早报》,2000年5月19日。
④ Wang, *The Teahouse, 1900-1950*, p. 34.

图6-1　大学同学在一家露天茶园聚会。作者摄于2003年夏。

功能开始恢复。例如，茶馆发挥着俱乐部的功用，朋友、同事、熟人、同行等，都可以在茶馆里聚会。①（图6-1）还有一些茶馆提供独特服务，如供棋艺专业比赛和业余切磋，成为茶馆棋园。这

---

① 关于性情爱好和自发组织的活动见Wong, "Geming Gequ," pp. 112-143; J. Lawrence Witzleben, "Jiangnan Sizhu Music Clubs in Shanghai: Context, Concept and Identity," *Ethnomusicology* 31, no. 2 (1987), pp. 240-260; Seio Nakajima, "Film Clubs in Beijing: The Cultural Consumption of Chinese Independent Films," in *From Underground to Independent: Alternative Film Culture in Contemporary China*, eds. Paul G. Pickowicz and Yingjin Zhang (Lanham: Rowman & Littlefield, 2006), pp. 161-208; John A. Crespi, "Treasure-Seekers: The Poetry of Social Function in a Beijing Recitation Club," *Modern Chinese Literature and Culture* 22, no. 2 (Fall 2010), pp. 1-38。

样的棋园,成都有六七家,其中最大最有名的在繁华商业区提督街。这个茶馆棋园有宽敞的大厅,顾客多是年轻的工人、年老的退休教师和干部,他们在那里喝茶、下棋、观棋或是切磋棋艺。茶馆还举行国际象棋比赛,出售门票,500个席位几乎天天爆满。① 一些阔太太的懒散生活,也与茶馆密切相关,她们早上去美容院,中午去茶馆,晚上在麻将室里打麻将,每天的生活就是这样的"三点一线"。②

茶馆经常是人们交往的场所,也促成了无数的婚姻。情侣约会的理想之地就是茶馆,无论是年轻的还是年老的,都可以在茶馆寻找他们的浪漫。③一位35岁的妇女描述她日常生活的时候,经常提到茶馆。就是在茶馆里,她遇到了真爱。她和丈夫第一次相遇就是在茶馆里,那时她和朋友们在茶馆聚会,接到电话,要她去另一家茶馆商谈业务。他听到了她的对话,主动说要送她去,于是他们由此相识,并很快相爱了。④另一位年纪较长的崔先生,从1980年代早期开始,便经常和他妻子光顾茶馆。他们先是去人民公园附近的一家茶馆,后来则喜欢到另外一家,他还经常带着他们的外孙去。小孩在茶馆中度过了从3岁到10岁的童年时光。崔先生是歌词作家,喜欢在茶馆里写作,人群和喧闹不但不打扰他的思路,反而经常给他灵感。他经常光顾府南河边的一家茶馆,

---

① 郝克强:《兴旺的成都棋园》,《人民日报》,1981年1月1日。
② 冰峰、强金武:《成都十八怪》,成都:成都时代出版社,2003,第220页。
③ Martin King Whyte, "Changes in Mate Choice in Chengdu," in *Chinese Society on the Eve of Tiananmen: The Impact of Reform*, eds. Deborah Davis and Ezra Vogel (Cambridge: Council on East Asian Studies, Harvard University, 1990), pp. 181–213.
④ 张逸仙:《孤寂中诞生的"爱情"》,《商务早报》,2000年4月26日。

在那里，他认识了一位和他女儿差不多年纪、离婚的女服务员。那位女服务员没有受过很多教育，字写得很难看，崔先生便教她写字，两人的关系逐渐变得亲密起来。后来，崔先生离了婚，便和那位女服务员生活在一起了。①

成都的茶馆可以满足居民各种各样的需求，人民公园就是一个很好的例子。公园内的茶馆成了名副其实的"婚姻介绍所"。开始时是一些年长的居民们喜欢在那里讨论孩子的婚姻大事，继而互通信息，互相介绍；然后逐渐发展成为每周三、周五下午定期的自发相亲活动，随着人气越来越旺，经常可以吸引三四百位父母来这里为他们的孩子寻找对象。一般的程序是，家长们先相互询问是为女儿还是儿子相亲，然后问年龄和生辰八字，下一步就进入看照片和交换联系信息的阶段。一位60岁的母亲说，她女儿已经29岁了，在邮局工作。虽然女儿一定会是一位好妻子，但她性格比较内向，并不主动寻找恋爱对象，结果只好由做母亲的代劳，到人民公园茶馆为女儿寻找合适的对象。这种相亲方式的好处是，家长可以直接得到对方的信息，不需要中介的介入了。②

茶馆也是文人聚集的场所。作家何小竹回忆，他第一次到成都的茶馆是在1983年，他经常去公园的茶馆或街角小茶馆。那时电话还未普及，他经常和他的朋友（多数是诗人）骑自行车到朋友家，但并不进屋，而是在路边把朋友叫出来，大家便去街角茶馆待半天。③作家开始把茶馆作为定期聚会的地方。在1990年代

---

① 作者在大慈寺文博大茶园的考察，2007年7月8日。
② 余瑶：《茶馆民俗与茶人生活》，第41页。
③ 何小竹：《成都茶馆记忆》。

中期,明清茶楼成了"他们的起居室、会客厅、编辑部、棋牌之家、爱心小房和伙食团",一些畅销书就是在那里写出来的。何小竹第一篇长篇小说中有一些情节就是以这个茶楼为背景的,他还写了一篇题为《明清茶楼》的短篇小说。① 根据诗人翟永明的回忆,一些成都诗人"睡至中午,约在香积厨茶楼打牌。一般是斗地主,地主一斗就是一下午……基本全都进入忘我境界"。② 作家王跃并不喝茶,但他喜欢待在茶馆里。茶馆经理和服务员都认识他,只要他走进门,他们就会说"胖子又来了",然后倒一碗白开水给他。听顾客的聊天和观察他们的言行,经常会给他灵感。他宣称自己是一个"老茶客",写了一本名为《老茶客闲话》的书。只要他在茶馆里,朋友和同事都会开玩笑说:"不要乱说话,谨防老茶客拿去加工。"③ 大慈寺的文博大茶园有好些常客都是著名作家,服务员甚至知道他们喜欢坐在哪里。流沙河每周四上午都去那里,直到中午才回家。车辐经常在那里会朋友,直到80岁身体不行为止。坐茶馆的习惯是他童年时养成的,那时他父亲去茶馆经常带着他。④(图6-2)

四川大学校园附近的"老屋",大概有几十个茶馆和五六家酒吧,年轻作家和画家喜欢在那里聚会。这条街实际上叫培根路(源于20世纪20年代的培根火柴厂),在几位专栏作家描写那里

---

① 何小竹:《成都茶馆》,第31页。有一篇关于成都生活的英文文章,见Sylvie Gentil, "Chengdu, Leave Me Alone Tonight, or Life as a Drowning Experience," *Chinese Cross Currents* 1, no. 2(April 2004), pp. 58—69。
② 翟永明:《白夜谭》,广州:花城出版社,2009,第12页。
③ 王跃:《老茶客闲话》,成都:四川文艺出版社,1999,第2页。
④ 吕卓红:《川西茶馆》,第66—67页。

图6-2 大慈寺文博大茶园是社交的好地方,如果朋友聚会的人多,可以将几张茶桌拼起来,便于大家一起聊天。作者摄于2003年夏。

的茶馆生活之后,变得更有名了。在外地人看来,培根路似乎更像是真正的成都,他们一直光顾这个地方,直至这里被夷为平地。作家西门媚描述了90年代培根路上的酒吧、书店、小食店,特别是许多茶馆的兴起过程。这些茶馆有室内的也有露天的,露天茶馆一般是家庭生意,开在庭院里,生意很好,整天都顾客盈门。[①]由叶回忆道,他们最喜欢的地方,是一个叫"三哥"的人开的茶馆,该馆是那一带规模最大的。只要电视里播放球赛,茶馆就会

---

① 西门媚:《培根路最后的秋天》,见西门媚:《结庐记》,石家庄:河北人民出版社,2006,第171—172页。

被挤得水泄不通。顾客花上两元可以买一杯茶,三元可以买一杯酒,整个下午和晚上都可以在那里读报、打牌、晒太阳,要不就是观察人来人往,或是打瞌睡。她说"那里基本上是我们这帮朋友生活的一个部分"。但后来它被一分为二,一半作茶馆,一半作酒吧,这使得茶馆这半边变得十分拥挤。由叶和朋友们只好转移到巷子另一头的一家茶馆,那家茶馆开在店主自家的院子里,葡萄藤下摆两三张茶桌,非常安静,富有情趣。①

红星路上的南风茶楼靠近《四川日报》社,很受记者们的欢迎。成都大多数媒体都聚在这一带办公,这家茶楼一度成为记者们的聚会地,他们在这里写稿、休息、聊天、互通信息等。有时懒惰的记者,干脆不出去采访新闻,而是到南风茶楼,从其他记者那里拿"通稿"。因此有人戏称这个茶馆为"第二新闻现场"。②记者们也喜欢去大慈寺的茶馆聚会或处理编辑事务,如《商务早报》要计划新开一个副刊,编辑就将作者约到大慈寺茶馆喝茶,商讨栏目。《四川日报》《成都日报》《成都商报》《新闻晚报》等媒体的记者和编辑,不仅在文博大茶园喝茶和交流信息,甚至还在那里开编务会。③

改革开放时代的茶馆,正如民国时期的茶馆一样,扮演了信息中心的角色。这种功能尽管在毛泽东时代被削弱了,但随着改革开放的深入,政府控制的宽松,便得以迅速地恢复。许多媒体诸如报纸、电视、互联网等如雨后春笋般涌现,茶馆依然为各种

---

① 由叶:《来路不明的夜晚》,成都:四川文艺出版社,2001,第3—6页。
② 何小竹:《成都茶馆》,第31页。
③ 吕卓红:《川西茶馆》,第66—67页。

各样的人提供信息。和过去一样,茶馆不仅是文人骚客重要的社交场所,还为他们提供了写作的素材与灵感。

娱乐场所

茶馆的复兴满足了许多城市的娱乐需求,同时娱乐又为茶馆增添了活力。① 顺兴老茶馆每晚都表演一小时川剧,周末下午多加半个小时,节目多是一些比较著名的川剧片段,如变脸、吐火、滚灯等。滚灯是表演者把一盏灯放在头上,表演各种惊险动作。②悦来茶园是成都最古老的茶馆戏园,但在20世纪60和70年代,改

---

① 有许多关于改革开放后大众娱乐和休闲活动的研究。关于旅游,见Sandy C. Chen and Michael Gassner, "An Investigation of the Demographic, Psychological, Psychographic, and Behavioral Characteristics of Chinese Senior Leisure Travelers," *Journal of China Tourism Research* 8, no. 2 (2012), pp. 123-145。关于酒吧,见James Farrer, "Shanghai Bars: Patchwork Globalization and Flexible Cosmopolitanism in Reform-Era Urban-Leisure Spaces," *Chinese Sociology and Anthropology* 42, no. 2 (Winter 2009-2010), pp. 22-38。关于卡拉OK,见Anthony Fung, "Consuming Karaoke in China: Modernities and Cultural Contradiction," *Chinese Sociology and Anthropology* 42, no. 2 (Winter 2009-2010), pp. 39-55。关于高尔夫,见Guillaume Giroir, "Spaces of Leisure: Gated Golf Communities in China," in *China's Emerging Cities: The Making of New Urbanism*, ed. Fulong Wu (London: Routledge, 2007), pp. 235-255。关于各种游戏,见Anders Hansson, Bonnie S. McDougall and Frances Weightman, eds., *The Chinese at Play: Festivals, Games, and Leisure* (New York: Kegan Paul, 2002)。关于政治与休闲,见Shaoguang Wang, "The Politics of Private Time: Changing Leisure Patterns in Urban China," in *Urban Spaces in Contemporary China*, eds. Davis et al., pp. 149-172。

② 作者在成都会展中心顺兴老茶馆的考察,2000年7月22日。

名为锦江剧场。1984年扩建后,这里又恢复了旧名悦来茶园,并增设了宾馆、舞厅、商店、餐厅及影院。川剧玩友协会每周五也来到这里排练。1990年代,新的悦来茶园成为川剧艺术中心的一部分。经历了数次转型之后,悦来茶园已失去了过去老茶馆的那种风味。茶馆底层是传统风格的装饰,大厅的四周挂着横竖大小牌匾,有各种诗词、名句、对联等,大厅的中心是舞台,每周六下午都会上演川剧,热闹非凡。第二层是豪华高档包间,价格比第一层贵许多。悦来茶园重新装修后,布置讲究了许多,但茶价也上涨了,这也使茶馆的一些老主顾望而却步,特别是收入不多的退休老人,便转去其他便宜的街角茶馆。① (图6-3)

讲评书是茶馆里最普遍、最受欢迎的娱乐之一。一位说书人就像一位舞台上的演员,用流畅的语言、简洁的措辞、丰富的面部表情,戏剧性故事情节等表演艺术,来吸引观众。说书人坐在高脚椅上,讲四川方言,只用两种道具,即一把折扇、一块惊堂木,二者都用于增强戏剧效果。例如,一位美女以折扇来代表,而一位暴君可通过惊堂木来展现。说书人经常在偏僻的街角茶铺中表演,他们一般至少能说五个情节复杂、跌宕起伏的古典故事,每天讲两个小时,有时一个故事要三个月才能讲完。和好莱坞的电影类似,几乎所有的评书故事都以正义战胜邪恶而圆满结束。②

一位外国游客在描述他的成都之行时,说到茶馆中"烟雾腾腾带有古老风味",年长的观众抽着长烟管,喝着盖碗茶。老人们

---

① 徐娟:《近五十年成都老式茶馆的变迁》,未发表的文稿。
② 曾智中、尤德彦编:《文化人视野中的老成都》,第391—393页。

图6-3 悦来茶园。中间有一个戏台,戏台周围都是茶座。作者摄于2003年夏。

用长长的烟杆抽着烟,从盖碗里抿着浓茶,"发出一声声心领神会的叹息"。这些故事,老一辈给他们讲过无数次,他们在茶馆里也反复听过,因此"几乎同说书人一样熟悉这个故事",但仍然百听不厌。来听书的老人一般不富裕,多数为退休的人,孤寡老人也不少。据这个外国游客的观察,七十多个听众中除了两位老太太,其余的都是老头,平均年龄接近七十岁。"他们的一天很漫长,待在狭小的屋子里无所事事。他们的主要娱乐就是同几个朋友坐在一起听书,喝两分钱一碗的茶。"有趣的是,说书人看起来只有三十几岁,表演时还穿着他白天上班时的蓝工作服。而青年人对这些故事并不那么感兴趣,他们宁愿"在晚上花几分钱,在茶馆里看彩色电视机播的节目"。①茶馆录像厅兴起以后,年轻人基本上都被吸引过去了,在茶馆看戏的基本上就只剩下老人了。

琼瑶在她的小说《几度夕阳红》中,描写过四川的茶馆。其实,她对茶馆的了解"也是从朋友处听来的,一知半解,再加上想象力,笔下的茶馆,非常诗意。后来拍成电视剧,在水边搭出一座茶馆,一半在岸上,一半在水中,就更加诗意了"。她本人对茶馆并没有亲身经历。20世纪80年代,琼瑶为了"寻根",来到了成都,她只知道四岁以前的家在成都暑袜街。在她脑海中,暑袜街有"古老的石板小路,路两旁是老式的四合院,院中有合抱的大槐树,枝丫伸出了有小花窗的矮墙","每户人家,都有两扇油漆斑驳的红门,门上嵌着褪色的铜门环"。但她到了暑袜街,发现完全是另外一番景象,这是一条"又宽又阔的交通干道","街上车水马龙,好不热闹","来往行人如织,脚踏车穿梭不断"。街边的建筑都是楼房,至于"斑驳的红漆大门,窄窄的石板小路"等,都在她的"梦魂深处,如今是无迹可寻了"。②

接待她的朋友带她去了一个老茶馆,她发现这里和她想象的大不相同。这家茶馆在闹市区的小巷子里,"像一座学校的大礼堂,但已十分陈旧。里面早已坐满了人,原来都是听说要表演,全部'老客人'都来了,座中白发苍苍的不在少数。大厅前面有舞台。座位是长板凳,板凳前有简单的木桌,桌上有茶碗茶碟"。

---

① 曾智中、尤德彦编:《文化人视野中的老成都》,第391—393页。
② 琼瑶:《剪不断的乡愁》,北京:作家出版社,1990,第165—167页。关于过去成都传统的民间表演,见Wang, *Street Culture in Chengdu*, pp. 53, 80, 202。

根据琼瑶的描述，表演的节目"实在让人意外，也实在太精彩了"。节目包括乐器演奏、正宗川剧、地道的"莲花落"、独角的讽刺剧、"道情"等。她说最难得的是"金钱板"。表演的老先生年事已高，身体不太好，早已退休，"今晚破例出场，博得满堂喝彩"。在川剧表演《断桥》之后，"全场气氛，越来越热烈，座中掌声不断，喝彩声此起彼落"。她发现，"座中的'老客人'都如醉如痴，而茶馆外面，还挤了无数的年轻人，也在作'场外观'"。

茶馆也为民众的自发娱乐提供了场地，大慈寺的文博大茶园便是这样一个理想的场所。大慈寺内的文博茶馆，使用原来寺庙的几个大殿，地方开阔，既有室内，又有露天，各取所需。而且这里仍然使用过去传统的木桌、竹椅、盖碗茶。寺庙有大殿和三个庭院，大厅内阴凉，院内也有树木覆盖。第一个大殿有一半挂着待出售的字画，一半作茶馆。第二个大殿内是客人们自娱自乐的地方，竹椅摆成行，里面几乎都是老人，大多数是妇女。一个柱子上悬挂着一面红布，上面写着"成都老年体协活动中心"。前面是舞台，上面挂着两条横幅，一条写着"蜀声琴社演唱会"，一条写着"成都市川剧玩友协会"，这是文博大茶园中两支主要的业余表演队。蜀声琴社每周日下午表演，玩友协会每周五下午活动。本书第三章已经讨论过，这项自发的大众娱乐在20世纪50年代被禁止，改革开放后又在各个茶馆和公园内重现了。顾客只需付两

图6-4 大慈寺文博大茶园里面的业余文艺演出。作者摄于2003年夏。

三元茶钱,便可以一边啜茶,一边观看节目表演。①(图6-4)

这些协会非常活跃,会员定期在茶馆聚会和表演。一些川剧玩友在牛市口得胜下街的一家茶馆坐唱了十多年。这家茶馆保持着过去的风貌,虽然设施简陋,但玩友们乐在其中。六十多岁的

---

① 作者在大慈寺文博大茶园考察时所拍摄的情形(2000年7月5日、2003年5月17日);吕卓红:《川西茶馆》,第63、73页;勤耕:《"玩友"与玩友》,《四川戏剧》,1988年第3期,第45—46页。对改革开放后这些自发组织的研究,见刘厚生:《关于民间职业剧团的几点思考》,《广东艺术》,1997年第1期,第21—24页;苏敏华:《民间职业剧团在演出市场中的地位和作用》,《福建艺术》,1998年第2期,第9—10页。

林先生，父亲是老悦来茶园的雇员，幼时母亲常带他到悦来找父亲，大些后自己也经常去。如果父亲没下班，他就溜进戏园看戏，天长日久，跟演员们也混熟了，耳濡目染，他成了川剧迷。他不抽烟喝酒打麻将玩扑克，川剧是其唯一所爱。1958年他参加了业余川剧团，经常在书院南街的第一文化馆唱小生和拉胡琴。"文化大革命"中他不敢再唱川剧了，但实在忍不住时，他就骑自行车出城，在田野练嗓子。改革开放后，他可以随心所欲地在茶馆打围鼓了，有时一天要去不同的茶馆赶几场。1995年他退休后，便加入了青羊区玩友协会的同乐分会，又唱又拉，积极参加和组织玩友活动，精力都花在了玩友活动中，家里人对他的痴迷都很理解，并不加阻挠。[①]

在成都的川剧玩友团体中，同乐分会成立比较早，到2000年已有15年历史，尽管中间也经历了不少挫折，但参加者仍然坚持不懈。同乐分会这些年转移过不少地方，最后安定在新华茶园。每逢周二、周四、周六下午，这些爱好者便来到茶馆演唱，锣鼓和高腔此起彼伏，周围一带清晰可闻。围鼓对茶铺的生意大有帮助，平时只卖茶，茶客不多，但同乐分会唱围鼓的下午，有百余人聚集，座无虚席。除同乐分会的会员外，其他玩友也会来凑热闹，以致经常要向邻居们借椅凳，方能安置踊跃参加的茶客。茶园为此专门搭了简易戏台和凉棚，茶价上也有优惠。平时是两元一碗，但由于来听围鼓的绝大多数是退休工人，收入有限，且是常客，故每碗茶只卖一元五角。茶园员工对玩友们服务周到，态

[①] 张先德：《成都》，第193—194页。

度友善。①

这个茶馆在背街小巷,虽然位置偏,但也能吸引不少玩友从远处赶来参加,有的是场场都不误。一个双目失明的老太太,由她老伴用自行车送来,两人在茶铺吃了午饭,便等着下午打围鼓开场。在同乐分会的戏迷中,有三分之一可以登台表演,也有不少是初学者。无论组织者还是演唱者或乐队,都是出于自愿和爱好,没有报酬。在节日期间,同乐分会还组织大家一起外出郊游,参加者仍然是唱戏、听戏。按"玩友界"的惯例,每年最冷和最热的一个月,都要暂停活动,但同乐分会没有停,因为这个团体是他们的精神寄托,"喝茶韵戏,以心寄戏,已经成了他们既定的、熟惯的活法,可谓生命继续下去的最大支撑点"。②

2000年夏,我在大慈寺文博大茶园考察时,在第二个大殿里,看到不少中老年妇女手里拿着红色或黄色的折扇练习舞步。然后,大厅里响起了合唱《社会主义好》《唱支山歌给党听》以及其他主流"红歌"的声音。值得注意的是,这是自发的民众娱乐,不是有组织的宣传。唱完"红歌"后,她们开始唱若干年前流行的"亲爱的朋友们,今天来相会……"然后,录音机里响起了欢快的舞曲,只见十几个老太太,其中也有一两个稍年轻的,在那里跳红绸舞,立即引来不少人围观。③集体舞结束,一名妇女开始独唱

---

① 张先德:《成都》,第195页。
② 张先德:《成都》,第195—196页。
③ 红绸舞也是从革命年代传下来的一种红色文化。关于革命舞蹈的研究,见Hung, "The Dance of Revolution," pp. 82–99。

黄梅戏《牛郎织女》，这出戏表现的是中国传统的爱情故事。①

实际上，在毛泽东时代之后的娱乐中，妇女们发挥着更为积极的作用，她们在各种各样的公共场合，如公园、城市广场以及家周围的锻炼场所中跳舞。② 为什么这种自发的娱乐，包含了革命和政治化色彩如此强烈的歌舞呢？这背后有着复杂的原因。参与这些活动的，大多数都是退休的老人，几十年来，他们都沉浸在"革命文化"之中，这些"红歌"，也许能唤起他们对逝去的青春

---

① 作者在大慈寺文博大茶园的考察，2000年7月5日。
② 西方学界有很多关于改革开放后中国女性的研究。关于文学作品中的妇女，见 Chengzhou He, "Women and the Search for Modernity: Rethinking Modern Chinese Drama," *Modern Language Quarterly* 69, no. 1 (March 2008), pp. 45-60; S. Louisa Wei, "The Encoding of Female Subjectivity: Four Films by China's Fifth-Generation Women Directors," in *Chinese Women's Cinema: Transnational Contexts*, ed. Lingzhen Wang (New York: Columbia University Press, 2011), pp. 173-190。关于妇女在经济活动中扮演的角色，见 Yuling Ding, "Economic Activities and the Construction of Gender Status among the Xunpu Women in Fujian," in *Southern Fujian: Reproduction of Traditions in Post-Mao China*, ed. Chee-Beng Tan (Hong Kong: The Chinese University Press, 2006), pp. 163-183。关于妇女参政，见 Qingshu Wang, "The History and Current Status of Chinese Women's Participation in Politics," in *Holding up Half the Sky: Chinese Women Past, Present, and Future*, eds. Jie Tao, Bijun Zheng and Shirley L. Mow, pp. 92-106。关于妇女的生活，见 Jieyu Liu, "Researching Chinese Women's Lives: 'Insider' Research and Life History Interviewing," *Oral History* 34, no. 1 (Spring 2006), pp. 43-52。关于妇女的形象，见 Yanru Chen, "From Ideal Women to Women's Ideal: Evolution of the Female Image in Chinese Feature Films, 1949-2000," *Asian Journal of Women's Studies* 14, no. 3 (2008), pp. 97-129; Yi Sun, "Reading History in Visual Rhetoric: The Chinese Images of Chinese Women, 1949-2009," *Chinese Historical Review* 18, no. 2 (Fall 2011), pp. 125-150。关于男女平等，见 Dongchao Min, "From Men-Women Equality to Gender Equality: The Zigzag Road of Women's Political Participation in China," *Asian Journal of Women's Studies* 17, no. 3 (2011), pp. 7-24。

时代的记忆。此外,大量下岗工人对某些社会现象感到不满,因而怀念毛泽东时代,唱革命歌曲或许是他们表达不满的一种方式。当然,对有些人来说,唱革命歌曲也并非因为受到政治的影响,他们只是比较熟悉这种文化而已。由此,我们可以看到,在改革开放后,哪怕是受到现代化和商业化大潮的冲击,"革命文化"仍然强烈地影响着人们的日常生活。上文提到的"红绸舞"源自秧歌,是延安时期最常见的大众娱乐方式之一。表演"红绸舞"的人们,也许只是在回忆他们的青春,而不是表达特定的政治观点,毕竟社会主义与革命的娱乐陪伴他们从青年到老年,"红色文化"与"革命文化"对他们的品位,有着潜移默化的影响,与他们的社会活动或是公共生活的性质关系不大。他们只是无意识地选择其熟悉的,或是能唤起他们回忆的文化。因此,到20世纪末,尽管社会的两极化不断加剧,茶馆依然是社交和大众娱乐的主要场所。而茶馆之所以能生存下来并恢复其繁荣,也是因为它们提供了人们所需要的各种娱乐方式。

我们还应当看到,在1949年以前的中国,茶馆是男人的世界,但在社会主义制度下,人们对公共场所的使用权,基本上做到了男女平等。在世纪之交的中国(乃至今天),我们可以看到在公园、广场这样的公共空间里的集体活动中,女人往往多于男人。这种现象,大概有以下原因:第一,中国的女人比男人退休早。男性是60岁退休,而女工人50岁退休(干部55岁退休)。在有的重体力工种,女工人甚至45岁退休。第二,大量的下岗工人中,女性再就业比男性难,许多女性在四十几岁就开始了她们的退休生活。第三,女性的平均寿命比男性更长,许多女性在失去丈夫后，就只能依靠朋友和社交圈，所以经常在诸如茶馆之类的公共场合中聚会。女性在毛泽东时代获得了就业的（至少理论上的）平等，但在改革开放后，才在公共生活中赢得了更为实实在在的自由。女性经常光顾茶馆，她们不仅是顾客，还在那里谋生，甚至进入了男性传统的行业，从事诸如算命、掏耳朵等营生，下文将会对此进行讨论。

老年人的世界

人们经常可以看到老年人在公园里，或是附近的健身场所从事跳舞、打太极拳等健身活动。[1]至于花费不多的社交、聚餐、喝

---

[1] 关于中国老年人和老年社会的研究有许多，其中大多数是从社会学和人类学的角度出发。关于社会与老年人，见Cecilia Chan, "Urban Neighborhood Mobilization and Community Care for the Elderly in the People's Republic of China," *Journal of Cross-Cultural Gerontology* 8, no. 3 (July 1993), pp. 253-270。关于老年人的社会角色，见Philip G. Olson, "The Changing Role of the Elderly in the People's Republic of China," in *The Graying of the World: Who Will Care for the Frail Elderly?*, ed. Laura Katz Olson (New York: Haworth, 1994), pp. 261-287。关于老年问题，见Friederike Fleischer, "Speaking Bitter-Sweetness: China's Urban Elderly in the Reform Period," *Asian Anthropology* 5, no. 1 (2006), pp. 31-55。关于老年人的生活，见Ying Liu, "The Lives and Needs of Elderly Women in Urban China," in *Holding up Half the Sky*, eds. Tao, Zheng and Mow, pp. 193-203。关于老年人的生活条件，见Xin Meng and Chuliang Luo, "What Determines Living Arrangements of the Elderly in Urban China?," in *Inequality and Public Policy in China*, eds. Björn A. Gustafsson, Li Shi and Terry Sicular (New York: Cambridge University Press, 2008), pp. 267-286。关于老年人的收入，见James M. Raymo and Yu Xie, "Income of the Urban Elderly in Postreform China: Political Capital, Human Capital, and the State," *Social Science*

图6-5　退休老人们在茶馆休闲。作者摄于2015年秋。

茶、打麻将这样的活动，茶馆则是老人们的首选地点。所以人们常说茶馆"多半是老人的天地"，因为他们有充足的时间，想在茶馆里待多久就可以待多久，还可以和朋友们或是陌生人闲聊。①（图6-5）

（接上页）*Research* 29, no. 1（March 2000）, pp. 1–24。关于老年人享受的福利和社会服务，见Wen-hui Tsai, "Life after Retirement: Elderly Welfare in China," *Asian Survey* 27, no. 5（May 1987）, pp. 566–576；Yakov Berger, "Social pp. 79–112。关于老年人的健康问题，见Lucy C. Yu and Minqi Wang, "Social Status, Physical, Mental Health, Well-Being and Self Evaluation of Elderly in China," *Journal of Cross-Cultural Gerontology* 8, no. 2（1993）, pp. 147–159。

① 戴善奎：《成都泡茶馆》。

如成都老邮工协会的会员们每个月都在茶馆里聚会。协会设会长和通讯员各一名,现在在任的是第三任会长,82岁了,但是在这个团体中,他还算比较年轻的。成员多时有四十多人,少时二十多,已有九人去世。大家来去自由,自己付茶钱。协会定于每月8号活动,但是如果有会员过生日,大家就一起凑钱给寿星庆生,先到茶馆喝茶,然后到饭馆吃饭。寿星就不用出份子钱。如果是逢年过节,包括抗战胜利、香港及澳门回归、新世纪到来等他们认为有意义的日子,协会都会到大慈寺文博大茶园聚会。过去他们去悦来茶园,但由于那里价格上涨,他们便转移到了文博大茶园。一位人类学者这样描述他们的一次聚会:在上午9点左右,人们陆续到达,相互打招呼之后,他们把八张桌子拼在一起。每个人付自己的茶钱,一般是买最便宜的。有人自备茶叶茶杯,则只需付两元的开水钱。他们开始谈天论地,从过去到现在,从国家大事、社会问题到家庭和小孩。如果有人因病错过了那次聚会,成员们会一起去探望病人。中午时分,大概有十个人走了,剩下的人开始点餐,然后服务员给他们上菜,根据个人选择,有饺子、面条或者盒饭等。午饭过后,人们互相道别,陆续回家,也有一些人继续留在茶馆里聊天,但没有人打牌。①

在2000年的夏天,我在大慈寺的大慈庄考察的时候,观察了一群老年妇女的聚会。她们先在露天茶座喝茶,午餐时,把茶碗留在桌上,到室内餐厅吃饭,坐十人桌。午饭过后,她们回到茶桌上继续喝茶聊天。我看到两位老太太吃完后一起走出饭厅,其

---

① 吕卓红:《川西茶馆》,第69页。

中一位给另外一位十元钱,但后者坚持不收,说:"这次我买单!"这十元钱被两人递来递去,最后,第一位不得不收回了那十元,笑着说"我不和你争了"。餐厅里吃饭的陆续都出来了,有的嚷着"好热,出来还凉快点"。于是她们便坐在桌子周围,又玩起麻将来,同时随意地聊天。还有一些人慢慢走出园子,嘴里说"先去照相"。池塘中央亭子里那桌打麻将的人聊天很热闹,听她们说某人的女儿学习很努力,考上了美国的研究生。①

对于一些老年人来说,茶馆是他们唯一的消遣地。一位老茶客从1977年便开始光顾茶馆,他每天早上7点到8点在茶馆喝早茶,然后才去上班。下班后也会在茶馆里待上几个小时再回家。退休后,他经常一整天都待在茶馆里,有时从家里带午饭来,有时就在茶馆里买碗三四块钱的面条吃。②林老先生已经八十多岁了,从眼镜店退休后,觉得无聊,于是家人带他去大慈寺的文博大茶园散心,他便成了茶馆的常客。平日子女要上班,他自己来;周末则和子女一起来,暑假还带他的孙子来。他喜欢坐在大殿的屋檐下,安静地喝茶冥想,免于妻子的唠叨或孙子的打扰。服务员知道他喜欢安静,总是留下一个热水瓶让他自己随时倒热茶。老先生有时也和别人聊天,基本都是关于眼镜的。另一位杨先生,六十多岁,退休前是中学的数学老师,喜欢文博大茶园的"文化氛围"。后来他搬到了北门附近,离大慈寺很远,但他依然每周坐车去茶园见朋友。还有一位书法爱好者,喜欢坐在挂满绘画和书

---

① 作者在大慈寺大慈庄大茶园的考察,2000年7月5日。
② 余瑶:《茶馆民俗与茶人生活》,第27页。

法的前院，以便边喝茶、边欣赏那些作品。对他来讲，坐茶馆就像是在参观一场艺术作品展。①

因此，与花费更多的咖啡馆、酒吧等不一样，茶馆像是老年人的庇护所。在成都，茶馆的繁荣与老年茶客的光顾密不可分。随着中国的人口逐渐老龄化，与教育背景、经济条件、文化认同一样，年龄也成为人们选择某种娱乐类型的一个重要因素。年轻人每天都必须待在他们的工作场所，而老年人有了更多的空闲和社交的需要，因此必然成为许多城市公共场所的占领者。茶馆满足了退休老人的需要；反过来，这些老年居民也帮助了茶馆的生存和发展，帮助维持茶馆生活和茶馆文化的生命力。（图6-6）

男女服务员

许多人在茶馆中谋生，包括茶馆主人、工人以及其他在茶馆干活的人，但是与顾客打交道最多的，当然是男女服务员了。在一些小茶馆中，老板、服务员、烧水工、收银员等工作，可能都由同一个人承担，但一些大茶馆可能有上百名雇员。②在晚清至民国时期，女招待很少，而男招待一般被称为"茶博士""茶房"或

---

① 吕卓红：《川西茶馆》，第71页。
② 很少有关于中国男女招待的研究，似乎目前只有我自己的文章：Di Wang, "'Masters of Tea': Teahouse Workers, Workplace Culture, and Gender Conflict in Wartime Chengdu," *Twentieth-Century China* 29, no. 2（April 2004），pp. 89–136。西方关于男女招待的研究，见Greta Foff Paules, *Dishing It out: Power and Resistance among Waitresses in a New Jersey Restaurant*（Philadelphia：Temple University Press，1991）。

图6-6 老人们在一家茶馆门口打扑克牌。作者摄于2015年秋。

是"堂倌",他们技巧娴熟,社会经验丰富,茶的知识渊博。现在,只存在很少的"茶博士"了,他们被当作文化遗产而受到追捧。一份地方报纸刊登了一张"茶博士"的照片,他那时66岁,身穿蓝色无内衬中山装,黑色裤子,白色短袜,腰上围着条红布,头上绑着白色长毛巾。他用托盘把16套碗碟举过两尺高,纵使受到撞击,也不会失去平衡。他可以一手拿一个长嘴壶把开水同时倒入两个茶碗中，这叫作"二龙戏珠"。①

但是，有些"茶博士"的技巧不像以前那么娴熟。在20世纪80年代末，著名作家琼瑶回到成都"寻根"，被邀请去茶馆里看掺茶师傅的"绝技"。主人称赞那位师傅的技巧是如何地精湛，说是老师傅可以干净利落地把一叠茶杯茶碟，一字摔开，然后离着老远用茶壶对着茶杯倒水，可以滴水不漏！这位冲茶师傅，很久没有出来表演绝技了，这次特地来给琼瑶展示。琼瑶见那位老师傅拿起一大叠茶碟，扬起手来一摔，但这些茶碟并没有整齐地一字排开，"茶碟乒乒乓乓地摔下来，滚了满桌子"。老师傅不服气，抓起茶碟，再表演一次，也没有成功。最后，老师傅总算把茶碟弄妥了，就开始"冲茶"，但也不顺利，"水花溅得到处都是，茶杯盖也盖得不利落"。②

虽然他们做着同样的工作，但对他们的称呼改变了。人们不再叫那些技巧娴熟的人"堂倌"或者"茶博士"，而是叫他们"服务员"或者"师傅"。在过去，只有男人可以做这个行业；抗战时期，成都茶馆里出现了女招待，但只是昙花一现，很快又被政府和保守的社会舆论打压下去了。③现在，随着社会的开放，妇女进入茶馆，在茶馆里提供各种服务，已经不足为奇。而且不少茶馆有向饭店看齐的倾向，特别是中高档茶馆，喜欢雇用年轻的女服务员，过去那种手艺高超但年纪偏大的男堂倌们，正在退出历史

---

① 《蓉城周报》，1992年2月11日，转引自杨忠义：《成都茶馆》，《农业考古》，1992年第4期（中国茶叶文化专号），第116页。
② 琼瑶：《剪不断的乡愁》，第166页。
③ Wang, *The Teahouse, 1900–1950*, chap. 3.

舞台。人们越来越不关心服务员冲茶的技术，而是重视茶馆的环境和服务员服务的态度，当然，有时候还有女服务员的相貌。①（图6-7）

在一些高档茶楼里，不少服务员受过良好教育，称为"茶艺师"。顺兴老茶馆有两个茶艺师，他们用长嘴发亮的铜水壶给顾客掺茶，虽然站在一定的距离之外，但是滴水不漏。还有不少年轻女服务员，她们刚从初中或是高中毕业，身穿带有乡村风情的蓝色花短衫。茶艺师每月可挣1,000多元，女服务员则挣700元。我和丘茶艺师聊了一会，得知他31岁，毕业于四川农业大学，主修茶叶制作。他现在负责茶叶配制，充分发挥他的专业技能。如何配制茶叶是一个高度技术性的工作，茶叶质量是一个茶馆生意的关键，也是茶馆对顾客具有吸引力的一个重要原因，丘先生对他的技能很有自信。②

在低端茶馆中，服务员被称为"茶工"，负责卖茶、冲茶、安排桌椅、洗茶碗等工作。文博大茶园的经理说，茶工必须是年轻人，因为他们必须行动敏捷，体力好。茶工早上8点上班，先清理

---

① 关于改革时代女性进行的经济活动，见Shirin Rai, "Market Economy and Gender Perception in Post-Mao China," *China Report* 24, no. 4（October-December 1988）, pp. 463–467; Beverley Hooper, "Women, Consumerism and the State in Post-Mao China," *Asian Studies Review* 17, no. 3（April 1994）, pp. 73–83; Beverley Hooper, "'Flower Vase and Housewife': Women and Consumerism in Post-Mao China," in *Gender and Power in Affluent Asia*, eds. Krishna Sen and Maila Stivens（London: Routledge, 1998）, pp. 167–193; Karyn A. Loscocco and Christine E. Bose, "Gender and Job Satisfaction in Urban China: The Early Post-Mao Period," *Social Science Quarterly* 79, no. 1（March 1998）, pp. 91–109。
② 作者在成都会展中心顺兴老茶馆的考察，2000年7月22日。

图 6-7　彭镇观音阁老茶馆的掺茶工人。作者摄于 2015 年秋。

和安排好桌椅、烧开水，等顾客到来，热情接待客人，上茶倒水。虽然他们也是八小时工作制，工作时间到下午 5 点半，但他们实际上必须等所有的顾客走了之后，才能下班。大多数茶工都来自成都附近的农村，一般通过熟人介绍到茶馆里工作。[①] 在文博大茶园，一位来自乡下的茶工已经在这儿工作了六年，但他的妻儿仍在农村，他十天或半个月回去看他们一次。他过去是木匠，但是收入不稳定，遂来到茶馆工作。他喜欢茶馆的氛围和稳定的工资。因

---

① 吕卓红：《川西茶馆》，第 65—66 页。

为他在这里年纪最大,所以大家都叫他"老大"。最年轻的也是外来人,高中还没毕业就到这里干活了。他说这份工实际上很辛苦,一天劳作下来,手臂酸痛。休息的时候,工人们会一起打麻将。他们每个月的工资只有四五百元,不过茶馆提供午餐,他们还可以在茶馆内住宿。①

受过良好教育的姑娘也可能到茶馆找工作。一位女大学生想留在成都,却找不到合适的职位,于是到了茶馆谋生。由于工作表现很好,她被提拔为领班。但是她男朋友觉得这份工作不体面,力图让她辞职。她发现其男朋友羞于将她的工作告诉他的同事,她的自尊心受到伤害,决定和他分手。实际上,她也并不打算长期做这份工作,也在努力寻找其他机会,并修课学习英语和计算机,以便换更好的工作,但她不会为了男朋友的颜面,辞去这份赖以谋生和保持独立性的工作。②上一章提到的往日情怀茶坊,雇用了两个刚从中学毕业的年轻女孩当服务员。她们来自四川的一

---

① 吕卓红:《川西茶馆》,第65—66页。许多流动人口到茶馆里谋生,或是成为茶馆的忠实顾客。关于流动人口与城市的研究,见 Sow-Tueng Leong and Tim Wright, *Migration and Ethnicity in Chinese History: Hakkas, Pengmin, and Their Neighbors* (Stanford: Stanford University Press, 1997); Michael Robert Dutton, *Streetlife China* (New York: Cambridge University Press, 1998); Laurence Ma and Biao Xiang, "Native Place, Migration and the Emergence of Peasant Enclaves in Beijing," *China Quarterly* 155 (September 1998), pp. 546-581; Børge Bakken, *The Exemplary Society: Human Improvement, Social Control, and the Dangers of Modernity in China* (New York: Oxford University Press, 2000); Nancy N. Chen et al., eds., *China Urban: Ethnographies of Contemporary Culture* (Durham: Duke University Press, 2001); Friedmann, *China's Urban Transition*。

② 阿秋:《追梦女孩:成都不相信眼泪》,《商务早报》,2000年4月16日。关于受过教育的年轻人找工作,见 Hanser, "The Chinese Enterprising Self," pp. 189-206。

个小城市，刚从计算机学校毕业便出来闯荡，由于年纪太小，无法在成都找到专业对口的工作，便只好先在茶馆谋生。在茶坊，她们的工资一个月300元，每天工作14个小时（早上8点至晚上10点）；每月75元房租（老板支付其余的部分）；在工作日，老板每天提供两顿饭。① 另一位姑娘毕业于一所化工职业学校，她离开了自己生活的小城，但找不到相关的工作，据她说工厂不要女工，只好到新开张的茗苑茶楼当服务员，她父母对此很不支持。但茶馆的老板待人不错，给她提供食宿。她没有透露自己每个月能挣多少钱。她每天从早上10点工作到午夜，如果还有顾客打麻将的话，将会更晚下班。② 工作市场对年轻人来说是残酷的，特别是那些没有"社会关系"的人和外来的人。因为找到一份稳定、相对高收入的工作很难，许多大学生也开始投身服务行业。20世纪80到90年代，政府进行了市场化改革，放松了对城市就业的控制。正如一项研究指出，到90年代末，"与雇佣有关的竞争，在内容和形式上已经发生了巨大的变化"。③

石人南街清泉茶坊的几位女服务员的聊天，透露了她们是如何看待茶馆的经营与管理的。一位服务员提到，茶楼卖3元一碗的毛峰茶，"那不是歪的是啥子？"（歪的：成都话，意思是假的，或者冒牌的、不正常的）；"买主会骂我们，一盘小菜10元，人家其他餐馆菜汤免费"；"这里单间档次哪值80元，看把顾客吓跑"；"管他的，我们又不是管事的，骂就骂，我已经听惯了"。随后，

---

① 作者在花牌坊街往日情怀茶坊的考察，2000年7月7日。
② 作者在石人南路茗苑茶楼的考察，2000年7月8日。
③ Hanser, "The Chinese Enterprising Self," p. 192.

她们开始谈论服装和鞋子,去哪儿买,多少钱,是否买到了便宜货,等等。①

清泉茶坊属国营,服务员们的工作相对稳定和清闲,没事时,她们就闲聊。虽然生意不太好,但工人们看起来并不担心,反正茶馆不用支付房租,这样大大降低了运营成本。这种特殊的地位,使这个生意不好的茶馆,能够在激烈的市场竞争中存活下来。

一方面,改革开放、现代化和商业化,为女性提供了更多的就业机会,女性也因此获益匪浅;但另一方面,由于老板有权决定雇用谁,那些受过良好教育的、年轻且漂亮的女性有着诸多优势,中年以上的妇女则面临更多的就业困难。甚至以前端着"铁饭碗"的人,现在却面临着下岗的威胁,而且他们的工作甚至受到那些来自农村地区、肯吃苦、肯接受低工资的农民工的挑战。正如一位石人南街清泉茶坊中年妇女所自嘲的:"若不是国营的,哪会请我们这些老太婆当服务员,早就请年轻小姐了。"②从一些招聘广告上,我们就可以看到招聘单位对性别、年龄和外表的要求。在当时的中国,相关法律尚不完善,因此经济的飞速发展,并没有使性别平等得到进一步的保障。一项关于中国歧视问题的社会学研究便指出,妇女作为劳动力进入社会,仍然面临着各种阻力和不

---

① 作者在石人南路清泉茶坊的考察,2000年7月19日。
② 作者在石人南路清泉茶坊的考察,2000年7月19日。

利的因素。①

我在《茶馆：成都的公共生活和微观世界，1900—1950》中指出，成都的茶馆是男性的领域。尽管女性可以到茶馆里看表演，但社会精英指责她们在公共场所抛头露面是可耻的。晚清"新政"时期和辛亥革命之后，社会逐步开化，公共场所越来越接纳妇女。1937年全面抗战爆发后，大量沿海人口进入成都，茶馆里第一代女招待出现了。但她们进入这个行业不过维持了两三年，因为她们一直都被政府、精英和社会舆论攻击。1949年以后，党和政府的政策都明确规定了男女平等和男女同工同酬，虽然在实施过程中仍然有许多不平等的现象。改革开放后，妇女有更多的自由和职业选择的机会，但政治学家李侃如认为，"总体来说，女性的地位在毛泽东去世后的改革开放时代下降了"，甚至"在某些重要的

---

① Hanser, "The Chinese Enterprising Self," pp. 200–201. 也可见 Xiaocong Liu, "A Comparative Study on Women's Employment in Beijing, Guangzhou and Hong Kong," *Chinese Journal of Population Science* 4, no. 1 (1992), pp. 85–93; Xiaoping Wu, "The Market Economy, Gender Equality, and Women's Development from the Viewpoint of Women's Employment," *Chinese Education and Society* 33, no. 6 (November-December 2000), pp. 44–54; Ting Gong, "Women's Unemployment, Re-employment and Self-employment in China's Economic Restructuring," in *Transforming Gender and Development in East Asia*, ed. Esther Ngan-ling Chow (London: Routledge, 2002), pp. 125–139; Leila Fernandez-Stembridge, "Shaping Rural Migrant Women's Employment: The Role of Housemaid Agencies," *European Journal of East Asian Studies* 4, no. 1 (2005), pp. 31–53; Xiaoyuan Dong et al., "Women's Employment and Public Sector Restructuring: The Case of Urban China," in *Unemployment in China: Economy, Human Resources and Labour Markets*, eds. Grace O. M. Lee and Malcolm Warner (London: Routledge, 2007), pp. 87–107; Sai Ding, Xiaoyuan Dong and Shi Li, "Women's Employment and Family Income Inequality during China's Economic Transition," *Feminist Economics* 15, no. 3 (July 2009), pp. 163–190。

方面，她们的地位相对于男性来说有所恶化"，尽管"女性享受了经济发展带来的生活水平的提高"。① 在成都，女性的平等权利也是一个复杂的议题。在改革开放时代，女性可以是茶馆中的顾客、表演者或劳动者，她们在茶馆中露面已经司空见惯，她们对公共生活有了更多的参与机会。然而，在茶馆招聘过程中，正如整个社会中的招聘一样，女性经常因为她们的年龄和外表而被歧视。服务行业需要大量的女性，确切地来说，年轻漂亮的女性在服务行业的就业上占了很大优势。上文提到的那些女服务员就反映了这个社会现实。

进城谋生的人们

改革开放后，大量农民离开他们的家乡，来到城市谋生。他们主要在工厂、作坊、工地、餐馆等地方做工，或成为自由职业者，或自己创业。他们中许多人在茶馆里做起了算命先生、挖耳师、擦鞋匠或是小贩等，所提供的服务使茶馆更富有生气。算命、掏耳朵这些职业，在过去便被认为是"三教九流"之辈所为，1949年后，它们仍然以零星的形式到处存在，试图在茶馆里讨生

---

① Lieberthal, *Governing China*, p. 310. 关于社会主义下的女性的研究，见 Phyllis Andors, *The Unfinished Liberation of Chinese Women, 1949–1980* (Bloomington: Indiana University Press, 1983); Sonia Kruks, Rayna Rapp and Marilyn B. Young, eds., *Promissory Notes: Women in the Transition to Socialism* (New York: Monthly Review, 1989)。

活，在严密的政治和经济控制下艰难求生。改革开放以后，它们随着新的市场经济繁荣起来。

算命先生像茶馆中大多数的职业一样，与茶馆的互相依存有着长期的历史，并创造了其独特的文化。这种文化在改革开放以后，又有了持续的发展，并适应新的社会和经济的需要，算命先生甚至成为一些茶馆中必不可少的点缀。① 如顺兴老茶馆请了一位算命先生驻场，作为其恢复旧传统的一个标志（前面提到过，顺兴老茶馆以传统风格取胜，圣陶沙茶园代表西化风格）。这位算命先生颇有名气，收费也比其他人高，算一次命要60元。② 鹤鸣茶社的一位女算命师自称是"神算子"，她来自外县，在那里谋生已经十多年，已在这个城市买房安家。她宣称只给那些面相好的人算命，"心术不正"者一概不算。至于价格，她说随便给多少，但又说有人给过她100元，暗示她的算命是很有市场的。③（图6-8）

2000年《商务早报》上的一篇文章写道，一些"算命大师"活跃在高档茶楼中。与旧式的算命先生不同，他们用着传呼机、

---

① 关于算命的研究，见 Richard Joseph Smith, *Fortune-Tellers and Philosophers: Divination in Traditional Chinese Society*（Boulder: Westview, 1991）; Yenna Wu, "Satiric Realism from Jin Ping Mei to Xingshi Yinyuan Zhuan: The Fortunetelling Motif," *Chinese Culture Quarterly* 39, no. 1 (1998), pp. 147-171; Elizabeth Endicott-West, "Notes on Shamans, Fortune-Tellers and Yin-Yang Practitioners and Civil Administration in Yüan China," in *The Mongol Empire and Its Legacy*, eds. Reuven Amitai-Preiss and David O. Morgan (Leiden: Brill, 1999), pp. 224-239; Wang, *Street Culture in Chengdu*, pp. 85-86; Wang, *The Teahouse, 1900-1950*, p. 172; Shuk-wah Poon, "Religion, Modernity, and Urban Space: The City God Temple in Republican Guangzhou," *Modern China* 34, no. 2 (April 2008), pp. 247-275。
② 作者在成都会展中心顺兴老茶馆的考察，2000年7月22日。
③ 作者在人民公园鹤鸣茶社的考察，2003年6月28日。

图6-8　人民公园鹤鸣茶社的一位女算命师。作者摄于2003年夏。

手机以及其他时髦的通讯工具。坊间流传他们功力非凡，算命很准，商人听了他们的建议之后，往往生意兴隆。他们要价也奇高，有的达千元，年可赚百万。当然，他们也互相竞争、互相拆台。这篇报道的记者做了一些调查，发现棕北棕南街这一带的茶楼员工都知道一位号称"白胡子大仙"的算命先生，据称他的客户都是富商，他收费最高，根本不愁生意，都是顾客主动找他算命的。一晚，记者终于见到了这位"大仙"，他独坐喝茶，胡子约有六寸长，看起来"仙气十足"，但此刻记者并没有见到有人找他算命。

服务员告诉记者，这位算命先生经常来，茶馆并不收他的茶钱。①

第二天晚上，记者又去那家茶馆，"白胡子大仙"没有出现，但他遇到了另一位算命先生，自称"东洋大师"。他留卷发胡须，有浓密的深棕色眉毛，看起来似乎整过容。他身着金色T恤衫，戴着蓝色眼镜，穿粉色裤子，脚踩棕色皮鞋。这位"东洋大师"给了记者一张名片，声称以日本北海道式的方法算命，下面有他在成都的住址。他说他一般不接电话，因为咨询的人太多了，特别是年轻的女人。他指着自己手机说，这是摩托罗拉，是一位顾客送给他的。他试图说服记者花200元算命，称其他人的价格都是600元，现在给他打了折。当记者说他不想花这么多钱算命时，大师把价格降到了100元，并说这是因为把他"当朋友"。记者说是为他的老板找算命"大师"，不在乎花多少钱，这位"东洋大师"便承诺第二天为记者找一位"大师"。第二天晚上，"东洋大师"果然介绍了一位"王大师"给记者。王大师穿着名牌服装，递给作者一张名片，上面写着"新世纪唯一且最科学的预测大师、河南省文化研究中心的算命大师、河南《易经》研究所的风水大师、日本手相研究协会顾问"。王大师悄悄对记者说，那位"东洋大师"并没有什么真本事，而他自己可以单独接单，不需要"东洋大师"的参与。但当记者说他想找那位"白胡子大仙"时，王大师显然不高兴了，说如果他老板要算命的话可以联系他，然后便走了。第二天，记者又遇到了"东洋大师"，他告诉记者不要相信王大师，那人又自负又想吃"独食"，缺乏"职业道德"。他说如

---

① 《商务早报》，2000年6月12日。

果能给中介费的话,他可以把"白胡子大仙"介绍给记者。"东洋大师"叹着气,用带有很明显嫉妒的口吻说,"白胡子大仙"天生满脸的好胡须,给他带来不少生意。①

这些所谓"大师"与茶馆的特殊关系是显而易见的。记者发现,一些算命先生与茶馆的关系很不错,每天在那里待很长的时间。一些名不见经传的算命先生,也可能收费几十元至上百元,而那些名声大的,收费几百元至几千元不等。他们刻意表现出某种矜持,不主动招揽顾客,根据顾客的外表来判断其经济实力,再决定到底收多少钱合适。他们的技巧当然与街角茶铺中的同行不一样,他们是敏锐的观察者,并通过其特殊的外表来吸引有钱的顾客,特别是那些带着年轻女人的商人和官员们,这些人是肯花钱的。由于算命先生能为茶馆吸引更多的顾客,所以茶馆对他们也很欢迎,生意好的时候,还为他们提供免费的茶饮,但是茶馆不允许他们过分招揽顾客。此外,"大师"之间有时会爆发领地争端,这也为茶馆带来潜在的麻烦。②

2000年的夏天,我在府南河边的一家茶馆考察时,遇到过一个年老的算命先生。③他拿着一把竹签问我算不算命,我要他先说说我的过去,"看看你的本事"。他问了我年纪,又看了看我的面和手,说"你1995年和1998年有凶",我说"不准"。他说"你要么1995年,要么1998年有凶",我告诉他"这两年我都有喜事"。他又说:"你眉毛稀散,你一生一定很清闲。"我笑着回答:"错

---

① 《商务早报》,2000年6月12日。
② 《商务早报》,2000年6月12日。
③ 下面关于这位算命先生的信息,基于作者在府南河边茶馆的考察,2000年7月10日。

图6-9 府南河北一位上了年纪的算命先生正在给一个美国小伙子算命。作者摄于2004年夏。

了,我一生都忙得很,你以为我在这里坐茶馆,我就清闲?"我告诉他不用给我算了,讲讲你自己的故事,算命钱照付。他告诉我,他从湖北来,在这里算命三年。的确,这位老人一口湖北口音。他现年71岁,原是农民,只读过几年私塾,后来自学算命,从1980年代便开始这个营生,说着便从包里拿出一本皱巴巴的《神相全书》,是中州古籍出版社在1986年出版的。他表示现在算命生意不好做,不过最好的时候,一天可挣40元左右。如果顾客对算命满意,他们最多给过20元。当他正和我交谈时,有一位长发长须、有点道士风度的算命先生走过来。他并不理睬那道士，那道士一转身便慢慢离去。我猜想道士可能想避免两人在一起揽生意，便有意不到这边来。

我付了他5元算命钱，告诉他想揽别的生意随时可去，如果想跟我再聊聊，我也欢迎。他说"看你眼睛有神，像是有学问的人，你一定是从文而非从武"。我说这谁都能看出。聊了一阵，他说要回去拿本书来，个把小时回来，有些地方不大看得懂，想请我帮忙。我说可以等他回来，说罢他便急匆匆离去。大约一小时后，他又匆匆回来，从包里摸出一本皱巴巴的书，封面印着《鲁班全书》，是中州古籍出版社在1999年出版的。他翻到其中一页，上面有人的图形和文字解释，大意是钉"兽牌"在门上可使邻里和睦，讲了该牌有多大、怎样钉、钉什么位置等。书页中的解释都是文言文，无标点，印刷十分粗糙，显然是盗版书。文中时称"兽牌"，时称"善牌"，显然"善"是"兽"的误印（在简体字中，这两个字非常接近）。我将有关内容，根据我的理解，给他解释了一个大意。我由于下午还有其他事情，不能久留，便告辞离去。那算命先生似乎意犹未尽，问："还来茶馆坐坐吗？"我答曰："有空时会来的。"但是可惜我没有机会再到那家茶馆了。（图6-9）

这些算命先生的故事，为我们提供了在茶馆中谋生人群的大量信息。首先，他们多是来自乡村的农民工，利用算命作为谋生的手段，虽然不是很熟练，但只要能识字，他们便稍加自学，随后立马开始从业。虽然挣得不多，但至少也能在新的环境中求得生存。其次，男性在传统的算命行业中占优，但改革开放后，女性也开始从事这行，反映出社会对女性进入传统男性主导行业的容忍度越来越高。再者，算命先生也有等级，有些名声响，收费高，甚至可以以此致富，但大多数也仅仅糊口而已。最后，算命为茶馆顾客提供了娱乐，并非所有付钱的顾客，都相信算命先生所说，他们当中不少也只是寻求消遣，或希望算命者对他们的未来作出祝福，也就是讨一个吉利。正如司马富指出的："算命渗入了中国社会从皇帝到农民的各个层面。"[①]帝制的覆灭没有改变这个传统，虽然在激进的革命年代，算命者很难生存，但是改革开放以后，算命很快得到复苏，他们的日子也越发好过起来。

挖耳匠（又叫采耳师、挖耳师、掏耳朵师傅、掏耳匠等）也是茶馆中一个有悠久历史的职业，从晚清至民国，成都几乎每一家茶馆都有掏耳匠。1949年以后，他们也仍然在茶馆谋生，只是和茶馆一样，数量大大减少，"文化大革命"时期跌至谷底。改革开放后，挖耳匠随着茶馆的复苏，也逐渐回到茶馆。他们大多数是农民、手工匠或小贩，来自农村，在城市里找不到其他合适的工作，只好以此为生。挖耳是一项技术活，至少比做重体力劳动要轻松一些。过去这是男性的职业，但在20世纪末，女性也逐渐进入了这个行当。（图6-10）

顺兴老茶馆里的掏耳匠30岁左右，来自川南的一个小镇，从事这项营生已经七八年。他六七年前来到成都，首先在府南河边的茶馆里为顾客服务，每月能挣大约1,000元，交给茶馆200元作为场地使用费。当顺兴老茶馆开业后，老板知道他手艺不错，于是请他来这里服务。他每年要付给茶馆六七千元。虽然他挣的并

[①] Smith, *Fortune-Tellers and Philosophers*, p. 9.

图6-10 一个女挖耳匠正在给顾客服务。作者摄于2003年夏。

不比在府南河边的茶馆多,但是他说这里环境比以前好多了,有空调,不受日晒雨淋冷热之苦。他穿着白褂,胸前挂有一牌子,上面写着基本价10元,若用一次性工具则收20元。他说顾客多是成都本地人,因为外地人不习惯掏耳朵。其中大多数又是中青年,因为老人觉得这价钱太贵。这个茶馆与旅游单位有合作关系,有些外国游客也找他掏耳朵。他还会按摩,全套活做下来可收取

图6-11　一位挖耳匠正在给鹤鸣茶社的一位顾客服务。作者摄于2003年夏。

四五十元。①（图6-11）

---

① 作者在成都会展中心顺兴老茶馆的考察，2000年7月22日。据2006年关于人民公园茶馆的一个考察，李姓挖耳匠在茶馆里已经干了三年，之前他开了一家装修店，因经营不善而倒闭。他的掏耳朵营生尽管一开始并不顺利，但随着他手艺的提高，便有了不少常客。因为这份工作全年都可以做，所以只要够勤奋，每天去茶馆，每次收费10元，每天可轻松挣100至200元。这与我六年前的考察相比，已大大增加，但是基本价格（每次10元）没有变，所以可能是因为客源大大地增加了。据这个考察，一般来说，一位挖耳匠只在一家茶馆揽客，要给茶馆交费（李先生是60元一个月，720元一年）。为了避免冲突，保护自己的生意，挖耳匠不可以进入他人的地盘。周末和节假日的生意很好。在春节的那一个月里，他便挣了3,900元（余瑶：《茶馆民俗与茶人生活》，第23页）。

在大慈寺的文博大茶园内也有一位驻场挖耳匠,看起来四五十岁,他手里拿着一只金属掏耳夹,一边用手弹出清脆的金属声音,一边在桌子间来回揽生意。显然,他与茶馆的工人很熟,当没有生意时,就和他们坐一起喝茶。如果顾客付钱时找不开,他便拿着那张大钱去找掺茶师傅换小钱。他说之前在理发店干了几年,17岁时跟着父亲学了这门手艺,然后在文博大茶园干这行九年。这位挖耳匠还把手艺传给了他姐夫,他姐夫现在在府南河边的一家茶馆谋生。他说学徒必须学习一年后,方能独立工作。他住在成都郊区的双流县(今双流区),每天骑摩托车往返,把车放在二环路姐姐家,因为外县的摩托不能进城。他和妻子每天中午去大慈寺附近的小餐馆吃饭,只吃稀饭馒头,两人才1.5元。他们进大慈寺也不需要门票(1元),门房认得他们。他在文博大茶园从早上9点做到下午,当下午4至5点钟,这里生意不好的时候,他会到府南河边的茶馆揽生意。在那里,他不用给茶馆交钱,不过得和其他同行竞争。

他回忆说,九年前他只收1.5元,但现在新客户收4元,回头客收3元。服务时间不超过10分钟。这项工作不需要营业执照,只需每月5号向茶馆交200元即可,他从来都是按时缴纳。他称这个茶馆是他的地盘,其他同行如果想进来,会被茶馆工人赶出去。他每月可挣六七百元,向茶馆交费后还剩四五百元。他的妻子在茶馆里替人擦鞋,擦一双鞋收费1元,每月也可挣五六百元。他有时会遇上蛮横的顾客拒绝付钱。有一次,他给三个年轻人掏耳朵,但那三人说对他的服务不满意,拒绝付账,引发了纠纷,还有人受了伤。他当时很生气,掀翻了他们的桌子,打翻了茶碗,在其他茶工的帮助下,把那三个年轻人送到派出所,他们不得不付了12元的服务费和8元的损失费。

他使用五种挖耳工具。大金属夹子是他的招牌,招揽顾客时便弹出声来。一个是细长有柄的刀子,因为耳朵里有汗毛挡住了他的视线,他必须先用刀子去毛。最重要的工具是"启子",为一细长的铜片,用来刮内耳壁,给人舒服的感觉。一个是小夹子,用它来夹出耳屎。最后是一把小毛刷,用鹅毛做成。掏完耳朵后,用这把刷子将残渣清扫干净。他说这一套工具大概值四五十元,有些是他自己做的,有些是找铁匠定制的。(图6-12)

他有两个儿子,一个上小学,一个上初中,现在正放暑假,所以他两个儿子整天都待在茶馆里。他说不想让他的孩子学习挖耳这门手艺,而是想送大儿子去学修汽车。他打算钱挣够了以后,在他家乡开一家汽车修理铺,因为那里位置很好,做修理汽车的生意一定不错。他还谈到了农村老家,他承包了七亩田,即使是收割农忙季节,也只需三天活便干完了。他家里还养了二十余只鸡、二十余只鸭、二十余头猪和一头水牛。鸡鸭蛋经常拿到集市上卖。他们外出时,他父母帮助照看农田和家畜。农田加副业年收入约1万元,加上挖耳和擦鞋,整个家庭年收入1.6万至1.7万元。一年总开支约1万元,剩下的存入银行。①

许多挖耳匠都像这位男人一样,来自农村,一边管理着老家的田地,一边在成都打工。整个中国有数以亿计的农民工,他们的工作环境和新的收入渠道深刻影响着中国的经济发展与城市生

---

① 作者在大慈寺文博大茶园的考察,2000年7月5日。

图6-12 鹤鸣茶社的一位挖耳匠,我们可以看到他手中的各种工具。作者摄于2003年夏。

活。① 然而,与其他农民工不同的是,这位挖耳匠充分利用家乡在

---

① 西方有多关于中国农民工的研究。关于他们的家庭生活,见Martin King Whyte, "Adaptation of Rural Family Patterns to Urban Life in Chengdu," in *Urban Anthropology in China*, eds. Greg Guldin and Aidan Southall (Leiden: Brill, 1993), pp. 358-380。关于他们的城市经历,见Chan, "The Culture of Survival," pp. 163-188; Eric Florence, "Migrant Workers in the Pearl River Delta: Discourse and Narratives about Work as Sites of Struggle," *Critical Asian Studies* 39, no. 1 (March 2007), pp. 121-150; Daming Zhou and Xiaoyun Sun, "Research on 'Job Hopping' by Migrant Workers from the Countryside: A Second Study on Turnover among Migrant Workers Employed by Businesses," *Chinese Sociology and Anthropology* 43, no. 2 (2010), pp. 51-69。

成都郊区的有利条件，仍然选择住在农村，避免了在成都租房的额外花费以及和家人长期分离的痛苦。此外，他和妻子在同一家茶馆里谋生，每天一同来，一同回，一起吃午饭，所以他的家庭生活基本上是完整的。无疑，农民工进入城市，可以改变他们的经济状况，也可以增加他们的见识，例如这位挖耳匠很早便规划了儿子的未来。当然，他也得为这样的选择付出一些代价。他的孩子整天待在这种人来人往，充斥着烟味、嘈杂，有各种粗话，也有各种诱惑的地方，很难安下心来做暑期作业。这样的环境对小孩是不健康的，缺乏一个安静的学习环境，过早进入熙熙攘攘的社会，还可能遇到许多幼小心灵难以理解的事情，都阻碍孩子接受正常的教育。纵然我们可以说，社会也是一本教科书，但是这不过是对他们无奈处境的一点心理安慰而已。他儿子缺乏正规的教育，和其他孩子相比，这是一个劣势，也许有一天，他还是会

（接上页）关于他们遇到的困难与障碍，见 Wenran Jiang, "Prosperity at the Expense of Equality: Migrant Workers are Falling behind in Urban China's Rise," in *Confronting Discrimination and Inequality in China: Chinese and Canadian Perspectives*, eds. Errol P. Mendes and Sakunthala Srighanthan (Ottawa: University of Ottawa Press, 2009), pp. 16–29; Peilin Li and Wei Li, "The Work Situation and Social Attitudes of Migrant Workers in China under the Crisis," in *China's Internal and International Migration*, eds. Peilin Li and Laurence Roulleau-Berger (London: Routledge, 2013), pp. 3–25; 王笛：《国家控制与社会主义娱乐的形成》，第76—105页；Jieh-min Wu, "Rural Migrant Workers and China's Differential Citizenship: A Comparative Institutional Analysis," in *One Country, Two Societies: Rural-Urban Inequality in Contemporary China*, ed. Martin King Whyte (Cambridge: Harvard University Press, 2010), pp. 55–81。国家关于农民工的政策，见 Chris King-Chi Chan, Ngai Pun and Jenny Chan, "The Role of the State, Labour Policy and Migrant Workers' Struggles in Globalized China," in *Globalization and Labour in China and India: Impacts and Responses*, eds. Paul Bowles and John Harriss (London: Palgrave Macmillan, 2010), pp. 45–63。

走他父亲的老路。

除了前面所讨论的茶馆掺茶工人、算命先生和挖耳匠，茶馆中还有从事着许多其他的职业的人，提供各种服务，如擦鞋匠、理发师和小贩们。一次我在成都西门的清泉茶坊考察时，由于周围街道修缮，又下了雨，地面十分泥泞，给擦鞋匠带来不少生意。这些擦鞋匠都是妇女，吆喝着"擦鞋！擦鞋！"一位中年农村妇女模样的人来到茶馆门口，说擦一次鞋一元钱。她带了个小包，里面有刷子、鞋油和布。她给了顾客一双塑料拖鞋穿，然后把沾了泥的鞋提到门外，坐在自带的一张凳子上，先从一个塑料瓶中倒出一些水，沾在刷子上，刷掉鞋上的泥，然后涂鞋油，最后是抛光。她说她来自四川北部的一个乡村，每年冬夏地里事情不多的时候，来成都擦鞋，每月能挣二三百元。如果不是来成都赚点钱，她就无法供孩子读书。她说干这个活，比给老板打工要自由些，她可以随时回家。她估计这片街区有五十多个她这样的擦鞋女。我在鹤鸣茶社考察时，由于公园环境干净，需要擦鞋的顾客很少，所以只有一位擦鞋女在那里揽活。她提着一双塑料拖鞋走来走去，寻找生意。她把顾客的鞋拿回她的摊位上擦时，便让顾客穿上那双拖鞋。[1]（图6-13）

一些茶馆禁止她们入内，说是怕闲杂人员太多，可能丢失财物。一些高端的茶馆，如顺兴老茶馆，不允许擦鞋匠进去，因为他们觉得这有损茶馆的声誉。[2]地方报纸有时也会报道擦鞋女欺

---

[1] 作者在石人南路清芳茶园的考察，2000年7月13日；作者在人民公园鹤鸣茶社的考察，2003年6月28日。
[2] 作者在成都会展中心顺兴老茶馆的考察，2000年7月22日。

图6-13 悦来茶园外面的擦鞋女。一家茶馆外面就有三个擦鞋女,可见从事此业人数之多。作者摄于2003年夏。

诈顾客的行为。一则故事发生在一家街角茶馆,许多顾客在喝茶、打牌,一位擦鞋女也来这里揽生意,大声吆喝擦鞋价格便宜,保证质量。一位时髦的年轻人询问价格,擦鞋女说,五角,只收个鞋油钱。那男人声称他这双鞋是在法国买的,一千多块,对她是否能擦好表示怀疑。那女人说不满意不给钱。于是男人把鞋脱了下来,女人给了他一双拖鞋穿着,然后把鞋带到了树荫下去擦,那年轻人继续悠闲地读报纸。他把报纸读完后,感觉有点不对劲,怎么鞋还没有擦好?这时才发现那女人和鞋都早已消失得无影无踪。①

小茶馆一直是理发匠喜欢的场所,顾客边喝茶,边等着理发。李劼人关于晚清成都茶馆的描述中,也提到过这些人。一百年以后,他们仍然在这里谋生。当然,在茶铺理发的顾客,一般都是不怎么讲究发型的老人,就是图个方便和便宜。理发匠在茶馆的一个角落,或者门外,放一把椅子,利用茶馆的空间和热水,也给茶馆交一定的使用费。②成都《商务早报》有一个"街边新闻"的专栏,其中一篇文章提到一位在沙河茶园外摆摊的理发匠,生意很好,顾客大多数是中老年人。一次有个男人等着理发,那位理发匠笑着对他说:"我理完这个头就要回家了,有急事。"那位顾客只好到别处理发。过了一个月,那位顾客又来沙河茶园理发,轮到他了,理发师又说家里有事要走。一位顾客悄悄对那个男人说:那理发匠根本就没什么急事,他只是觉得你头型不好剃,找个借口躲避了而已,他太没有职业道德了。随后,那名男人对所有顾客说,我们都不要再找这个理发匠剃头,他只想挣轻松的钱,却不考虑顾客的感受。果然,这位理发匠的生意清淡了。当他问顾客是否需要理发时,顾客也学着他的口气,说有急事得快点回家。③

小贩在茶馆里也十分活跃,为顾客提供了便利,也为茶馆增加了活力。2000年夏天,我坐在府南河边的一家茶馆,便观察到各种小贩在这里做生意,特别是卖食品的小贩来来往往。这样人

---

① 《商务早报》,2000年7月1日。
② 关于晚清民国时期茶馆中的小贩,见 Wang, *Street Culture in Chengdu*, pp. 45, 95。
③ 《商务早报》,2000年5月27日。

们坐茶馆品茶,肚子饿了就可以就地买小吃。如一位貌似来自农村的中年妇女,提着两个篮子,里面装着各种佐料瓶,吆喝着:"凉面,凉粉,豆花……"另一位妇女端了一盘白玉兰花卖,花开得饱满,香气扑鼻。几乎每一家茶馆里都有卖报纸的人,而且生意不错,人们喜欢边喝茶、边读报,了解时事。据我观察,这个茶馆里就有十几个人在卖报,有男有女,有老有幼,有骑单车过来的,有走路过来的,都吆喝着"《早报》"(《商务早报》)、"《华西报》"(《华西都市报》),等等。①在人民公园里的鹤鸣茶社中,我也见有两三个小贩在卖报纸,如一位白发的老妇人在卖《华西都市报》。(图6-14)另有一位带北京腔的年轻人在卖香港《大公报》,他看起来像个读书人,戴着金手表,气质迥异于其他小贩。他卖的报纸四块钱一份,比本地报纸贵许多,所以生意并不太好。②在那个时候,香港报纸一般要有点文化的人才会感兴趣,这些大众茶馆里的普通人,更喜欢读晚报、都市报这类反映成都市民生活的报纸。

上述这些职业,在茶馆里存在已久。尽管这个城市的政治、经济、文化和社会都已发生根本性的巨变,但茶馆仍然可以容纳许多人在其中谋生,并进一步展示出传统生活方式和地方文化的活力。尽管小贩重新出现在茶馆中,但这是在一个不同的时代、

---

① 作者在府南河边茶馆的考察,2000年7月10日。
② 作者在人民公园鹤鸣茶社的考察,2003年6月28日。在露天茶馆中,乞丐也是很常见的。在鹤鸣茶社里,一位老人提着黄色的袋子,穿着中山装在乞讨。尽管天气炎热,他衣衫褴褛,但是他身上干净,他还戴着副眼镜。据我观察,茶馆中大概有一半以上的顾客都给了他钱,我估计他可能比挖耳匠挣得还要多(作者在人民公园鹤鸣茶社的考察,2003年6月28日)。

图6-14 在鹤鸣茶社卖报纸的老人。作者摄于2003年夏。

一个不同的社会环境，服务不同的人群；因此并不是所有的茶馆都接纳他们的服务，特别是那些中高档茶馆，那里的顾客更期望安静、有隐私、不被打扰。但在露天和低端茶铺中，他们的服务依然很受欢迎。掺茶工人、算命先生、挖耳匠、擦鞋女、理发匠及小贩等，都是茶馆和茶馆文化的一部分，继续在人们的日常生活中发挥积极的作用。只是我们无从知晓，在市场化和全球化的大潮中，他们的未来将是怎样。

流动人口，特别是来自农村的农民工，丰富了城市的生活。他们既是为城市建设和服务的工人，也是城市商业发展的消费者，继续为城市的繁荣做出贡献。根据人类学家的调查，农民工主要在建筑工地、饭馆、工厂、家政、环卫以及一些"城市居民不愿干的"行业内谋生。他们不得不"突破户口制度的约束在城市打工和做生意",还要克服各种来自"农民工、国家与城市社会之间的社会与政治矛盾"。[1]苏黛瑞认为,判断是不是"流动人口"有三个标准:"他们越过了一些行政管理的边界来到异乡,他们没有能够改变原来的户籍所在地,至少在理论上他们是可以进入和离开城市的。"他们不能登记成为真正的城市居民,因此"他们不能接受免费的义务教育,在一些国有企业里,他们也没有正常的额外津贴"。由于农民工不具有和城市居民一样的平等权利,而且面临着歧视,因此苏黛瑞认为:"大都市中的中国农民,不是城市居民……"[2]

我还想指出的是,像任何其他人群一样,农民工也有不同的类型。其中一些人生意做得好,在城市里买了房买了车。成都像其他中国城市一样,许多小企业都是由外来人开办和经营的,诸如餐馆、装修、建筑、小茶馆以及其他许多行业。然而,还有不少人依然挣扎在温饱线上,他们中的许多人在茶馆里当掺茶师傅、算命先生、挖耳朵匠、擦鞋匠、小贩或者以其他手段谋生。

尽管他们生活艰难,但和以往在乡村相比,生存状况已经算有所改善了,他们有了在经济方面向上奋进的机会。流动人口的存在,帮助了城市日常生活正常运转,对城市的整个经济与公共生活的发展繁荣做出了巨大的贡献。

---

[1] Zhang, *Strangers in the City*, pp. 1–2.
[2] Solinger, *Contesting Citizenship in Urban China*, pp. 4, 15.

第七章　麻将与社区生活

麻将是茶馆（特别是街角小茶馆）里最流行的活动。后来因为打麻将的人占满了茶馆的每一张桌子，有些茶馆遂变成了纯粹的麻将馆。麻将成了令人难忘的成都特色。坊间流传着对成都人的调侃：当飞机飞过成都上空时，乘客们也能听到"哗啦，哗啦"打麻将的声音。飞机上的乘客当然听不见这种噪声，但生活在成都的居民无疑会听见，这种噪声会引起人们之间的冲突。2000年10月，成都发生了中国第一例由打麻将引起的法律纠纷。本章将这个纠纷作为切入点，并由此探讨一项日常的休闲娱乐活动是如何引发一场关于"健康娱乐方式"、城市形象和现代性本身的全国性辩论的。

人类学家P. 费思塔（Paul Festa）对当代中国麻将进行过深入的研究，并解释相关社会文化现象，诸如"民族主义"、"中国性"（Chineseness）、"文明性"等问题。他从全国的角度讨论这些问题，通过麻将的例子来"展现党和国家如何对个人娱乐形式进行规范，以构建民族国家及其消费经济"。① 相较于费思塔从全国的角度观察麻将问题，我希望以一个城市为个案来提供实证研究，以微观历史的视角，基于2000年有关麻将的媒体报道来进行分析。这些报道是丰富的信息来源，反映了社会和民众对这个问题的看法。

本章集中考察了以下几个问题：今日中国的社会主义市场经济是怎样与传统生活方式共存并发生冲突的？这在多大的程度上改变了城市的形象？人们的日常生活在多大程度上脱离了国家的控制和"社会主义道德准则"？此外，面对提倡"健康的"生活方式来提升城市形象的呼吁，民众、媒体和政府作出怎样的反应？通过检视围绕打麻将事件而产生的一系列问题，我希望考察茶馆和茶馆文化是如何反映成都的一系列变化的，包括经济、社会、文化和政治变化等，了解它怎样反映整个现代中国城市中出现的新问题，和它寻求解决这些问题的办法和途径。

我将首先通过分析一个人的经历，来展现邻里之间由于打麻将产生的矛盾；其次，在小区层面上，考察居民委员会在居民区中的角色；再者，通过城市官方对这个案例的反应，来观察其对城市形象的塑造作出的努力；最后，在国家的层面上，揭示社会管理的两难处境，即一方面将打麻将这个中国最为流行的娱乐方式作为一种大众消遣活动来看待，但另一方面又要面对随之而来的赌博问题。

---

① Paul E. Festa, "Mahjong Politics in Contemporary China: Civility, Chineseness, and Mass Culture," *Position* 14, no. 1 (2006), p. 26.

关于麻将的诉讼

故事的主角是28岁的余女士,她住在居民小区中一所普通公寓的二楼,房间的窗户正对着楼下居民委员会(以下简称"居委会")设立的居民活动室。那里是小区居民(尤其是退了休的老年人)不分昼夜打麻将的主要场所。从早到晚,老人们打麻将产生的噪声使得她和她的孩子辗转反侧,夜里难以入睡,她甚至患上了神经衰弱症,不得不依赖安眠药物以助休息。就此问题,余女士不断向居委会投诉,甚至几番报警,但问题仍未得到解决。余女士最终将居委会告上法庭,指控居民活动室产生的噪声严重危害了她的健康。

这起诉讼引起了当地居民和各路媒体的强烈反响。300名居民和20家以上的媒体出席了2000年11月16日举行的第一次听证会。[①]这起诉讼案之所以吸引了如此大规模的关注,归根结底还是因为麻将对百姓生活的影响非同小可。麻将是中国较为流行的娱乐方式之一,人们都关注这个案子会如何影响城市的日常生活。另外,这个案例引起了社会的广泛讨论,人们讨论打麻将是否损害了成都慢节奏的"休闲之都"的声誉:麻将的价值和意义是否

[①] 参见肖龙联:《成都:麻将官司难解难分》,《法制日报》,2000年12月6日;中国中央电视台:《一人反对打麻将能否推翻居民集体决议?》,http://www.people.com.cn/GB/channel7/498/20001111/324250.html。发布日期:2000年12月29日,访问日期:2000年12月31日。

需要被重新评估，在现代生活中是否应保留它的一席之地？健康的娱乐和生活方式又该如何定义？最重要的一点是：社会该如何在集体利益和个人权利间寻得平衡？虽然社会主义国家一向对前者予以更多的强调，但随着社会、经济的发展，人们亦越发注重对个人利益的追求。可以说，这个诉讼带给世人一个思考以上问题的机会。

将麻将视为社会问题并非新现象，它实际发轫于晚清的城市改革。其时，新知识分子和地方精英将打麻将视为恶习，认为它既浪费时间，又是赌博行为。在20世纪初，鸦片和赌博成为警察查禁的主要对象，打麻将当然受到波及。然而在辛亥革命以前，较为成功的是鸦片查禁的运动，以麻将为主要形式的赌博在经历了警察反复对在住宅、茶馆和街角打麻将的清查惩戒之后，却收效有限，这类活动仍然随处可见。虽然这一举措不但表达了改良者对于赌博的厌恶，更表达了他们对中国这项较为流行的娱乐活动的彻底否定，但亦没有任何改良能够将业已流行数百年的大众娱乐立即叫停。麻将在民国时期依旧在各种公共及私人空间大为盛行，原因便是其易上手，操作轻松，不论作为家庭休闲活动或大众娱乐形式都颇为合适，更不用说它极其深厚和稳固的文化土坏了。①

1949年以后，新中国将赌博列为非法行为，而且取得了更为显著的成效。打麻将被定义为"落后的"和"资产阶级的"生活方式，遭到"革命文化"的猛烈抨击。②虽然少数人还在家里打麻将，但公共场合已经不见麻将的踪影。

在"文化大革命"初期的"破四旧"运动中，麻将被视为"旧文化"的标志，几乎所有的麻将牌和有关器具，或被红卫兵销毁，或被惧怕遭到惩罚的人自行处理掉。③然而改革开放之后，伴随着经济改革、社会进步以及政府逐渐放松对人民日常生活的控制，打麻将之风在全国范围内都得到了复苏，并达到了史无前例的普及程度。尽管同时并存着多种别样的娱乐形式，但打麻将仍是最受欢迎的，其流行程度就如一句幽默的段子所言，真是"全

---

① 王笛：《跨出封闭的世界》，第641—643；Kristin Stapleton, *Civilizing Chengdu: Chinese Urban Reform, 1875-1937* (Cambridge: Harvard University Asia Center, 2000), pp. 133-134. 与吸食鸦片不同的是，以打麻将为主要形式的赌博行为往往发生在公共场所，难以和其他娱乐形式严格区分开来。在晚清，针对此问题的政令非常严格，警察挨家挨户，在街头巷尾展开搜查，尽可能搜集经营者、参与者和赌博组织的信息，并对违规者施行逮捕，加以罚款或体罚。参见 Wang, *Street Culture in Chengdu*, chap. 5。
② Festa, "Mahjong Politics in Contemporary China," p. 13.
③ 关于麻将的历史，参见陈熙远：《从马吊到马将——小玩意与大传统交织的一段历史姻缘》，《历史语言研究所集刊》第80辑，2009年，第137—196页；关于"破四旧"的研究，可参看 Dahpon David Ho, "To Protect and Preserve: Resisting the Destroy the Four Olds Campaign, 1966-1967," in *The Chinese Cultural Revolution as History*, eds. Esherick, Pickowicz and Walder, pp. 64-95。

图7-1　男女老少都在公园里打麻将。作者摄于2003年夏。

国山河一片'麻'"。①（图7-1）

　　成都的声名长久以来便和麻将紧密联系着，又以茶馆中的麻将最为著名。过去，成都的茶馆是三教九流聚集一处的，无事闲聊、散布流言、商谈生意、借债放债、寻找工作，或从事非法活动，或聚集批评国政，或抱怨生活艰难，等等。当然其中亦少不

---

① 这是借用"文化大革命"中流行的"全国山河一片红"。关于中国1990年代新中产阶级的流行文化和亚文化，参见Jing Wang, "Bourgeois Bohemians in China? Neo-Tribes and the Urban Imaginary," *China Quarterly* 183（September 2005），pp. 532–548。

了娱乐项目，如赌博、下棋、打牌及打麻将等。[①]正如此前章节所述，1949年后，成都茶馆的数量急速减少，"文化大革命"时期落入最低点，但在改革开放以后迅速回升，甚至达到历史的最高峰。

中国和很多西方国家一样，也正在经历人口老龄化的过程，因此老年人的社会福利和保障成了地方官员的重要政治任务。居民的居住模式对人们日常生活影响甚大。过去成都的百姓杂居在街头巷尾，所以他们有很多机会进行互动，也很容易参加大众娱乐活动。[②]但自从改革开放之后，城市不断拆迁和重建，越来越多的人搬进了高密度的公寓楼，邻里间的交往越来越少。在这样的情形下，此类公共活动室之于社会交往的重要性也就越加明显。此外，由于经济条件和其他因素的限制，老人们休闲活动的种类与灵活性极其有限，打麻将便成为他们的最佳选择。一些居委会也顺应这个潮流，提供场所供市民尤其是老年人娱乐，有的还佐以茶水点心。类似的设施成了一种内部的"茶馆"。与其他茶馆不同的是，它们是免税的，也不需要营业执照。余女士案例中的活动室就是这么一个地方，它俨然成了整个小区的交流中心。

[①] 参见Wang, *The Teahouse, 1900-1950*, chap. 5。其他关于茶馆的研究，参考铃木智夫：《清末江浙の茶馆について》，《历史における民众と文化—酒井忠夫先生古稀祝贺纪念论集》，东京：国书刊行会，1982年，第529—540页；Qin Shao, "Tempest over Teapots: The Vilification of Teahouse Culture in Early Republican China," *Journal of Asian Studies* 57, no. 4 (November 1998), pp. 1009-1041; Joshua Goldstein, "From Teahouses to Playhouse: Theaters as Social Texts in Early-Twentieth-Century China," *Journal of Asian Studies* 62, no. 3 (August 2003), pp. 753-779。

[②] 在20世纪10—40年代，西方文化对中国社会精英的影响日益增强，但多数中国人的生活方式依旧很传统。见Wang, *The Teahouse, 1900-1950*, chap. 4。

个人的故事：个体权利与集体利益

前文提及的诉讼于2000年11月16日进行了第一次法庭听证会，为我们提供了不少纠纷的细节。2000年10月7日晚10点20分，居民们在活动室中打麻将的吵闹声，使得余女士和她的小孩难以入睡。余女士下去劝阻打麻将，但没有人理会她。她一怒之下，剪了活动室的电线。第二天早上，居委会的工作人员将余女士在小区门口截住，要她对前一晚发生的事进行解释认错后，方能离开上班。面对此种情形，余女士再次报警，前来解决争端的民警建议居委会另择新址设立活动室。居委会因此决定召开一次居民全体会议，以商讨解决办法，决定晚上是否能够打麻将和什么时候关闭活动室等。参加会议的一共有近70位居民，绝大多数都是五六十岁的老年人。居委会主任首先讲述了这起由打麻将引起的纠纷的经过，并介绍了《中华人民共和国城市居民委员会组织法》的相关条款，接着便请居民们自由发言。不难想见，绝大多数人都支持打麻将。一位72岁的老人说："老年活动室应该开！老年人打点麻将娱乐一下是应该的！"接下来人们争相发言，都认为活动室应该继续开放下去，不过在开放时间的问题上，他们同意可以稍作限制。一位老人说："不能为了她一人的利益牺牲我们大家的利益。"显然，在这个案例中，集体利益和个人权利间的冲突彰显无遗。在中国，人们总是被告诫应该"个人服从集体"，但余女士的行动明显违背了这一原则。此类行为也许可以被理解为个人权利意识觉醒的结果,是对既定观念的挑战。同时,集体利益也可以以一种不同寻常的方式表述:实际上,余女士也可以说代表了那些需要安静环境的居民所组成的"集体",毕竟这不是一个繁荣的商业中心,而是需要安静的居民区。

在会上,余女士不断重申她的处境,希冀得到别人的理解,并且反复强调:"老年人可以有很多娱乐活动,为什么不搞点别的?难道只有打麻将才是娱乐?打麻将也行,但是不能影响别人的休息。"她抱怨有些人从早上8点就开始打麻将,中午吃饭后接着打,并一直"战斗"到深夜。"难道我们也得陪着等到深夜才能休息?"她要求将麻将室的开放时间限制于早上10点至中午12点,以及下午2点至6点,中午及晚间关闭,以保证她跟孩子有安静的休息和学习环境。有人对此提议非常不屑,质问她有什么权力去干涉别人的娱乐内容和时间。他们抱怨道:"全院三百多户人都不反对打麻将,就你一户闹得凶,你太霸道了!"一个老人生气地嚷嚷道:"你想清静可以,就不要在百寿巷住,就不要在成都住!"余女士微弱的抗争声逐渐被淹没于批评与质疑声中。在会议将近尾声之时,居委会负责人提出投票决断,结果有67票支持晚上打麻将,1票弃权,只有余女士1票反对。虽然作为妥协,居民们同意活动室在冬天和夏天的关闭时间分别设在晚上10点和11点,过于吵闹的人将被请出麻将室。①

面对这样的结果,余女士觉得自己别无选择,唯有将居委会

---

① 以上对事件经过的叙述见中国中央电视台:《一人反对打麻将能否推翻居民集体决议?》。

告上法庭。"我不能每晚都打电话报警。"余女士说。在这个异常酷爱打麻将的大环境里，从一开始她就感到是孤立无援的。但她认为，这样的事不能用少数服从多数的原则来衡量，她决心诉诸法律来讨回自己的权利。因此，除了上法庭，她别无选择。① 余女士一共向法庭提出了三点要求：第一，人们停止在活动室里制造噪声；第二，得到5,000元作为支付医药费和工资损失的赔偿；第三，被告方支付诉讼费用。面对余女士的诉讼，居委会代表则反复声明居民活动室的设立符合上级规定，是合法的非营利活动。活动室房间的面积连十平方米都不到，所以人们在其中所产生的噪声并不足以危害余女士的身体健康，而且噪声和余女士的症状之间也没有直接必然的联系。但余女士出具了两份材料，一份是医生的证明，确认了她存在神经衰弱的症状；另一份是警方的报告，证实了噪声问题的存在。但法庭认为，这些证明并不足以支持余女士的申诉，并指出此案的关键在于能否证明"打麻将"和"噪声污染"之间的必然联系，因原告被告双方均无法对打麻将发出的声音是否构成噪声污染进行举证。法庭因此决定安排成都市环境监测局对噪声指数进行测定，并在具体测量数据公布之前暂时休庭，择日再审。②

事实上，无论诉讼的裁决如何，从某种程度上来说，余女士都是赢家。这桩官司受理以后，那家活动室便关闭了，居民们也不再在那里打麻将了。不过我们仍然很难说余女士是真的赢了，

---

① 肖龙联：《成都：麻将官司难解难分》；中国中央电视台：《一人反对打麻将能否推翻居民集体决议？》。
② 《天府早报》，2000年11月17日。

因为虽然居委会关闭了活动室，但一些居民警告余女士说，一旦官司结束了，他们就会立刻回去。余女士自己甚至也认为她终归是个"牺牲品"，不仅她和居民们的长期不和升了级，她自己亦因为公众的关注以及随之而来的压力，和男朋友分了手。当然，"我绝不会妥协，"余女士表示，"因为全国人民都在支持我。"她指有不少人在精神和物质上表达了对她的支持，但也有人恶语相加。①

2000年11月16日那场全国瞩目的听证会，引起了多家纸质媒体及电视媒体的广泛关注，但自此以后，此事便迅速淡出人们的视野，之后的听证会、审判及裁决也都没有再被报道过。直到2007年3月，《天府早报》才有一则报道回溯了余女士这桩案子的结果：官司还没有判决，余女士就渐渐淡出了街坊的视野，随后更毫无征兆地消失了。六年之后，当记者试着在其住过的居民小区寻找余女士时，当地的居民们依旧对那起著名的麻将官司记忆犹新。"怎么不知道她哦，你要找她，她早就搬走了。""院子里都反感她，这个女人日子怎么会好过？"记者辗转联系到了余女士，并找到了她的新家，小区离原来住宅仅十分钟路程。余女士告诉记者她搬家了，有了新工作，而且又结婚了。她还表示虽然她起诉居委会后活动室就关闭了，但她仍然开心不起来。

"不可能在里面住了，一个院子里，基本上都有一千人吧，一个人和一千人斗，怎么可能？有人说你，也有人吐口水，还打过架。儿子也受欺负。加上男朋友离去，我不怕告诉你，当时，连想死的心都有了。"但她补充，她并不遗憾和后悔："我不后悔，

---

① 《天府早报》，2000年11月1日。

为什么要后悔，我没有错啊。人这一辈子，怎么能这么窝囊？我跟你讲，真的住久了，没有人能够忍耐！"她告诉记者现在她很开心，尤其是对她新的婚姻和工作非常满意。①

街坊的故事：居委会的困境

在中华人民共和国成立初期，不少城市居民住在被称为"单位"的小社会里。单位既是人们工作的地方，也是国家政治系统里最基本的层级，包括政府办公的地方、工厂、公司和各种文化机构等。这种组织负责员工生活的各个方面，从居住、饮食，到医疗、娱乐活动等。与其他城市一样，单位生活对成都公共生活有着极大的影响。由各个单位去满足人们各种生活需求，在一定程度上导致茶馆的生意衰落和其在公共空间和城市文化的地位下降。②但是，在城市里，也有很多人不在单位里生活。这些人仅靠他们的劳力维持生活，处于社会的底层。与那些在单位里生活的人相比，他们更依赖公共空间。因此，他们成了茶馆的主要客源。

在社会主义的城市中，居委会是小区自治的最基层组织，其影响与单位有所不同。它们在1949年新政权建立伊始，便以城市管理的一个有效工具而设立，在各个时期的社会和政治运动中

---

① 谭晓娟：《满城依然血战到底，"反麻斗士"隐身江湖》，《天府早报》，2007年3月8日。
② Xiaobo Lü and Elizabeth J. Perry, eds., *Danwei: The Changing Chinese Workplace in Historical and Comparative Perspective*（Armonk: M. E. Sharpe, 1997）.

表现活跃，同样也为人们努力在"规范"社会生活中扮演重要角色。①全中国有近十二万个居委会，编织成一张巨大的基层管理网络。根据《中华人民共和国城市居民委员会组织法》，居委会被定义为"居民自我管理、自我教育、自我服务的基层群众性自治组织"。

同时，因为居委会的主任和成员多由退休居民中直接遴选，所以他们一般与其他居民私交甚笃。作为联系国家和社会的准官方组织，居委会起着维系政府机构和民众之间的关系的作用，②其功能包括调解邻里纠纷、维持小区治安、保障公众福利等，是城市管理体系的最基层组织。

但是，正如李侃如所说："对许多市民来说，20世纪90年代末以来的重要政治变化之一，便是工作单位的政治角色正在削弱，党和政府把城市的政治权力转向以居住地为中心。"③这即是人们开始转为依赖居委会，以及居委会对邻里组织的全方位社会服务，而雇主不再需要对员工的日常和社会生活负责，行政机关、工厂等过去的"单位"都进行了改组。社会学家戴慧思曾指出，当中国消费主义文化逐渐兴起时，雇主对人们日常生活的影响就会下降。④此外，越来越多的退休老人退出劳动市场，回到他们居住的小区。随着时间的推移，小区或居委会因与居民日常生活的联系

---

① 参见张济顺：《上海里弄》，第178—188页。
② 见 Benjamin L. Read, "Revitalizing the State's Urban 'Nerve Tips'," *China Quarterly* 163 (September 2000), p. 816. 其他关于社会主义时期社会生活的研究，见 Whyte and Parish, *Urban Life in Contemporary China*; Lü and Perry, eds., *Danwei*。
③ Lieberthal, *Governing China*, pp. 172, 184.
④ Davis, "Urban Consumer Culture," p. 705.

日益紧密，代替了之前雇主通过单位所扮演的角色。

前文提到的余女士的那个诉讼实际上把居委会置于进退两难之境。为不断增长的老年退休人员组织业余休闲活动，是居委会的重要任务之一。因此，居委会的这种职能决定了其对老年人打麻将行为的支持，即使老年人玩麻将的过程中往往涉及政府明令禁止的赌博行为。实际上，居委会常常面临着一个矛盾：为打麻将提供场所有违社会主义道德观，却与其官方定义的职能——"丰富居民的业余生活"相契合。被告律师公布的调查报告中也提到，该居委会曾经连续六年被授予"优秀居委会"的荣誉，所以若将其称为"麻窝"，与事实不符。报告声称他们调查访问了不少居民，当人们将余女士誉为"反麻勇士"时，恰恰忘记了案件事实本身，反而将注意力集中到了"该不该打麻将"的问题上。[①]余女士实际是独自与居民小区中的其他居民抗衡，当记者进行调查之时，不少居民认为他们打麻将是一项健康的活动，并没有违反任何法律。一位女士抱怨余女士毁掉了整个居民小区的声誉，自己成了"反麻勇士"，而其他居民在全国人民眼中成了"麻将疯"。居委会曾经是模范单位，曾荣获多项奖项，但这一切都因此次诉讼被抹得一干二净。[②]

被告律师同样认为，人们忽略了案件的实质，原是活动室的噪声会否导致噪声污染。此类噪声不仅会由打麻将产生，还可以

[①] 四川四方达律师事务所：《麻将扰民案引来众多关注》，http://www.sifangda.com/html/detail.asp?classid=0216&id=8908。发布日期：2003年2月10日，访问日期：2003年12月10日。

[②] 详见《天府早报》在2000年11月18日的报道。

因其他活动而出现，比如下象棋、弹钢琴等，这与人们应否打麻将并没有任何联系。吊诡的是，若噪声来自弹钢琴，那么此番诉讼还会得到媒体如此程度的关注吗？报告认为，余女士非常聪明地利用了民众对打麻将的反感，因此能够得到大众的同情和支持。调查报告还指出，原告方指"每晚都有一些麻将爱好者在此打麻将至深夜"的说辞并不准确，事实上，除了打麻将，活动室的老人们还下围棋、象棋、跳棋等。居委会设置活动室的初衷符合上级的规定，其目的并非营利，而是为了丰富退休老人的业余生活，给他们提供社会交往的空间。因此，被告并未侵犯原告的利益，亦没有直接证据可以证明原告的控诉，即余女士的神经衰弱症状和孩子成绩下降等问题和居民在活动室中打麻将的行为有关联。噪声处处皆有，但法律条文只适用于违反环境保护条款的违规行为。在这个案例中，打麻将产生噪声折射出的更多是道德问题，而非违法的行径。①

媒体的报道显示大多数人都支持余女士，其原因在于他们看待麻将的共同态度，即认为"麻将是祸水"。一位女士告诉记者，她起了个大早来到法庭支持余女士，她反对打麻将是因为其"又费时又惹事"。一位男士表达了同样的观点："麻将是一种精神鸦片，长期沉浸其中会丧失斗志。"另一位女士批评居委会"打着老年活动中心牌子的娱乐室，差不多都是居委会创收的工具"，因此，用于打麻将的活动室应该被关闭。然而我们同样听到为打麻将辩护的声音。一个老人说"打麻将是一种极合适的休闲方式"，

---

① 四川四方达律师事务所：《麻将扰民案引来众多关注》。

人老了无法参与强度大的活动,"不打麻将又能干什么?"一个中年人对老人的辩护表示同意,"吃点麻辣烫,打点小麻将,本来就是成都人的休闲方式",既然打麻将已经被视为一种体育活动,那为什么我们现在要反对它呢?①

从余女士的麻将官司,我们可以看到小区居民与大众和媒体反应的明显不同,这个不同还体现在大家共同认同的道德准则和个人利益间的巨大差异。从大家认同的道德准则来看,一个单独的实体,即个人或一个家庭,不应该违背所谓"社会规范",通常人们都默认这个准则。毫无疑问,余女士的邻居们也是这样想的。这表明,当个体权利与集体利益产生冲突时,个体将难以捍卫他或她的权利。支持居委会的人大多来自该居民区内部,居民区内大多数老人都喜欢打麻将。而那些支持余女士权利的人,大多数来自这个小区外部,是那些与此案没有个人联系的人。此案也展示了以下事实:我们难以将居委会看作全体居民利益的代表者,特别是自单位制度式微以后,居委会反而可能成为一个自发形成的新的群体保护工具,例如保护老年人及其生活、物质和心理的需求。

城市的故事:怎样塑造自己的形象?

这宗官司让人们重新思考城市的形象和城市精神的问题。对

---

① 《天府早报》,2000年11月17日。

打麻将现象的主要批评之一，便是这种行为有损城市形象，如一位学者指出，"有外省人调侃，成都的城市名片是'麻将'，四川的形象大使是'幺鸡'，颇值得我们一笑之余而深思"。①一些官方人士认为，目前四川正处在西部大开发的热潮中，成都又是西部大开发的中心城市，"全民皆麻"的现象不仅有损成都这个现代"经济城市"的形象，还使得市民沉迷于懒散的生活。②有趣的是，这里把成都定位为"经济城市"，和毛泽东时代要把成都建设为工业城市的定位，有异曲同工之妙（详见第四章的讨论）。一位成都籍的作家说，人们觉得成都是个"宜居"的城市，他本人起初觉得这种评价是一种赞许，但现在对这样的评价越来越反感，因为他发现，人们从来就没把成都和"干事情""创业"等联系在一起。他确信成都人只有在对于成都"不再以过日子的地方"而沾沾自喜时，"才算是向现代人迈出了实质性的一步"。③这一类的评价代表了不少人的看法，即经济的发展比生活质量更加重要。一位年轻记者担心外地游客看到街头巷尾的"麻将客"后，对城市"慢节奏的生活方式"留下不好的印象，她不希望成都因为中国第一宗麻将官司而受到空前的关注。④

一位成长于成都，目前在深圳工作的读者给《四川日报》打电话，表达了她对成都人生活方式的看法：

---

① 查毅：《四川：干部违规打麻将"刹"》，《西部开发报》，2003年5月15日。
② 肖龙联：《成都：麻将官司难解难分》。
③《四川日报》，2000年11月24日。
④《中国青年报》，2000年11月24日。

> 我在成都时，做得最多的事便是读报纸、看电影、泡吧、坐茶馆。享受安逸、满足、沉溺于自以为是的"小康"生活，不去想太多太大的事，似乎是成都人生活的准则。待在这里，常让我担忧：这样下去，会不会使我的意志消沉？深圳则是另外一番天地，这里创业的气氛很浓，人们奋发进取，工作之余忙着充电。成都人要是能有深圳人一半的紧迫感和危机感，成都就能实现大的跨越。①

这位读者的看法，非常明显是以个人在职场是否成功为评判的唯一标准的。因此，在这位读者的眼里，相当多的成都人是失败者。实际上，早在20世纪20年代，人们便对成都慢节奏的生活方式颇有微词，但教育家舒新城不媚时俗地对成都人钟情茶馆作出如下理解：

> 我看到他们这种休闲的生活情形，又回忆到工商业社会上男男女女那种穿衣吃饭都如赶贼般地忙碌生活，更想到我这为生活而奔波四方的无谓的生活，对于他们真是视若天仙，求之不得！倘若中国在时间上还能退回数十以至百余年，所谓欧风美雨都不会沾染我们的神州，更无所谓赛因斯（Science）其者逼迫我们向二十世纪走，我们要为羲皇上人，当然有全权的自由。然而，现在非其时矣！一切的一切，都得受世界潮流的支配，成都式的悠闲生活，恐怕也要为川汉

---

① 《四川日报》，2000年11月22日。

铁路或成渝汽车路而破坏。我深幸能于此时得见这种章士钊所谓农国的生活，更深愿四川的朋友善享这农国的生活。①

舒新城赞赏成都传统的、慢节奏的生活方式，对茶馆提供的物美价廉的娱乐活动也很是憧憬，这与今天很多赞赏现代生活，赞赏现代生活节奏和现代生活态度的"现代人"的评价截然不同。在改革开放之后，麻将的命运发生了彻底的改变。②社会主义市场经济的发展给人们的日常休闲活动提供了更多的公共空间。麻将迅速占据了人们工作之余的闲暇时光，从私家客厅到街角茶馆甚至工作场所，几乎无处不在。到2000年，人们带有贬义地说起"麻将疯"（或者"麻将风"）达到了前所未有的高潮。③在成都，几乎所有的打牌、打麻将活动都会涉及赌博，即使有些赌注非常之小。对于大多数人甚至包括政府官员和大学教授来说，正是"赌"使得这项活动更具吸引力，打几局小赌注的麻将已经成为最流行的消遣。一位记者曾作出如下估计：在2000年，成都有

---

① 舒新城：《蜀游心影》，上海：中华书局，1934，第144—145页。舒新城提到的章士钊（1881—1973），曾在北洋军阀时期做过教育总长，1920年曾发表不少文章赞扬传统的农业社会及其生活方式，对工业化持批评态度。这些文章包括《文化运动与农村改良》《农国辨》《章行严在农大之演说词》，收入《章士钊全集》，第4卷，上海：文汇出版社，2000，第144—146、266—272、403—405页。
② Hans Steinmüller, "The Moving Boundaries of Social Heat: Gambling in Rural China," *Journal of the Royal Anthropological Institute*, New Series, 17 (2011), p. 265.
③ 媒体对这个词没有一个统一的用法，有的也用"麻将风"，虽然表达了类似的意思，但内涵还是有所不同。"麻将疯"是指人们因玩麻将而到达"疯狂"的程度；而"麻将风"不是感情那么强烈的词，可以理解为"打麻将成风"，不过是指流行的程度而已。更有媒体把这种现象称为"麻风病"（查毅：《四川：干部违规打麻将"刹"》）。

500万人,而过春节时,80%的家庭都有麻将局,因此一城之中,同时可能有100万个麻将的"战场"。[①]此类推测尽管往往过于夸张,却反映出打麻将的流行程度。"打点小麻将,吃点麻辣烫,喝点跟斗酒,看点歪录像",这句顺口溜拿捏住了世纪之交成都老百姓平民化而充满生活气息的日常生活精髓,也是一句成都人对自己悠闲自得的生活的调侃。因为大多数老百姓负担不起奢侈消费,所以打麻将便成了他们的最佳选择。[②]现代都市生活节奏快,麻将的玩法也与旧日不同,过去充满技巧性的玩法如今已被改造得更加简单易学,迎合了更多人的偏好和口味。这亦加剧了"麻将风"的扩散。(图7-2)

茶馆,作为百姓小赌一番的理想场所,自然而然会被"麻将风"席卷裹挟。比如致民路的十一街,被人们谑称为"麻将一条街"。在这条只有50米长10米宽的小街上,竟然开了五家老式茶馆,摆开的麻将桌占了整条街的三分之一,而茶馆外的路面被自行车和老年车占据。[③]成都郊区龙泉驿,以春天盛开的桃花远近闻名,吸引了大量游客。这里举行的一年一度"成都国际桃花节",也成了"麻将大战"的战场,据统计每天有上万人在这里打麻将。又根据2001年3月的一则报道,龙泉山脚下的桃花山庄,有107张麻将桌座无虚席。人们表示这里才是打麻将的好地方,"天气暖和、空气新鲜、景色优美、有吃有喝、服务也周到,一整天下来都不觉得累"。这也令人们担忧,踏青赏花的桃花节"俨然一场麻

---

① 《天府早报》,2000年3月12日。
② 关于顺口溜的研究,可参见Link and Zhou,"Shunkouliu," pp. 89–109.
③ 详见《华西都市报》在2001年4月9日的报道。

图 7-2　人们在大慈寺的文博大茶园里打麻将。作者摄于2003年夏。

将大会战",桃花节是否会变为"转移阵地"的"麻将节"?①

虽然大多数"麻将之战"是其乐融融的"和平"之战,但人们不时也会因各种理由而发生冲突。有的人输了钱、为了争座位而恶语相向,甚至斗殴,从当地报纸上经常能读到类似的争执事

---

① 查毅:《四川:干部违规打麻将"刹"》。

件。比如程某在街边打麻将,刘某站在身后不断给其当参谋,程某听了刘某的建议,输了牌局。当刘某仍然在后面指指点点时,程某怒由心生,反身一拳打破了刘某的鼻子。①另一则事例则是八个人在一家农家乐中打麻将,和邻桌发生争执,进而动了手。双方互相丢掷茶壶,抡起了椅子,最终导致两人受伤。②尚有不少家庭纠纷是由麻将引起的。比如一天下午,范某和妻子去一家茶馆打麻将,其间范先生忽然发现茶馆老板赵某将手放在妻子座椅的扶手上。回家后,范某越想越不是滋味,觉得他老婆和赵老板一定有染,愤而扇了妻子一个耳光,而妻子对无缘无故挨打摸不着头脑,坚称自己是无辜的。凌晨3点,范先生带着妻子去赵老板家对质,当赵老板一开门,范先生便用刀片向其脸部划去,把赵的脸划伤。虽然赵老板认为自己并没有做错任何事情,但范先生逼其支付2,000元作为"赔偿"。赵老板随后去医院缝了八针。第二天,范先生被依法逮捕。③这些暴力事件为官方和媒体批评打麻将提供了极好的例证,证明了它们所说打麻将可能引发各种社会问题的说辞。

有些人沉迷麻将无法自拔,工作时间也打麻将,甚至玩忽职守。一位居民曾向当地报纸抱怨他在一家诊所的经历:这位先生送他生病的妻子去诊所就诊,但四处找不到医生,因此等候了足足一个小时,最终在诊所隔壁的一间茶馆里找到了在麻将桌上战

---

① 详见《成都商报》在2000年4月7日的报道。
② 详见《成都晚报》,2000年12月9日。另外2000年1月3日的《天府早报》,2000年7月17日、10月4日的《华西都市报》,皆有因打麻将而在茶馆内产生纠纷斗殴的报道。
③《商务早报》,2000年3月22日。《商务早报》在2000年8月6日报道了类似的事件。

斗正酣的值班医生。医生竟然让他不要急,待其打完这一圈再说。①另一起事故则是一个四个月大的婴儿因为母亲出门打麻将被独留家中,不幸因蚊香将蚊帐点燃而被活活烧死。②亦有一些人因贪恋打麻将,造成对健康的伤害。例如2000年春节期间,一名孕妇因为打麻将时间太长几乎昏倒,导致早产,被紧急送到医院救治;另有一人是高血压患者,打了一天麻将,在麻将桌上发生脑出血,送到医院后死亡。③

此类关于麻将的负面报道越来越多地出现在报纸上,也因此越发引起了人们的关注和批评。因此,如何处理类似问题让地方政府和官员非常头疼。这些例子当然也反映了打麻将的吸引力,它能够使人们沉湎其中,以致很难将这个活动限定在理性的范围内。许多社会问题和个人性格的缺陷,往往也会通过打麻将暴露出来。人们打麻将的时候,经常焦虑不安,容易暴躁,因此引发暴力行为,扰乱公共秩序;这些事件频频发生,当然也会影响一个城市的形象。因此,考虑打麻将时,也会进而探讨相关的重要社会问题。

2000年2月,在一年一度的成都人大、政协会议上,不少代表提出应该禁止在街边打麻将,因为此景已然成了"街头一怪",不仅阻塞交通,更有损城市的形象。他们抱怨打麻将的盛行会对

---

① 《商务早报》,2000年2月28日。
② 《四川青年报》,2000年10月27日。
③ 《天府早报》,2000年3月12日。《成都商报》在2000年2月25日亦报道了类似事件。此外,地方媒体还报道了发生在同一天的两起因长时间打麻将而损害健康的事,见《成都商报》,2000年2月23日;《天府早报》,2000年3月12日。

图7-3 人们在成都郊区的一个农家乐打麻将。作者摄于2003年秋。

城市的商业环境有消极的影响，外地游客也对街头巷尾、无处不在的麻将桌有不少微词。①有鉴于此，在2000年3月，市政府对成都打麻将最为如火如荼的地方——府南河一带的茶馆出台了禁令，原因是府南河是成都的名片，此地熙熙攘攘的麻将桌，会令外地人留下"成都人无所事事"的观感，而有损城市形象。对政府的这一举措，不少茶馆也有妙招拆解，以"室外喝茶室内麻"的策略来应对。为了"根除"府南河边的露天麻将，府南河管委会还

---

① 《天府早报》，2000年2月24日。

将府南河边适合打麻将的方石桌拆除,改放小圆石桌。①(图7-3)

反对打麻将者亦认为打麻将往往掺杂着腐败。譬如一些商人以打"工作麻将"(社会上也经常简称为"工麻")来和官员建立特别的关系,故意给官员"点炮",以此为其生意"铺路"。②这种行为虽然确属行贿,但很难被查实或是立案调查。2000年年底,政府才终于出台规定,禁止公务员在上班时间打麻将,并对违规者进行扣工资和减少年终奖等形式的处罚,然而这些规定在非办公时间则失去效用。③2003年,四川省政府终于对"工麻"下了重手,对各个岗位的干部出台了四项禁令:禁止在工作时间、工作场所打麻将;禁止在地方上的工作会议期间打麻将;禁止和下属打麻将;禁止参与任何形式的贿赂和赌博活动。有关部门表明并不打算全面禁止打麻将,但至少要对身居要职者的违规行为进行控制和惩罚。在政府出台"四项禁令"后不久,便有三十多名官员因违反相关规定而遭到处罚。四川省社会科学院的专家还举办了关于"麻疯病"的专题论坛,围绕"官员及下属娱乐活动的过

---

① 中国新闻社:《成都府南河畔禁打麻将》,http://news.sina.com.cn/society/2000-3-31/77315.html。发布日期:2000年3月31日,访问日期:2000年12月31日。《成都商报》,2000年4月3日。

② 肖龙联:《成都:麻将官司难解难分》;作者在成都"欧罗巴"度假村对一些茶客的采访,2000年7月16日。关于"工麻"引起的社会问题,亦可参李显福:《麻将声声:关于麻将风的报告》,收入龙良贤编:《麻将声声——社会问题报告文学集》,北京:光明日报出版社,1993,第80—90页。

③《成都晚报》,2000年12月15日。政府虽无力控制打麻将的风潮,但也在努力将这股风气往"正确的方向"引导,比如推广"健康麻将",或将其发展为体育竞技,开展"麻将大赛"(Festa, "Mahjong Politics in Contemporary China," pp. 15-16)。在1990年代的北京,政府发起了"消费休闲文化"的宣传活动,成为共产党意识形态的一部分(Wang, "Culture as Leisure and Culture as Capital," pp. 77-78)。

度开展及其对城市经济发展的不良影响"这一议题展开讨论。①

为了宣传城市的形象，2000年年末"成都千年信物组委会"成立，其目的是选择一项最具有意义、最能表现成都特色的纪念物。被选出的物品将长埋地下，想象一千年后由后人取出，以此了解我们现今的社会和生活。2000年11月30日，著名的网络媒体搜狐网发起了关于"成都千年信物评选"的网络调查，短短几个小时内，就有不少网民参与了投票，结果有55%的投票者选择了麻将，而只有25%的投票者选择了大熊猫。结果这个投票活动很快终止。媒体将此结果评价为成都人的"黑色幽默"，一位学者则解读这次投票的结果为对浪费时间和精力的打麻将活动和生活方式的嘲弄。②

虽然"反麻运动"声势浩大，但仍有不少人对打麻将持积极态度，不少人认为成都应该是集消费、旅游、休闲于一身的城市。一些人认为打麻将是中国传统文化的组成部分，对社会稳定有利。他们认为既然国家体育总局认证打麻将为一项正规的体育活动，那么它便应该作为传统文化的精髓而被推广，尤其是在老年人的消闲活动范畴上。人们的业余休闲活动虽然很多，但是少有适合老年人的。高尔夫球和保龄球常常被视作高端的运动方式，

---

① 查毅：《四川：干部违规打麻将"刹"》。
②《华西都市报》，2000年12月29日。

但并不适用于普通退休老人的日常休闲。[1]当今社会应该容忍各种生活方式,既然有的人偏好在街角跳舞进行体育锻炼,那么有的人更喜欢坐下来打麻将,便也无可厚非。不少下岗工人无所事事,打麻将正可以帮助他们度过相对困难的日子。此外,打麻将还可以促进家人之间、商业伙伴之间的人际关系,加强沟通并增进感情。[2]因此,打麻将的行为是合法的,但需注意的是不应上瘾。随着人们生活节奏不断加快,只要不涉及赌博或影响别人的生活,打麻将仍可以是放松身心的健康活动。政府可以考虑对打麻将划定特定场所,如在茶馆里设立"麻将区"。从道德层面上来看,评论者支持及同情余女士的"反麻行动",但同时也有人认为她的反应过激,有小题大做之嫌,损害了成都的城市形象。[3](图7-4)

相对来说,一些官员的态度显得较为开明。在2001年10月,一次关于成都旅游发展的会议上,一位国家旅游局的官员建议推广"麻将文化"来打造成都"休闲之都"的名声。他甚至建议,干脆建一条"麻将街",办一份《麻将报》。但这一提议遭到一些

---

[1] 一项关于阅读和打麻将的比较研究认为,阅读对老年人的心智刺激效果非常显著,可以有效预防老年痴呆症;相反,和一般人所设想的不同,打麻将对此帮助不大。见 Yim-Chi Ho and A. S. Chan, "Comparing the Effects of Mahjong Playing and Reading on Cognitive Reserve of the Elderly," *Journal of Psychology in Chinese Societies* 6, no. 1 (2005), pp. 5-26。

[2] 打麻将被认为是最具"中国性"及最能代表中国文化和传统的。见 Amy Lo, *The Book of Mahjong: An Illustrated Guide* (Boston: Tuttle, 2001); Wang, "Culture as Leisure and Culture as Capital," pp. 69-104。即使在反麻运动中,仍有一些普及麻将的书出版,譬如一本叫《麻将学》的书便竭力鼓吹麻将的传统文化和体育锻炼的作用(盛琦:《麻将学》,北京:同心出版社,1999)。

[3] 肖龙联:《成都:麻将官司难解难分》。

图7-4 大慈寺文博大茶园的顾客在打麻将。可以看到,这里打麻将的中青年人居多。作者摄于2003年夏。

地方知识界人士的反对。一位大学教授认为这不切合城市"发展现代文明"的目的,成都人夜以继日、每天八小时地打麻将,占据了所有假期节日和休息时间,换来的结果便是成都人"无所事事"的名声。他提议召开一次有关休闲和旅游问题的会议,讨论休闲方式的多样性,包括体育锻炼、艺术活动、美食鉴赏、园林休闲等等。①

---

① 《天府早报》,2001年10月31日。

在余女士关于打麻将的诉讼发生之后,其他城市的人们开始以更积极的角度思考成都文化。2004年,《新周刊》就将成都列为继北京、上海和广州之后的"中国第四城",其"城市魅力"被认为最具特色。相对于上海的"小资文化"和广州的"商业文化",成都因其"市民文化"和享乐休闲愉悦的生活方式而为人所熟知。在成都,不论贫富,都能够找到适合自己的娱乐方式,这造就了一座"非常祥和"的城市。在大部分中国城市疲于追求经济增长之时,成都却不紧不慢的。正如文化名人易中天所评论的:"如果说广东人敢于生活,成都人则善于生活。"该杂志称:"这些对成都的评论,都显示出成都是一个注重生活质量的城市,并没有因为经济建设而忽视精神生活,这是成都的品牌打造和城市运营最为成功的地方。"①

国家的故事:地方问题还是全国问题?

改革开放之后,国家对民众日常生活的控制渐趋松弛,正如贺麦晓(Michel Hockx)和朱莉(Julia Strauss)所指出的,"党和国家已经摆脱了'管理和控制文艺、文化活动'的老框架,其功能已逐步开始因市场需求而做出调整"②。打麻将因之复兴,盛极一时,并非成都特有的问题,而是全国性的。但是,正如前文所述,

---

① 《新闻界》,2004年第4期,第102页。
② Michel Hockx and Julia Strauss, "Introduction," *China Quarterly* 183 (September 2005), p. 526.

图7-5 大学同学在成都郊区一个度假村的茶馆聚会,边聊天边打麻将。作者摄于2003年夏。

从晚清开始,茶馆及打麻将便一直是社会改良者和政府执意批判和锐意改革的对象。①为茶馆和打麻将辩护的声音,很快便湮没于此起彼伏的批评浪潮中,茶馆甚至被认为是"旧社会"的残余而应该被改造,因为整个社会正在不断进步。他们怎么也不会想到,在半个多世纪之后,茶馆和打麻将不但没有消亡,反而越加欣欣向荣,发展到了新的高度。从关于打麻将的案例中,我们可以看出今日中国的市场经济是如何和传统的生活方式融为一体的。现

---

① Wang, *Street Culture in Chengdu*, chap. 5; Wang, *The Teahouse, 1900–1950*, introduction & chap. 8.

代化的确改变了人们的日常生活，但并非如人们所设想的那样翻天覆地，文化的连续性于此彰显无遗。打麻将的社会大环境从20世纪早期便开始变化了，但这项游戏的核心属性——娱乐、赌博和社交，现在看起来也并没有什么本质上的不同。（图7-5）

尽管媒体不断批评打麻将这项活动，地方政府却始终没有对其施加严格的管控。显然，政府对打麻将之于民众尤其是老年人生活的重要性心知肚明。虽然官员们也知道这种广为流行的赌博行为，违背了政府对赌博的禁令和社会主义价值观的构建，但他们从未尝试过对其严加管制。地方政府的处理态度一般也较为温和，不提倡亦不反对。这反映了执政者的管理思路出现重大变化。理论上来讲，茶馆里任何形式的赌博，不论所涉金额的大小，都是违法行为，但一些地方政府的处理方式是只要不出岔子，便都持"睁一只眼闭一只眼"的态度。官方对打麻将的不支持态度，常常由媒体来进行具体表达。纵然政府从未完全禁止这种娱乐方式，但也作出了一定限制：严禁官员和政府机关的公务人员在上班时间打麻将。理论上来说，赌博在中国是违法的，却少有人因此受到指控。直到2000年12月，即上文所提及中国第一起麻将诉讼案发生两个月后，和麻将赌博有关的案件才首次在成都接受审理。该案件的"主角"是无业者陈某。他在茶馆中经营赌博，以此作为自己的生财之道。他被判刑五年，罚款3,000元。[①]这里政府所力图管控的，并非赌博的参与者，而是此类活动的经营者。

[①]《商务早报》，2000年12月7日。

余女士此番诉讼背后的意义其实远远超过了其案件本身。①它引起了全国范围内关于城市形象、城市认同、生活方式、个人权利——尤其是个人权利和集体利益之间冲突对抗的激烈讨论。

讨论主要围绕两个问题进行：第一，社会应该怎样在个人权利和集体利益之间寻得平衡点？第二，打麻将是否是成都"落后"的表现，并因此损害了城市的整体形象？如何平衡个人权利和集体利益，这是一个复杂的问题。在中央电视台关于这桩麻将官司的访谈节目中，一位居委会工作人员诉说了处理此类纠纷的难处："如果我满足了她（余女士）的要求，那么广大的群众不答应。因为从另外一个侧面我就剥夺了这些群众活动的自由。因为每个公民都应该享受他们自身的权利。我觉得这个问题就是邻里之间应该是有互相宽容、互相谅解的问题。我觉得还是一个心态的问题。"在该案首次听证会之后，中央电视台《实话实说》栏目专门做了一期节目，邀请有关专家、余女士及听众共同就这次事件展开探讨。一位专家认为"少数服从多数"虽然是一个很好的原则，但也仅适用于公共事件。余女士和其邻居之间围绕打麻将产生的冲突，实际是关于公民权益的一起纠纷，投票表决的处理方法其实并不适用。②

参加中央电视台本期节目的大多数嘉宾也认为，这次纠纷可以通过更好的沟通来解决，没必要诉诸法律；余女士则重申她已

---

① 关于日常生活的矛盾，见 Ágnes Heller, *Everyday Life*, trans. G. L. Campbell（London：Routledge & Kegan Paul, 1984），chap. 12。
② 详见中国中央电视台：《麻将声声》，http://www.people.com.cn/GB/channel7/498/20001108/305318.html。发布日期：2000年12月29日，访问日期：2000年12月31日。

经做了最大努力,上法庭也是不得已而为之。"在我们大院里,如果你不打麻将,完全就会变成另类,就是这样一个环境。"余女士认为凡是不打麻将的人都会遭受类似的痛苦,但他们过于胆怯而不敢出声。中央电视台的主持人则提醒余女士,听众的建议或许非常有帮助,余女士处理邻里关系的方式可能不是最佳选择;而余女士回应道,她与邻居之间除此之外并无其他纠纷。一位律师提出,通过法律程序追求自己的权益是余女士的合法权利,但并不是一个上策,因为媒体的关注令余女士承受的压力显然比打麻将的噪声严重得多。即使赢了官司,她仍然需要面对如何修复邻里关系的问题。①

公共生活中的市民、街坊与城市

本章考察了以下两个问题:由打麻将引起的诉讼是如何导致一系列连锁反应的?这又如何反映个人、邻里、城市甚至是国家之间的复杂关系?为了更好地理解政治变化和经济发展是如何及在何种程度上改变人们的日常生活及上述关系的,我将这一案例放在一个更大的语境中考察。其中所展示的问题和困惑仍然存在于今日之中国,并且没有完全得到解答。

通过上述四个层次的麻将考察,我们看到了改革开放后城市文化变化的几个重要方面。首先,改革开放后文化朝着新的方向

---

① 中国中央电视台:《麻将声声》。

发展，人们开始保护私人空间，另一些人则努力保护他们的公共空间和娱乐活动。居委会作为两者之间的调节杠杆和中间人，是吃力不讨好的角色。其次，成都作为一个城市的自我认知，与现代性的理想标准相关，即向外界展示一种崭新、繁荣和向上的形象，这种自我认知却因为中国第一例麻将官司而产生危机。改革开放后的世界充满了竞争和迅速发展的商业心态，成都居民和旁观者希望成都在这个世界展示什么样的面貌呢？答案似乎是后冷战时代西方后现代性所面临的问题：商品大潮、全球化、货币流动性、国际竞争、科技的迅猛发展，改变了人们的日常生活，城市及商业无限制地扩展，城市生活和居住模式发生了大规模的改变……现阶段的问题是，西方后现代主义的"新资本主义"是否有利于发展城市新文化并引领新的公共生活？毛泽东时代对现代化和资产阶级的审美进行批判，所提出的现代主义（工业和服从）和实证主义（科学和未来），是否可以在新时代用来建设社会主义新国民？显然，答案是否定的，中国城市的新文化，离意识形态的轨道越来越远，却与个体和群体怎样消费公共空间紧密相关。

从个人层面看，应该怎样去理解这起麻将诉讼以及余女士在这之后的命运呢？我认为应该综合其中所涉的政治、社会和文化因素来全面考虑。到了世纪之交，中国人对个人权利和隐私的意识还是相对薄弱的。在中国，人们一贯倾向把集体利益放在个人权利之前，如果集体利益和个人权利发生冲突，则常以后者的屈服告终。更进一步而论，中国人的行事传统多对老年人的种种行为多加容忍和体谅，社会对老年人往往不会像对年轻人那样苛刻。当年纪较轻的余女士和比她年长的邻居们发生矛盾时，尽管有不少人在道义上给她支持和援助,但余女士并未得到老年邻居们的同情。此外,中国传统思维方式大多将争端控制在邻里之间、小区之内,会尽量避免通过法律程序暴露在公众视野之下,所以余女士的邻居们认为她打破了大家日常生活表面的和谐。过去强调个人权利应该让位于集体利益,但已经有人开始挑战这种惯性思维,余女士此番因打麻将而发起的法律诉讼便是典型的例证之一。与此同时,尚有一批人对此问题的思考更为深刻,考虑到了"少数服从多数"原则的缺陷和对个人权利加以保护的问题。一篇文章称赞余女士,说她拒绝被"民主"的旗号欺骗,而转向去法庭上寻求公正。文章的作者指出,在涉及种族、宗教和市民权利等问题时,多数人的意见常常借"民主"的名义掩盖了少数人的声音。因此,"应实行合理的有限多数民主制,在构建这种制度时,首先要考虑的莫过于对少数人权利的尊重和保护问题"。①

从街道和邻里的层面看,这次麻将诉讼案中,居委会的态度很有意思。众所周知,居委会实际上是国家权力的最基层实施者,应该贯彻执行党和国家制定的方针政策,但国家对打麻将的态度是既不鼓励也不反对。②如果居委会要追求一种"政治正确",它就应该反对打麻将。具有讽刺意义的是,情况正好相反。从这起

---

① 宋征:《多数民主制与少数人权利之保护:由一起"麻将官司"所想到的》,http://article.chinalawinfo.com/article/user/article_display.asp?ArticleID=20491。发布日期:2003年12月8日,访问日期:2003年12月10日。
② 改革开放之后,受市场经济影响的消费文化兴起,对人们日常生活产生极大影响。有关研究见Michael Button, *Streetlife China*(New York: Cambridge University Press, 1998); Nancy N. Chen et al., *China Urban*; Link, Madsen and Pickowicz, *Popular China*。

图7-6 成都郊区的一个农家乐，人们边聊天边打麻将。作者摄于2003年秋。

案例中，我们或许能够看到一些"有中国特色"的因素：虽然打麻将长期以来就被认为是"落后""腐败"和"资产阶级"的生活方式，但作为国家自治基层单位的居委会，认为麻将不需要很多的资源，是老年人的合理娱乐选择。居委会将"单位"的管理方式带到了新的时代，解决新问题，继承了过去单位包管一切，包括日常生活及娱乐的老传统。从经济角度证实，麻将对社会稳定具有非常重要的作用，这也是往往政府对打麻将过程中的赌博行为"睁一只眼闭一只眼"的原因。实际上，政府是用更大众化和更宽容的管理，应对越来越多关于公共空间的大众娱乐问题。（图

7-6）

　　从城市层面看，成都的当局、媒体和社会精英们实际上面临着一个两难的处境。一方面，很多人喜欢打麻将，但也不情愿自己的生活方式因为过度闲散和沉迷于赌博而被"标签化"，他们担心这样的名声会损害城市形象，因此很少有专家学者愿意为这种生活方式进行辩护；另一方面，尽管有不少人反感打麻将，却很少有人站出来公开反对这一最流行的娱乐活动。当余女士站出来的时候，很多人称赞她为"反麻勇士"，并对"扰民麻将"大加鞭笞。①而此类反对意见一旦浮出水面，便立刻招来麻将爱好者的反驳。

　　过度的噪声可能会引起纠纷。当我们讨论余女士的案例时，我们必须仔细区分"噪声"和"热闹"的区别。在中国，"热闹"一直是一个积极的词，总是与繁荣联系在一起。如果我们用"热闹"来评估一个城市、一个市场、一个活动或一个派对，这无疑是一种赞扬；不热闹则被视为缺乏人气。对于公共生活，热闹令人们兴奋，无论年龄、性别、经济或教育背景。但是，当人们不在公共场所，而在家里的时候，他们希望有安静的环境，希望不被打扰。然而，公共场所和家庭之间，热闹和安静之间，没有绝对的界线，特别是热闹的噪声可以在空间穿行。例如酒吧里的音乐和跳舞声可以被认为是热闹，但当传入附近居民家庭时便成为噪声。

　　余女士的诉讼发生在2000年，十多年后，这种冲突的发生更为频繁。例如仅2013年10月（当我正在完成本章的时候）便发生了若干例跳广场舞所引发的冲突，引起全社会的关注和讨论。如

---

① 《四川青年报》，2000年11月10日；《天府早报》，2000年11月17日。

今，几乎在任何一个中国城市，人们都可以看到不少退休的老人，特别是老年妇女，在街头、公园或广场，早晚伴随着扩音器或收录机的音乐跳舞，进行体育锻炼。在2013年10月11日的北京，"一个居民由于对附近跳舞的妇女气愤之极，向空中鸣枪，并放了三只藏獒吓走跳舞妇女"。那名男子随后被捕，但在网上博得"不少同情者"。此事还引起了国际社会的关注，我是在《经济学人》（The Economist）看到对这一事件的报道的，该刊还起用了一个颇为煽情的标题："跳舞女王：时髦大妈遭遇反对者"。①在2013年10月24日的武汉，当一群妇女在广场跳舞时，有人从附近高层公寓向跳舞者扔大粪，据报道，这些跳舞者和附近居民之间的冲突持续已久。②

这些事件再次表明，人们仍然面临着如何理解、处理以及平衡个人权利和集体利益的关系——尽管何种法律或者道德权利属于个人，何种属于集体的仍不清晰。更进一步而论，本章探讨的问题不只是个人权利和集体利益之间的矛盾，而是个人之间、集体和邻里之间的多层次复杂关系。干扰和被干扰，也是经常角色互换的，某人可能因为隔壁麻将的噪声受到干扰，但是这个人跳广场舞时也可能制造噪声。如果政府和居民不能处理好这样的问题，那么争端和冲突将会更加频繁，这不可避免地会给一个城市的形象带来负面影响。

---

① "Dancing Queens: Grooving Grannies Encounter Opposition," *The Economist*, October 26, 2013, p. 54.
② 杨京：《武汉大妈广场跳舞遭泼粪》，《武汉晚报》，2013年10月25日。

第八章　结论：国家、茶馆与公共领域

　　茶馆作为中国传统文化和日常生活的一部分，有着悠久的历史，并在各种政治、经济和社会变迁中保存下来。在1950至1976年间，茶馆和公共生活从繁荣走向衰落，但从20世纪70年代末开始的改革开放，促使茶馆和公共生活又从衰落走向繁荣，因此在1950至2000年的这50年间，公共空间经历了两个相反方向的演变阶段。在第一个阶段，政治运动和阶级斗争，使人们被迫退出公共空间；但随着改革开放时代的到来，人们又得以重返公共生活。从本书中，我们已经看到，大众文化有着强而有力的生命力和延续性。在"文化大革命"中，大众文化没有因窒息而死亡；在改革开放以后，也没有因空前的现代化、商业化、全球化的冲击而消失。

　　这项关于茶馆和社会主义时期公共生活的研究，揭示了一系列新的问题。这些问题包括：在社会主义初期，国家的文化政策是完全崭新的，还是对此前有所继承？国家权力是怎样在日常生

第八章 结论：国家、茶馆与公共领域

活的层面，为社会主义娱乐的建立打下了基础？改革开放、市场经济的发展，怎样促成了茶馆和公共生活的复兴？由于社会发展，文化生活更加丰富，国家统一的文化也进一步扩张，地方文化面临着怎样的挑战？随着经济的发展、中产阶级的扩大，各种社会群体、团体、公益组织等兴起，它们在社会中扮演越来越重要的角色，随之而来的便是公共领域的扩张，我们应该怎样认识这种公共领域？随着现代化、商业化、全球化以及各种公共空间的兴起，茶馆面临着前所未有的挑战；而怎样面对这样的挑战，关系着这个传统社会中最基层的单位，是否能够再次顺应时代而生存并继续发展。

在本书的第一部分中，我依靠成都市档案馆所藏档案文献（到目前为止，史学家对其还缺乏充分的利用），揭示1949至1976年间国家对公共生活的管理，以及政府对茶馆经营的政策。第二部分对改革开放以后的茶馆和公共生活的考察，主要依靠我的实地考察，利用第一手的资料，注入切身的体验。无论是在控制严密的1949至1976年，还是市场开放后经济改革开放的阶段，都存在正统精英文化与大众文化的分野。改革开放使茶馆得以复兴，并推动了公共领域的发展。但是随着国家强而有力地逐步重新参与到思想和文化领域中，现代化开始导致社会的剧烈变化，商业文化的扩张和经济全球化等，都使公共领域的发展，面临着各种障碍。

321

早期政策：连续还是中断？

中共通过革命运动取得政权，又建立了"革命文化""新文化"和"社会主义娱乐"，把社会主义意识形态和革命宣传注入社会生活之中。政治思想教育以马列主义思想为指导，推崇英雄主义、爱国主义、革命精神，这些对党的事业都至关重要。党与国家在短期内就控制了社会的方方面面。在20世纪50年代，许多人都是积极、热情、乐观的，对未来满怀信心，希望为国家的繁荣富强添砖加瓦。在这种环境下，被执政者认为陈旧落后的传统与文化，其存在面临着极大的困难。

毫无疑问，共产主义革命给中国社会带来了前所未有的转变，但我们不能认为社会主义中国的一切都是全新的东西，过去的一切都被抛弃。我们如果仔细考察，就会发现，旧的文化和生活方式，仍然发挥着影响力。文化和社会习俗都不可能轻易地，或是完全地被摒弃。虽然在一方面，社会正发生剧烈的变化，但是在另一方面，许多传统依然贯穿在社会生活的各个方面，这充分显示了文化的持久性。与此同时，一波又一波的思想改造和政治运动，试图重塑日常文化和生活方式，因而削弱公共生活和公共空间，挤压了传统文化。因此，可以说20世纪后半期的中国，文化的连续和断裂并存。

基于政治目的而塑造的"新文化"，对公共空间和公共生活的影响是巨大的。政府通过确立社会主义的娱乐，来清除传统表演

第八章 结论：国家、茶馆与公共领域

节目的"不良影响"，同时使文化活动成为引导人们走向"正确方向"的有效工具。当然，共产党不是第一个持有这种想法的执政者。晚清以降，大众娱乐就被不断现代化的国家机器和正统精英批评为低级趣味，必须受到限制和改造。精英们常用"下流""丑陋""淫秽"等词语来批评大众文化，成为正统文化霸权的一部分。革命胜利后，这种从晚清民国便开始存在的文化霸权，还在继续发挥着影响力。例如，在文娱演出中，任何关于调情、性爱、敬神、拜神的语言和动作，都会被认为是"有害的娱乐"，因此政府对民间表演的唱词、评书、地方戏等进行改造，便是顺理成章的了。从晚清、民国到毛泽东时代，政治制度和政治文化都发生了根本的变化，但对大众文化的消极态度是始终如一的。正如前面已经指出，就对茶馆的消极态度而言，实际上国共两党的政策十分类似，并没有什么本质的不同，两者都把其视为一种对社会有害、滋生懒惰和各种恶习的场所，因此必须进行改造。不过，国民党政府没有能力把权力延伸到社会的最底层。比较民国时期与1950年之后的茶馆，我们会发现已经有许多不同。其一，从私有制到集体所有制（甚至是国家所有）的转变，导致城市经济结构发生巨大变化，城市居民的日常生活，包括做生意、娱乐、社交等活动，都被改变了。其二，政府的政策对茶馆的管理与经营，产生了巨大的影响，例如茶馆的注册、雇工、税收、经营都受到政府的干预。其三，大规模的政治运动，如"三反""五反"、社会主义改造、"大跃进"和"文化大革命"，对茶馆的生存造成了极大的影响。其四，茶馆娱乐的结构和形式，都受到了政府的严格管理。

1950年之后,小商业的萧条,导致了公共空间和公共生活的衰落,这也是政府强化控制所不可避免的结果。不过,无论如何,也不能在短时期内完全控制小商业、公共空间以及整个城市的日常生活。正如我们所看到的,传统的经济和生活方式在20世纪50年代持续了很长一段时间,但是在新的政治控制下逐渐走向没落。茶馆的公共生活虽然名义上还在进行,却受到越来越多的干扰。当人们都必须作出"进步"和"积极"的姿态时,加之国家努力消除坐茶馆等"不良"习惯,坐茶馆所遭受的压力是可想而知的。茶馆的顾客直线式下降,只剩下那些年老者,以及对坐茶馆有着根深蒂固的感情的顾客,茶馆里已很难觅见年轻人的踪影。

国家与茶馆娱乐

1949年后,在一些运动中,茶馆业主、雇员和顾客主动或被动地卷入其中。茶馆作为传统公共生活和休闲的场所,很难被社会主义叙事和革命话语容纳,是与经济发展和推进工业化的需求不相符的。因此,茶馆不得不为城市工业化的大目标让路。大多数茶馆业主和表演者们都在艰难的环境中求生存。

本书探讨了党和国家如何介入小商业内部和演出班子之中,改变了它们的管理、人事、组织结构等,以及如何帮助它们建立现代会计制度,把戏班子从迎合大众口味、松散的家庭式管理模式,转变为接受社会主义道德和政治意识形态,服务教育大众的团体。从20世纪50年代初,政治宣传便被注入各种娱乐形式之

第八章 结论:国家、茶馆与公共领域

中,紧跟政治运动的步伐,配合土地改革、"三反""五反"、集体化、"大跃进"及"文化大革命"等。茶馆中的民间艺人和表演,都成为国家政治宣传的一部分,政府利用茶馆这种公共场合,来进行政治宣传,传播社会主义的政治文化。

我们已经看到,为了有效地管理大众娱乐,政府如何在20世纪50年代早期对表演艺人进行了全面的调查,为其政策的实施奠定了基础。从晚清到民国,地方政府进行过多次类似的调查,但从来没有如此详细和全面。当然,这些调查也为今天我们研究国家如何引导大众文化,提供了珍贵的资料。在第三章中我们看到的具体调查内容,有助政府了解每个演出团体的历史、现状、阶级成分、工资、政治背景,以及表演节目的形式和内容,还有经营、管理、会计、培训和表演场所的状况。调查的动机很明显,即限制、改造和加强管理。因此,政府关注的是行业控制问题,而非这些民间艺人能否为观众带来真正的娱乐。

我们看到,政府试图消除自发的娱乐,特别是打围鼓的活动,却发现要完全禁止它们是不可能的。不少人以这个活动为职业并赖以为生,为了让这些人有个活路,地方政府不得不妥协,没有采取立即禁止的政策,只是逐步予以取消,暂时默认它们的存在。不过,政府也对这些活动进行了严密的监管,以保证"内容健康"。打围鼓是一种自发的娱乐,是民众参与的一种活动,在政府于20世纪50年代对之大力整顿后,它作为一种人们谋生的方式逐步消失了。根据档案数据的记载,我们知道政府解决此问题的办法,是让围鼓艺人回到农村,但是他们为了生存,又回到了城市,并继续以此为生,这可被视为人类学家J. 斯格特(James Scott)所

325

说，人们以"弱者的武器"作为日常反抗的一种形式。①

按当时一些地方政府的政策，部分外来的民间艺人要回到他们农村的家乡去，这反映出政府对城市生活所持有的一种态度，即认为城市生活会滋生恶习。②实际上，从20世纪50年代开始，政府制定了鼓励城市居民到农村去的"上山下乡"政策，这个政策在"文化大革命"时期达到顶峰，即青年人都必须到农村接受贫下中农的再教育。周杰荣在其关于毛泽东时代中国城乡关系的研究中，以天津为例子，讨论政府如何把农村人口与城市居民分离开来。③之所以要把那些没有"正当职业"的人遣送回乡，是为了促进城市社会的稳定，这正是社会主义城市改革的重要部分。政府对民间自发娱乐的消极态度，使人们不可能以打围鼓为生，甚至只将其作为一种自发的娱乐方式，也是岌岌可危的。打围鼓的存在和消亡，后面都具有复杂的因素，正如我们所看到的，国家对大众娱乐实施了严密的管理，许多人不仅失去了传统的娱乐方式，还丢掉了谋生的手段，因此不得不以打围鼓为生。成都市文化局拒绝承认这是一种合法的职业，并想办法消除它。然而，基层官员对辖区内的居民负有更直接的责任，相对而言，他们更关心怎样安置这些人的生活，而非更高层次的建立"革命的娱乐"和社会主义的宣传。他们并未积极地参与对打围鼓的围剿，因此

---

① James C. Scott, *Weapons of the Weak: Everyday Forms of Peasant Resistance*（New Haven: Yale University Press, 1985）.
② 对这种认知的经典诠释便是著名话剧《霓虹灯下的哨兵》，该剧展示了进入上海的解放军士兵怎样面对城市"资产阶级"及其生活方式的挑战。
③ Jeremy Brown, *City versus Countryside in Mao's China: Negotiating the Divide*（Cambridge: Cambridge University Press, 2012）, chap. 6.

受到成都市文化局的指责。

应该指出的是，在取消打围鼓演唱的过程中，许多妇女不得不回到使她们"受闲气"的厨房。在革命的话语中，妇女解放、走出家门是中共的一贯主张，但取消打围鼓时，有的妇女表示"愿意回去做家庭妇女"，政府的报告却以积极的口吻表达此举：取消围鼓，把她们赶回家门，并成功地说服她们认识到，出来打围鼓是"打错了主意"。对新政府来说，建立革命娱乐的问题比妇女走出家门更为重要。[1]我们应该意识到，在1949至1976年间，虽然政府控制茶馆，但其他公共空间、日常生活及大众文化仍然保持一定的能动性。文化和公共空间一旦获得发展机会，就会复兴，打围鼓活动便是最好的例子。

---

[1] 关于1949年以后的妇女解放，见Andors, *The Unfinished Liberation of Chinese Women*; Ying-ying Chien, "Revisioning 'New Women': Feminist Readings of Representative Modern Chinese Fiction," *Women's Studies International Forum* 17, no. 1 (January-February 1994), pp. 33-45; Janice Yee, "Women's Changing Roles in the Chinese Economy," *Journal of Economics* 27, no. 2 (2001), pp. 55-67; Harriet Evans, "The Language of Liberation: Gender and Jiefang in Early Chinese Communist Party Discourse," in *Twentieth-Century China: New Approaches*, ed. Jeffrey N. Wasserstrom (New York: Taylor & Francis, 2003), pp. 193-220; Jian Zang, "The Soviet Impact on 'Gender Equality' in China in the 1950s," in *China Learns from the Soviet Union, 1949-Present*, eds. Thomas P. Bernstein and Hua-yu Li (Lanham: Lexington Books, 2010), pp. 259-274; Xueping Zhong, "Women Can Hold up Half the Sky," in *Words and Their Stories*, ed. Wang, pp. 227-247。

茶馆的复兴与解放了的市场

"文化大革命"的激进时期,一方面是文化和娱乐生活的萧条,例如限制茶馆与其娱乐;另一方面却是轰轰烈烈、宏大的国家庆典,和经常大规模的公共集会与游行,被看作社会主义政治文化的象征。[1]在这样的政治环境中,个人容易被卷入一波又一波的革命之中。但即使是在这样严密的政治控制之下,人们最终还是对"文化大革命"中的极左分子忍无可忍,开始在公共场合中表达他们的不满,这种愤懑在1976年悼念周恩来的活动中达到顶峰。这是在中共执政之后,人们第一次自发表达了他们与当局对立、独立的政治思想,公开谴责"四人帮"。这种民意也是导致"四人帮"覆没的重要原因之一。[2]不久之后,邓小平复出,推行改革开放,推动发展社会主义市场经济,鼓励对外贸易。茶馆和公共生活在经历了十多年持续的打击之后,迎来了重生。此外,随着茶馆的解放,依靠茶馆为生的民间艺人也获得了一定的自由。

贺麦晓与朱莉在关于改革开放后中国实行社会主义市场经济的研究中,发现"市场逐渐取代了"过去党和国家"支持与压制文化"的角色,最突出的变化是,"中国快速发展的市场经济,促进了以消费和利润为导向的文化的兴起与发展"。[3]在成都,我们

---

[1] Hung, "Mao's Parades," pp. 411–431.
[2] 张先德:《成都》,第113页。
[3] Hockx and Strauss, "Introduction," p. 526.

也可以看到相同的趋势。在改革开放时期，随着市场的开放，社会主义国家允许私有商业的发展，政策的变化促进经济发展与公共生活，茶馆很快得以恢复。到"文化大革命"结束的时候，幸存的茶馆无论在经济还是文化上，都深受打击，只能在城市的一角奄奄一息。改革开放给予茶馆以喘息的空间；只要给它们以条件，它们犹如干燥土壤中的种子，有了适当的温度和水分，就会复苏。茶馆再次成为各行各业人们聚集的场所，他们在茶馆中社交，享受闲暇时光。老年人依旧是街角茶铺的主要顾客，但是中高档的茶楼，却几乎是时髦的中青年人的天下。

显然，由于改革开放放松了控制，茶馆所承受的政治负担明显减少。人们可以自由地开设茶馆，自行决定价格、服务种类和营业时间，自由雇用或解雇职员，茶馆的数量也大大超过了民国时期。尽管如此，但我们并不能说国家完全采取了自由放任的政策。一个茶馆经营者需要获得各种许可证方可开店，如安全许可证、卫生许可证、税收许可证等，由此也不可避免地引发了许多不便和障碍，导致了另一种类型的政府审查。

此外，新时期的茶馆与过去的茶馆相比，在诸多方面，从外观到运营方式以及所提供的服务，皆有所不同。茶馆的类型比过去更多。与民国时期的茶馆不同的方面，即茶馆不再由同业公会对行业的规模进行管理，导致茶馆数量的迅猛增长，因此竞争也更为激烈。与过去一样，茶馆为许多下层民众提供了生计。一些过去依赖茶馆的营生，如算命、挖耳、擦鞋和小贩等，现在也得以重返茶馆，并且队伍日益壮大。另一个显著的改变是，女性开始进入像算命、挖耳这些过去属男人的传统行业中。随着女性地位的提升,对妇女的约束与限制逐渐减少,这是人们思想开放的结果,反映了社会的进步。但传统的习惯与思维,也并不是可以完全消除的,正如我们在第五章所看到的,茶馆在雇用女性时,对她们的年龄与外表依旧持有相当多的偏见。

改革开放后的文化问题:国家与地方

国家对社会和日常生活的控制一直是20世纪中国的一个话题。在晚清,国家权力就试图渗入社会底层,民国时期这种掌控有所强化。在20世纪后半期,地方文化也被逐步纳入国家文化之中。[①]

"地方文化"是一种区域性的现象,与地方的地理环境、经济、语言和生活方式有关,这些因素塑造了人们的生活方式。在过去,地处长江上游的成都是一个相对封闭的城市,与外界缺乏沟通,形成了独特的地域文化。以往我们很难对"国家文化"进行准确的定义,但现代化的交通工具和通信工具的发展,以及强而有力的大一统现代国家政权大幅度扩展了地区之间的交流,也在某种程度上导致了地方文化的演变。"地方文化"和"国家文化"的概念不是一成不变的,二者经常重叠。我认为国家文化至少应该包括以下几个因素:一、由国家权力推动;二、服务于中央集权;三、存在一种全国性的模式。本书的讨论也揭示了国家

---

① 关于民国时期上海对休闲活动的控制,见 Frederic Wakeman Jr., "Licensing Leisure: The Chinese Nationalists' Attempt to Regulate Shanghai, 1927–1949," *Journal of Asian Studies* 54, no. 1 (February 1995), pp. 19–42。

第八章　结论：国家、茶馆与公共领域

文化不断取代地方文化的过程。

为了理解地方文化的深层问题，我们把公共生活看作文化的一个主要推动力。公共生活总是在公众的眼皮底下进行，因此，政府、精英、媒体和小区都参与了塑造城市面貌和城市文化的活动。如第七章对打麻将的讨论，这是成都公共场所中最普遍的活动。从这项研究中，我们看到打麻将可能会引发的各种争论：它究竟是一种有益的娱乐，还是一种有害的生活方式？它是一种高质量生活的表现，抑或反映了人们的无所事事？是集体利益至上，还是应该保护个人权利？……关于打麻将的争论，揭示了人们对社会巨变所滋生的各种问题的反应。他们是如何在传统的生活方式与现代道德准则中寻求平衡，以及如何评价大众文化及其生活方式的呢？

一些大众媒体，像其晚清和民国时期的前辈一样，总是试图通过注入精英价值观来改变大众文化。[①]媒体热衷报道诸如打麻将这样大众娱乐所出现的问题，这反映媒体对大众文化和公共生活所抱的怀疑态度。媒体总是试图警告大众，要避免沉迷于这样的娱乐，以防止造成严重的后果。我们可以看到，官方和大众的喜好之间存在一条明显的鸿沟，民众对打麻将乐此不疲，而官方媒体对打麻将的报道多是消极的信息。其实，打麻将的流行与其在

---

① Wang, *Street Culture in Chengdu*, chaps. 1 & 4; Prasenjit Duara, "Superscribing Symbols: The Myth of Guandi, Chinese God of War," *Journal of Asian Studies* 47, no. 4 (November 1988), pp. 778–795; Prasenjit Duara, "Knowledge and Power in the Discourse of Modernity: The Campaigns against Popular Religion in Early Twentieth-Century China," *Journal of Asian Studies* 50, no. 1 (February 1991), pp. 67–83.

传统生活中作为社交工具、人们在新的市场经济中日益增长的物质追求,以及人们对赌博的迷恋密切相关。

政府似乎较关注官员和公务员在上班期间打麻将的问题,而对普通人打麻将基本不加干涉。当局更关注打麻将会否造成腐败或变相行贿等有关问题。与过去官方对麻将的严厉态度相比,尽管麻将经常与腐败和赌博联系在一起,但是这时的政府并没有开展任何反对打麻将的运动,只是对公务员打麻将的时间、地点以及麻将的参与者进行了规定和限制。为什么政府采取了这种宽松的政策?一部分原因可能是打麻将是一种娱乐活动,而且对官方来说,让人们专注于发财,对社会也没有什么明显的坏处。

当然,政府对打麻将持宽松态度,还有其他原因。党和国家在改革开放之后,仍然扮演着文化创造者的角色,虽然是以全新的方式表现出来的。R. 塞尼特(Richard Sennett)讨论"新资本主义文化"时,便提出了这样的问题:"新经济真的能滋生新政治吗?"从经济结构上看,中国经济越来越多元化。随着商业文化的兴起,国家运用了不同的策略,来保持其对日常生活与地方文化的影响力。正如王瑾所强调的:"国家现在变得越来越注重企业精神和形象塑造,但这也并不意味着国家放弃了对大众文化的控制。"[①]李瑞(Ralph Litzinger)表达了类似的观点:"改革时代的党和国家,绝没有放弃其作为各种文化创造者的角色。"[②]

[①] Wang, "The State Question in Chinese Popular Cultural Studies," pp. 35–52.

[②] Ralph A. Litzinger, "Government from Below: The State, the Popular, and the Illusion of Autonomy," *Positions* 9, no. 1 (2001), p. 264. 此文也讲到了国家与商业文化之间的密切联系。

新的政治文化也为国家参与地方商业和地方消费文化而服务。如政府所预期的,更多的公民,特别是年轻人,将会专注于增加收入,这将使他们走向更好的生活而不是更关心政治。中国的政治文化有两股潮流:一是有着鲜明的意识形态化色彩,国家控制媒体、出版和教育等关键领域。二是日益严重的贫富差距,造成新的不满,这可能再次引发人们对政治的兴趣。

现在一些学者引入了"地缘文化"的概念,他们认为地缘文化引发了全球资本主义,现在中国也正在成为其中的一部分。尽管中国实施着高度集中的管理,但中央政府给予干部们的政策实施有"重要的解释余地",中央政策下达到地方后,"可因地制宜"。[①]但在20世纪初,在现代化和西方化的浪潮之下,现代化的国家日益地介入地方事务,例如几乎所有的城市改革,从城市管理到执法、城市景观到娱乐形式,都遵循西方的模式。[②]因此,娱乐被意识形态控制,被社会主义的政治文化——一种国家文化塑造。国家文化并未给地方文化的生存与发展提供有效的空间。本书的研究发现,地方文化的持久力与地缘文化的存在,并非因为国家给地方一个"重要的解释余地",而是民众对地方文化的坚持。虽然我们可以找到官员维护地方文化的事例,但是他们的出发点、思维、发展模式,全国几乎如出一辙,本质上还是国家文

[①] Jing Wang, "Introduction: The Politics and Production of Scales in China: How Does Geography Matter to Studies of Local, Popular Culture?" in *Locating China: Space, Place, and Popular Culture*, ed. Jing Wang (London: Routlege, 2005), p. 10.

[②] Joseph W. Esherick, ed., *Remaking the Chinese City: Modernity and National Identity, 1900–1950* (Honolulu: University of Hawai'i Press, 2000); Stapleton, *Civilizing Chengdu*; Wang, *Street Culture in Chengdu*, chaps. 4 & 5.

化。许多城市发展和改造项目,表面上是为了保护地方文化,实际上却在破坏地方文化。我们可以找到无数个为了经济发展而拆除老城区、修建仿古街道和伪历史建筑的例子。

总之,1949年以后的国家文化,是在"同一性"指导下,由社会主义国家管理与推行的。国家的统一文化对确立思想的统一和加强国家权力是有益的,但对地方文化存在某种消极影响也是不言而喻的。

以上探讨的各个层面都强调了国家在日常生活中日益重要的角色。改革开放后,国家不采取直接干预文化的方式,所以有不少人回忆20世纪80年代的宽松环境;在1989年后,国家对文化和娱乐活动的介入逐渐增加,并且在20世纪90年代后日益加深。在20世纪90年代中期以后,国家更多地干预文化活动,政治意识形态介入与过去有很大的不同,这种介入既不是无产阶级革命思想,也不是走向政治民主的新文化,而是在全球化时代,如何将中国文化传统与现代生活方式、民族主义及爱国主义结合起来。在这个过程中,中国在经济上与西方紧密联系,又在思想、文化和政治体制上与西方分割。这种国家的重新参与,不能被简单标签化为社会主义或保守主义之类,但无疑是有利并服务于执政党的文化和意识形态的。国家并没有简单地从文化和公共生活中退出,它只是采取了不同的方式介入而已。

第八章 结论：国家、茶馆与公共领域

公共领域与市民社会

公共空间和公共生活是地方文化的重要载体，它们作为社会与政治活动的舞台，在城市生活中扮演着中心的角色，反映在国家与社会生活的重要领域。在欧洲与美国的历史上，公共关系和市民社会是一个重要的话题。早在20世纪80年代末至90年代初，冉枚烁、罗威廉和史谦德（David Strand）便用"公共领域"（public sphere）这个概念来研究中国自晚清以来的社会转型。但这个词的使用引起了很大的争议，一些学者认为哈贝马斯的"公共领域"概念并不适用于中国。① 在《街头文化：成都公共空间、下层民众与地方政治，1870—1930》一书中，我主要关注的是公共空间如何演变为社会和政治的空间，以及怎样在地方政治中扮演

---

① Rankin, *Elite Activism and Political Transformation in China*; Rankin, "The Origins of a Chinese Public Sphere," pp. 14-60; Rowe, *Hankow*; Rowe, "The Public Sphere in Modern China," pp. 309-329; David Strand, *Rickshaw Beijing: City People and Politics in the 1920s* (Berkeley: University of California Press, 1989); Jürgen Habermas, *The Structural Transformation of the Public Sphere: An Inquiry into a Category of Bourgeois Society*, trans. Thomas Burger (Cambridge: Polity, 1989); Philip C. C. Huang, "'Public Sphere'/'Civil Society' in China? The Tuird Realm between State and Society," *Modern China* 19, no. 2 (April 1993), pp. 216-240; Frederic Wakeman Jr., "The Civil Society and Public Sphere Debate: Western Reflections on Chinese Political Culture," *Modern China* 19, no. 2 (April 1993), pp. 108-138; Heath B. Chamberlain, "On the Search for Civil Society in China," *Modern China* 19, no. 2 (April 1993), pp. 199-215; Timothy Brook and B. Michael Frolic, eds., *Civil Society in China* (Armonk: M. E. Sharpe, 1997).

重要角色。① 在《茶馆：成都的公共生活和微观世界，1900—1950》一书中，我进一步指出，哈贝马斯的"公共领域"并不只是与国家对立的社会和政治力量，也是一种实际存在的物质空间。人们离开他们的私人领域（经常指他们的家）时，便进入到公共领域之中。从物质的公共领域角度来看，茶馆与美国的酒吧、欧洲的咖啡馆，扮演着类似的角色。在民国时期的成都，茶馆是解决纠纷的场所，因此国家的司法权被社会基层分解，这个所谓"最民主的法庭"（尽管这个词有些理想化）发挥着稳定社会的作用。② 现在我们已经很清楚，关键的问题不在于是否可以使用"公共领域"这个概念来解释现代中国，而是如何定义这个概念以适应独特的中国语境。探讨"公共领域"如何作用于市民社会概念的内涵和外延是十分重要的。

我们可以把同业公会看作公共领域的一种形式或因素。第二章表明，国家对旧行业公会的改造，导致了新茶社业公会的出现。中共对传统的社会经济组织同业公会，采取了先改造，然后逐步边缘化，最后让其消弭的政策。新茶社业公会被迫摒弃其以往的角色，不能再代表行业与国家抗争，反而成了政府在茶馆业中的一个代理部门。所有的行业公会在20世纪50年代早期便名存实亡，而新茶社业行业公会的名字，在社会主义改造运动后就完全消失了。

政府为何要采取这样的政策？其动机和出发点在哪里？在毛

---

① Wang, *Street Culture in Chengdu*, chaps. 6 & 7.
② Wang, *The Teahouse, 1900-1950*, pp. 254-255.

泽东时代，新政府减少行会的影响力，是为了防止它们挑战国家的权威。新政府认为，这些行会在本质上是与国家对立的，哪怕它们从帝制时代开始就一直试图与国家合作。只是为了行业利益，它们又经常与国家进行抗争。按照新政府的说法，在1949年之前，各行业被其同业公会控制，它们打压中小商业者。新执政者明白行会有着悠久的历史，扮演着行业与国家之间的中介角色，在社会中发挥着重要的影响力，所以政府没有下达一个激进、全面的禁令，而是从改造同业公会入手。

　　一些学者并不认可同业公会的灭亡是因为党和国家希望阻止公共领域发展的说法。例如，张伯伦（Heath Chamberlain）认为新政权在20世纪50年代彻底改变了中国传统的社会结构，但这种结果不一定是完全负面的："20世纪50年代的中国社会与市民社会（civil society）还相距甚远。国家运用强迫的办法，把人们从传统的家庭和社会制约中解放出来，是为未来市民社会的发展准备土壤。"不过，"很难判断国家的行动是推动，还是阻碍了市民社会的出现"。张伯伦继续强调："那些认为几十年的政治威权只会阻碍进步的人，必须提供令人信服的证据。"① 按照他的观点，公共领域可以是非市民的行为，为了实现市民社会，需要对其进行控制与变革。本书没有对中国社会进行全面的研究，但至少能够响应张伯伦提出的问题。本书对20世纪50至70年代晚期茶馆与公共生活的分析清晰地表明，国家的确影响了公共生活和公共领域的发展，1949年之后的旧茶社业公会命运，反映出"社会"核心部分

---

① Chamberlain, "On the Search for Civil Society in China," p. 210.

的死亡。

本书的第二部分关注的是商业乃至各种自发社会组织的回归。改革开放后，随着经济的发展，商业和消费文化的兴起，政府控制的松弛，中产阶级迅速崛起，茶馆作为一个充满活力的公共空间，在公共生活和公共领域的回归和发展上发挥了重要作用。在1980和1990年代，中国出现了各种自发的组织，包括经济、行业、老年人、宗族和宗教协会，等等。这些组织的出现，使过去人们一切依靠国家的观念发生了很大的变化，人们发现依靠社会关系纽带、依靠群体组织，比依靠国家要直接和可靠得多，特别是在社会和精神生活方面，更是如此。这些种子的生长，或许就是"社会"缓慢回归的显著标志。

在这个时期，茶馆迅速恢复乃至蓬勃发展。在民国时期，茶社业公会控制着茶馆的数量。但现在，随着改革开放的不断深入，人们可以自由开设茶馆；随着竞争的加剧，成都出现了各种类型的茶馆。这些茶馆顾客盈门。这表明公共生活真正地恢复了，低档和高端的茶馆，都促进了公共领域的繁荣。企业经营者、顾客、中产阶级（包括受过良好教育的知识分子）等皆因此受益，生意人要求经济自主化，顾客追求轻松的空间，知识分子渴望公共空间中自由的表达……我们必须承认这都促成更强大的公共领域。当然，在这个领域中，他们并不总是作出政治化批判，或是与国家权力对立。这种新型的社会人经常讨论自身的生活，包括各种社会话题，如城市或者国家乃至国际的新闻热点。改革开放时代的人们，对于在公共空间中谈论政治，感觉自由多了。尽管有政治压力，但是我没有发现任何例子显示谁人因在茶馆内说了什么

"大逆不道"的话而被指控有罪,这种状况是不能与改革开放前同日而语的。这种相对宽松的环境,无疑将加速公共领域的发展。

魏斐德不认同"自1900年来的不断扩张的公共领域",可能形成"对抗国家的市民权利的说法"。①然而,冉枚烁和罗威廉对公共领域的兴起,持更积极的观点。如冉枚烁在她关于晚清中国公共领域的研究中所指出的,"市民社会一直是西方政治理论的重要主题",但公共领域的概念本身,"并不是很契合西方的政治理论或是历史文献,而是更适用于17世纪早期以后的其他地区"。②在她看来,"市民社会"的概念虽来自西方,但适用于中国。罗威廉注意到诸如茶馆、酒馆这样的场所,是公众观点阐发的集中地,他写道:"尽管别人不这样认为,但我深信这样的现象也存在于晚清。中国城市中的茶馆和酒馆便是如此的场所,它们至少都促进了人们对于公共话题的辩论,类似于早期现代欧洲咖啡馆。"③我于2008年出版的关于晚清和民国时期茶馆的研究,从公共空间、公共生活、公共政治的角度,进一步推动了对这一问题的讨论,我相信我已提供了充分的证据证明20世纪中国的公共领域是在不断地发展的。

与历史学家相比较,那些研究改革开放时代情况的政治学和社会学家,更喜欢用"公共领域"这个词。正如R. 克劳斯

---

① Wakeman, "The Civil Society and Public Sphere Debate," p. 133.
② Rankin, "Some Observations on a Chinese Public Sphere," p. 159.
③ 罗威廉指出,由于"对明清时期的这些机构缺乏详细的研究",所以他只能"在20世纪早期的文学描写中了解这些机构,如老舍的《茶馆》、鲁迅的《在酒楼上》"(Rowe, "The Problem of 'Civil Society' in Late Imperial China," p. 146)。

（Richard Kraus）所说的，他相信"所有的社会都存在着公共领域"；但一些更为谨慎的学者们认为，虽然"市民社会和公共领域是两个不同的概念，但它们经常被捆绑在一起"。①学者们已经注意到，公共空间在当代中国是如何影响"公共领域"这个概念的。当然，"城市公共空间"不仅包括街道、公共广场、公园、剧院、咖啡馆、茶馆等，还包括公共场所中的永久性建筑，如纪念碑、雕塑、壁画和其他公共场所的艺术等，它们"为讨论中国的'公共领域'这个棘手的问题提供了一个途径"。因此，可以认为改革开放后的宽松政策、新的公共生活的机会，以及新商业和消费文化的发展，都促进了公共领域的形成和发展。与历史学家不同，研究中国的西方政治学和社会学家，一般喜欢用"市民社会"这个词。罗德明（Lowell Dittmer）和郭良平（Lance Gore）指出，"市场化对政治的影响是建立了市场文化"，从而形成了"更自主的市民社会的基础，最终可能出现一个更加多元的、善于自省的政体"。②尽管一些学者认为，"市民社会"的概念是否可以用在1949年以后，甚至改革开放时期，都"极富争议"，但公共领域的概念似乎"少一些分歧"。③但我们可以看到，改革开放以后各种社团的兴起，可以被视为市民社会的一部分。

让我们进一步考虑这个问题。在20世纪90年代早期，社会学家赵文词（Richard Madsen）发现，"由于过去十年的改革，中国社会的一些团体有的出现，有的恢复，至少有部分国家控制之外

---

① Kraus, "Public Monuments and Private Pleasures in the Parks of Nanjing," pp. 288-289.
② Dittmer and Gore, "China Builds a Market Culture," p. 41.
③ Solinger, *Contesting Citizenship in Urban China*, pp. 284-286.

的自治权",其中包括商业、行业、老年、宗族等协会(其中许多在前面章节已经讨论过)。赵文词认为,这些协会的扩张"削弱了国家对人口的控制力"。实际上,在赵文词的文章发表以来的约15年间,这些协会越来越多地显示市民社会中的自治化因素。赵文词与张伯伦的观点形成了鲜明的对比,后者认为国家对市民社会的抑制,反而促使了市民社会的形成。而赵文词认为这是自愿组织的一种反弹,不是国家本身促成的,而"最终导致建立了一个民主的公共领域",虽然这并不一定是"要建立西化的自由民主"。不过,赵文词建议我们对现实的社会进行更具体的研究,而不是依靠一些成见做判断。他特别提到了和本书有关的一个例子:尽管哈贝马斯指出"咖啡馆在18世纪英国资产阶级公共领域的发展中起了重要的作用",但是我们并不能假设"茶馆在中国也扮演了同样重要的角色"。我对茶馆和公共生活的研究,便是按照赵文词所说的,力图"找到促进公共领域、导致市民社会发展的正确量度"。[1]我的个案研究表明,茶馆确实发挥了与欧洲的咖啡馆类似的功能。这与 J. 吉廷斯(John Gittings)的断言相吻合,改革开放之后,"有自主权且快速聚集着信心的市民社会就有了更多的发展空间"。[2]

我们已经建立了在现代茶馆以及其他公共场所开展各种活动

---

[1] Richard Madsen, "The Public Sphere, Civil Society and Moral Community: A Research Agenda for Contemporary China Studies," *Modern China* 19, no. 2 (April 1993), p. 190.

[2] John Gittings, *The Changing Face of China: From Mao to Market* (New York: Oxford University Press, 2005), p. 4.

的习惯：人们可以在那里自由地聚会、阅读、办讲座、讨论政治和社会问题等。当然，现在的互联网已成为以上各种活动的信息和意见发布的主要出口。与茶馆不同的是，上面说的这些活动虽然经常表达民意或公众舆论，但是可以在私密空间进行的，因此出现了在私人空间展开公共活动这样的新形式。互联网是一个虚拟的空间，但是已经确确实实地演变成为公共空间，虽然它是一种特殊形式的公共空间。我们可以看到，互联网的活力和茶馆类似，它也是一个舆论发布和聚集之地。随着公共生活越来越具有活力，公共领域必然会继续扩张。

茶馆的现代性与生命力

随着社会的现代化，人们日常生活的步伐也加快了。如A. 海勒（Agnes Heller）所指出的："任何生活节奏的变化，都必然会影响到日常生活，但每个人的日常生活并不一样，所以日常生活的各个方面被影响的程度也不一样。"[1]成都和20世纪中国其他的大城市相比，生活节奏要慢得多。但成都也像其他中国城市一样，不可避免地经历了快速发展的历程。受中国政治、经济、文化转型及全球化的影响，茶馆、茶馆文化、公共领域在形式和程度上，

---

[1] Heller, *Everyday Life*, p. 244.

第八章 结论：国家、茶馆与公共领域

都发生了极大的转变。①

到2000年，成都的公共场所中出现了各种各样的娱乐休闲设施，诸如咖啡馆、酒吧、网吧、卡拉OK、私人俱乐部、舞厅、电影院、豪华酒店以及其他现代化的娱乐场所等。此外，几乎所有家庭都拥有一两台彩色电视机、低廉的光盘播放器，供人们观看各种节目。越来越多的家庭有了私人汽车，全家可以开车去郊游，甚至去远途度假。难以置信的是，尽管成都人的休闲和娱乐的选

---

① 已经有不少关于全球化对本地市场和文化影响的研究，见 David Harvey, *The Condition of Postmodernity: An Enquiry into the Origins of Cultural Change* (Oxford: Blackwell, 1989); John Bird et al., eds., *Mapping the Futures: Local Cultures, Global Change* (London: Routledge, 1993); Doreen Massey, *Space, Place, and Gender* (Minneapolis: University of Minnesota Press, 1994); Doreen Massey, "The Conceptualization of Place," in *A Place in the World? Places, Cultures and Globalization*, eds. Doreen Massey and Pat Jess (Milton Keynes: Open University Press, 1995), pp. 45–86; Dolores Hayden, *The Power of Place: Urban Landscapes as Public History* (Cambridge: MIT Press, 1995); Kevin R. Cox, ed., *Spaces of Globalization: Reassuring the Power of the Local* (New York: The Guilford Press, 1997); Donald Mitchell, *Cultural Geography: A Critical Introduction* (Oxford: Blackwell, 2000); Leo Ching, "Globalizing the Regional, Regionalizing the Global: Mass Culture and Asianism in the Age of Late Capitalism," *Public Culture* 12, no. 1 (Winter 2000), pp. 237–257。关于中国区域和地域文化的研究，见 G. William Skinner, "Mobility Strategies in Late-Imperial China: A Regional Systems Analysis," in *Regional Analysis, Vol. 1, Economic Systems*, ed. Carol A. Smith (New York: Academic, 1976), pp. 327–364; G. William Skinner, "Cities and the Hierarchy of Local Systems," in *The City in Late Imperial China*, ed. Skinner, pp. 275–351; Stevan Harrell, ed., *Cultural Encounters on China's Ethnic Frontiers* (Seattle: University of Washington Press, 1995); Oi, "The Role of the Local State in China's Transitional Economy," pp. 1132–1149; Cartier, "Transnational Urbanism in the Reform Era Chinese City," pp. 1513–1532; David S. G. Goodman and Gerald Segal, *China Deconstructs: Politics, Trade and Regionalism* (London: Routledge, 1995)。

择非常多，茶馆业却没有因为外来竞争而衰落，相反，它们的发展到达了前所未有的程度，几乎遍布城市的每一个角落。没有人能预见到这样一种强劲的发展，茶馆在整个20世纪中遭遇猛烈的政治、经济和文化冲击，风风雨雨中仍然保持着如此旺盛的生命力，是我们在任何一种传统公共空间中都未曾见过的。

我在《茶馆：成都的公共生活和微观世界，1900—1950》一书中指出，由于自然地理环境的影响，成都茶馆的数量，至少从晚清开始，便较其他城市为多。不同于中国的大部分地区的农民，成都平原地区的农民是在耕作的农田附近散居的。基于此种分散的居住模式，与其他地区的农民相比，他们更加依靠农村基层市场。农民在集市交易后，一般喜欢到茶馆里会友、聊天、休闲和社交，有些农民甚至直接在茶馆进行买卖。[①]此外，在成都平原上，狭窄的小路上很难使用牛车、马车等运输工具，人们只能用扁担、手推车等人力工具来运送货物，并会乘轿子或推车从一个地方到达另一个地方，因此，体力劳动者们亦把茶馆作为解渴、休息之地。成都较差的水质和有限的燃料，使得人们在日常生活上更为依赖茶馆。市民饮水依靠运水工把水从城外的河流里的水运进城内，在家里饮茶、烧水非常不方便，这对很多一般家庭来说成本很高，所以人们宁愿直接从茶馆中买开水，这无疑促进了茶馆生意的发展。

[①] 关于这个区域的地方市场，见G. William Skinner, "Marketing and Social Structure in Rural China," *The Journal of Asian Studies* 24, no. 1（1964）, pp. 3-43; no. 2（1965）, pp. 195-228; no. 3（1965）, pp. 363-399; 王笛:《跨出封闭的世界》，第1、2章; Wang, *Street Culture in Chengdu*, pp. 4-6。

第八章 结论:国家、茶馆与公共领域

然而,到20世纪末,成都的饮水、燃料和运输工具,皆与过去大不相同。这时人们在家里喝茶也十分方便了,但是为什么他们仍然要光顾茶馆呢?其中有许多因素,但最重要的一点是,茶馆能根据时代的变化,不断调整自身的经营方式,以适应社会、经济和文化的变化。特别是茶馆能顺应时代发展,采纳新物质文化,满足新的娱乐需求。在20世纪初,茶馆最早使用留声机放歌曲,也放映电影,开创了新的娱乐方式。①20世纪80年代,随着影碟的兴起,许多茶馆引进了影像放映设施。为了跟上经济发展和人民生活水平的提高,茶馆安装了空调,设置了私人包间。在"全民皆麻"的时代,茶馆为打麻将者提供了最方便的场所。茶馆过去消失的服务,现在都以不同的形式回归了,例如热脸帕服务消失了,足浴服务却出现了。而茶馆仍然有能力维持大多数过去提供的服务,算命先生、挖耳师傅、理发师、擦鞋匠乃至小商小贩等,在那里仍然十分活跃。茶馆中的人们,有时恍惚回到了过去,或是在现代与过去之间穿行往返。

咖啡馆和酒吧没能取代茶馆,或是抢走茶馆的顾客。喝茶对于那些经济能力有限的人,特别是老年人来说,是再适合不过的了,所以茶馆主要的顾客是中老年人。年轻人喜欢去西式的咖啡馆或是酒吧,但是一些中高档的或者在公园、度假村、农家乐里

---

① Wang, *Street Culture in Chengdu*, pp. 119–120; Wang, *The Teahouse, 1900–1950*, pp. 125, 155–157, 165, 166, 175, 212.

345

的茶馆,却仍然能够吸引中青年人。①当代中国城市的咖啡馆和酒吧基本上是西式的,几乎没有中国传统的痕迹,但茶馆植根于中国的土壤。在咖啡馆或是酒吧中,没有小贩、算命先生、挖耳师或擦鞋匠等,因此与现代化的咖啡馆和酒吧相比,茶馆包含了更多当地社会的经济与文化因素。

而且,茶馆顾客只要花很少的钱,便可以在那里待上几个小时甚至是一整天,可以加水而不必重新买一杯茶。在低档的街角茶馆,哪怕是陌生人之间也可以闲聊,这为普通人的公共生活提供了理想的空间。

本书还展示了传统茶馆和茶馆文化是怎样被商业革命和城市革命影响的。流动人口为城市注入了活力,并给茶馆带来了新的顾客群体。另外,生活水平的提高使人们有更多的时间追求休闲,包括在茶馆里打发时间。在过去,人们局限在单位内,但公共生活的回归,重新引入了茶馆这个最基本且越来越重要的社会单位。现代化也使人们的日常生活节奏越来越快了。在现代城市中,茶馆将会再次寻找一条生存和发展的途径,并继续成为公共生活中的重要组成部分。在21世纪的城市改造中,成都经历了前所未有的大拆大建,街角茶馆赖以生存的老街道和旧小区日趋消亡,城市面貌焕然一新,随之而来的是城市人口的大量增加、爆炸式的城市发展、新商业文化的兴起。成都的命运和其他中国古城相似。古代中国的每个城市都有着自己独特的魅力、面貌和文化,而现

---

① 包亚明、王宏图、朱生坚在《上海酒吧》(高雄:弘文图书,2002)中,生动地描写了上海的酒吧和酒吧生活。诗人翟永明也写过一本关于现代成都的酒吧与酒吧文化的书《白夜谭》。

第八章　结论：国家、茶馆与公共领域

在这些独特性正在以前所未有的速度消失。中国的城市无论在外貌或内在文化上都越趋同一。因此，对社会学家、文化学家和城市史学家来说，恢复和保存中国的城市遗产，是一项迫切而重大的使命。茶馆是否能继续适应激烈社会转型的挑战，采纳新的科技，适应全球化、商业化的需要，继续在现代的城市生活中发挥重要的作用，只有时间才能告诉我们答案。

征引文献

中文文献

中文档案和报刊资料

《人民日报》，1954—1956、1958、1981、1984、1995、1998、2000年。

《山东政报》，1950年。

《中国青年报》，2000、2002、2004年。

《天府早报》，2000、2001、2003、2007年。

《四川日报》，2000年。

《四川青年报》，2000年。

《成都市工商行政登记档案》，成都市档案馆藏，全宗40。

《成都市工商局档案》，成都市档案馆藏，全宗119。

《成都市工商联档案》，成都市档案馆藏，全宗103。

《成都市文化局档案》，成都市档案馆藏，全宗124。

《成都市各行各业同业公会档案》，成都市档案馆藏，全宗52。

《成都市委统战部档案》，成都市档案馆藏，全宗76。

《成都市政府工商档案》，成都市档案馆藏，民国时期，全宗38。

《成都市商会档案》，成都市档案馆藏，全宗104。

《成都市商业二局档案》，成都市档案馆藏，全宗117。

《成都省会警察局档案》，成都市档案馆藏，全宗93。

《成都商报》，2000年。

《成都晚报》，1987、2000年。

《商务早报》，2000年。

《华西都市报》，2000、2003、2005年。

《新新新闻》，1942年。

《新闻界》，2004年。

《戏剧报》，1956年。

《读城》，宽窄巷子专辑，2008年第6期。

其他中文文献

于映时：《川剧玩友——振兴川剧不可忽视的力量》，《四川戏剧》，1990年第2期，第7—8页。

于云瀚：《上山下乡运动与中国城市化》，《学术研究》，2000年第9期，第75—80页。

于竞祁、刘宗棠：《让社员生活丰富多彩——郫县保留和提高集镇饭馆酒馆茶馆》，《人民日报》，1958年12月1日，第3版。

马士弘：《回忆解放初期成都市的工商税收工作》，《武侯文史资料选辑》，1994年第3期，第3—14页。

马慧芳、高延春:《新中国初期废除娼妓制度的措施及现实启示》,《党史文苑》,2008年第4期,第11—12页。

马识途:《四川的茶馆》,邓九平主编:《中国文化名人谈故乡》上册,北京:大众文艺出版社,2000,第472—475页。

中共北平市委:《中共北平市委关于整理摊贩工作的总结》,《北京党史》,2004年第2期,第44—45页。

中国中央电视台:《一人反对打麻将能否推翻居民集体决议?》,http://www.people.com.cn/GB/channel7/498/20001111/324250.html。发布日期:2000年12月29日,访问日期:2000年12月31日。

中国中央电视台:《麻将声声》,http://www.people.com.cn/GB/channel7/498/20001108/305318.html。发布日期:2000年12月29日,访问日期:2000年12月31日。

中国新闻社:《成都府南河畔禁打麻将》,http://news.sina.com.cn/society/200-3-31/77315.html。发布日期:2000年3月31日,访问日期:2000年12月31日。

《中华人民共和国城市居民委员会组织法》,http://www.mca.gov.cn/artical/content/PJCN/2003122290821.html。发布日期:1989年,访问日期:2000年12月31日。

文闻子编:《四川风物志》。成都:四川人民出版社,1990。

王行健:《社会救助制度的异化和变革:从收容遣送到救助管理》,《天府新论》,2004年第6期,第87—90页。

王飞:《新中国成立前后的城市军事管制制度》,《档案天地》,2012年第2期,第42—48页。

王海光：《从政治控制到社会控制：中国城乡二元户籍制度的建立》，华东师范大学中国当代史研究中心编：《中国当代史研究》第3辑，2011，第3—48页。

王笛：《国家控制与社会主义娱乐的形成——1950年代前期对成都茶馆中的曲艺和曲艺艺人的改造和处理》，华东师范大学中国当代史研究中心编：《中国当代史研究》第1辑，2009，第76—105页。

王笛：《跨出封闭的世界：长江上游区域社会研究，1644—1911》，北京：中华书局，1993。

王树春：《城市集体经济的制度变迁及其趋势》，《中国集体经济》，2001年第3期，第6—10页。

王怀臣：《略论反右派斗争的历史经验和教训》，《晋阳学刊》，1994年第2期，第28—32页。

王跃：《老茶客闲话》，成都：四川文艺出版社，1999。

邓高如：《饮茶》，《人民日报》，1995年11月3日。

包亚明、王宏图、朱生坚：《上海酒吧》，高雄：弘文图书，2002。

四川四方达律师事务所：《麻将扰民案引来众多关注》，http://www.sifangda.com/html/detail.asp?classid=0216&id=8908。发布日期：2003年2月10日，访问日期：2003年12月10日。

由叶：《来路不明的夜晚》，成都：四川文艺出版社，2001。

白益华：《我国城市街道办事处的历史、现状和改革》，《城市问题》，1991年第6期，第62—66页。

石友山、方崇实：《"圣谕"简史》，《金牛文史资料选辑》第

3辑，成都：中国人民政治协商会议成都市金牛区委员会文史资料委员会，1982，第176—199页。

冯筱才：《"社会主义"的边缘人：1956年前后的小商小贩改造问题》，华东师范大学中国当代史研究中心编：《中国当代史研究》第3辑，北京：九州出版社，2011，第3—45页。

冯筱才：《政治生存与经济生存：上海商人如何走上公私合营之路？》，华东师范大学中国当代史研究中心编：《中国当代史研究》第2辑，北京：九州出版社，2011，第91—138页。

冰峰、强金武：《成都十八怪》，成都：成都时代出版社，2003。

成都市地方志编纂委员会：《成都市志·工商行政管理志》，成都：四川辞书出版社，2000。

成都市地方志编纂委员会：《成都市志·文化艺术志》，成都：四川辞书出版社，1999。

成都市统计局：《成都市统计局关于2000年第五次全国人口普查主要数据公报》，http//www.xjtjj.gov.cn/upimg/sys061025161337.doc。发布日期未知，访问日期：2015年5月14日。

朱川：《论城镇集体所有制经济的发展》，《社会科学辑刊》，1980年第2期，第3—10页。

朱文轶：《我国收容制度始末》，《政府法制》，2003年第17期，第15页。

朱英主编：《中国近代同业公会与当代行业协会》，北京：中国人民大学出版社，2004。

竹内实：《蜀国成都的茶馆》，程麻译：《竹内实文集》，第9

卷，北京：中国文联出版社，2006，第230—237页。

老乡：《谈成都人吃茶》，《华西晚报》，1942年12月26日至28日。

西门媚：《培根路最后的秋天》，西门媚：《结庐记》，石家庄：河北人民出版社，2006，第171—172页。

吕卓红：《川西茶馆：作为公共空间的生成和变迁》，博士学位论文，中央民族大学，2003年。

吕晨曦：《略论建国初期的城市社会问题》，《四川大学学报（哲学社会科学版）》，2004年第A1期，第113—116页。

阮清华：《"割瘤"：1950年代初期上海都市基层社会的清理与改造》，华东师范大学中国当代史研究中心编：《中国当代史研究》第1辑，2009，第143—155页。

孙惠强：《1950，北京铲除一贯道邪教》，《档案春秋》，2009年第9期，第12—16页。

孙晓忠：《1950年代的上海改造与文化治理》，《中国现代文学研究丛刊》，2012年第1期，第95—105页。

许玉龙、倪占元：《略谈城市集体经济的性质及其在国民经济中的地位》，《财经问题研究》，1980年第1期，第61—65页。

乔曾希、李参化、白兆渝：《成都市政沿革概述》，《成都文史资料选辑》第5辑，成都：中国人民政治协商会议四川省成都市委员会文史资料研究委员会，1983，第1—22页。

华东师范大学中国当代史研究中心：《中国当代史研究》第1辑，北京：九州出版社，2009。

华东师范大学中国当代史研究中心：《中国当代史研究》第2

辑，北京：九州出版社，2011。

华东师范大学中国当代史研究中心：《中国当代史研究》第3辑，北京：九州出版社，2011。

冯至诚编：《市民记忆中的老成都》，成都：四川文艺出版社，1999。

刘乃崇：《"改戏，改人，改制"给我们的启示》，《中国戏剧》，1990年第1期，第38—41页。

刘厚生：《关于民间职业剧团的几点思考》，《广东艺术》，1997年第1期，第21—24页。

刘建国：《社会主义阵营的赶超浪潮与中国大跃进运动的发生》，《江汉论坛》，2000年第4期，第75—78页。

刘振尧：《"德盛"茶馆忆曲艺》，冯至诚编：《市民记忆中的老成都》，成都：四川文艺出版社，1999，第150—151页。

刘衡：《成都手工业者的出路》，《人民日报》，1954年5月15日。

刘遗伦：《建国初期戏曲界"三改"的社会影响》，《新东方》，2007年第10期，第42—46页。

刘愿：《"大跃进"运动与中国1958—1961年饥荒：集权体制下的国家、集体与农民》，《经济学（季刊）》，2010年第3期，第1119—1142页。

汤明辉：《鹤鸣生意经》，《龙门阵》，1994年第3期，第82—84页。

舒新城：《蜀游心影》，上海：中华书局，1934。

何一民主编：《变革与发展：中国内陆城市成都现代化研究》，

成都：四川大学出版社，2002。

何小竹：《成都茶馆记忆》，《华西都市报》，2005年12月11日。

何小竹：《成都茶馆：一市居民半茶客》，成都：成都时代出版社，2006。

何立波：《新中国成立前后的军管制度》，《党史纵览》，2009年第5期，第11—17页。

何事忠：《红梅花香遍山城：重庆市开展"唱读讲传"活动的实践与思考》，《求实》，2010年第9期，第53—55页。

作舟：《搓麻将的性格训练》，《论语》，1948年第166期。

吴永孝：《成都市对资本主义工商业的社会主义改造中的税务工作》，《成都党史通讯》，1989年第3期，第12—13页。

吴珂：《中共对成都接管中的政治动员及其效力》，《当代中国史研究》，2010年第5期，第125—126页。

吴景平、张徐乐：《接管上海官僚资本金融机构述论》，《近代史研究》，2003年第4期，第113—139页。

宋征：《多数民主制与少数人权利之保护：由一起"麻将官司"所想到的》，http://www.chinalawedu.com/news/16900/174/2003/12/zh621314563418213002243810_76995.html。发布日期：2003年12月8日，访问日期：2003年12月10日。

李文芳：《中共接管城市的成功实践》，《北京党史》，2000年第6期，第15—18页。

李良玉：《建国前后接管城市的政策》，《江苏大学学报（社会科学版）》，2002年第3期，第1—10页。

李路：《三民主义青年团的创立与消亡》，《党史研究与教学》，

1989年第2期，第48—54页。

李蒙撰、侯波摄：《毛泽东重整旧河山：1949—1960》。香港：香港中和出版有限公司，2013。

李庆瑞、奚桂珍：《试论城市大集体企业的所有制性质》，《北京大学学报（哲学社会科学版）》，1980年第2期，第45—48页。

李宪科：《解放成都》，《四川党史》，1995年第5期，第55—58页。

李显福：《麻将声声：关于麻将风的报告》，龙良贤编：《麻将声声——社会问题报告文学集》，北京：光明日报出版社，1993，第54—106页。

杜建华：《"红色记忆"的嬗变：对"红歌"媒体呈现的考察（1979—2011）——以江西卫视"中国红歌会"为主》，博士学位论文，复旦大学，2012年。

沃若：《难忘的茶馆》，《成都晚报》，1987年5月10日。

沙健孙：《关于社会主义改造问题的再评价》，《当代中国史研究》，2005年第1期，第115—128页。

肖文明：《国家触角的限度之再考察：以新中国成立初期上海的文化改造为个案》，《开放时代》，2013年第3期，第130—152页。

肖龙联：《成都：麻将官司难解难分》，《法制日报》，2000年12月6日。

邱澎生：《十八、十九世纪苏州城的新兴工商业团体》，台北：台湾大学出版委员会，1990。

阿年：《怀念旧居》，北京：中央民族大学出版社，1997。

阿秋：《追梦女孩：成都不相信眼泪》，《商务早报》，2000年

4月16日。

张先德:《成都:近五十年的私人记忆》,成都:四川文艺出版社,1999。

张西勇、杨继武:《历史制度主义视域下我国城市街道办事处的制度变迁》,《中国行政管理》,2012年第12期,第69—73页。

张辰:《解放初期上海摊贩的管理》,《档案与史学》,2003年第1期,第68—70页。

张彦:《回成都》,《人民日报》,1956年9月13日,第2版。

张胜良:《论"中国红歌会"的兴起》,《作家》,2008年第2期,第256—257页。

张逸仙:《孤寂中诞生的"爱情"》,《商务早报》,2000年4月26日。

张炼红:《再论新中国戏曲改革运动的历史坐标》,《上海戏剧》,2010年第12期,第20—22页。

张颐:《解放战争时期中共对上海接管的历史经验》,《中南民族大学学报(人文社会科学版)》,2006年第A1期,第108—112页。

张济顺:《社会文化史的检视:1950年代上海研究的再思考》,《华东师范大学学报》,2012年第2期,第1—7页。

张济顺:《从民办到党管:上海私营报业体制变革中的思想改造运动》,华东师范大学中国当代史研究中心编:《中国当代史研究》第1辑,2009,第40—75页。

张济顺:《上海里弄:基层政治动员与国家社会一体化走向(1950—1955),《中国社会科学》,2004年第2期,第178—188页。

陈熙远:《从马吊到马将——小玩意与大历史交织的一段历史姻缘》,《历史语言研究所集刊》第80辑,2009年,第137—196页。

杨京:《武汉大妈广场跳舞遭泼粪》,《武汉晚报》,2013年10月25日。

杨忠义:《成都茶馆》,《农业考古》,1992年第4期(中国茶文化专号),第114—117页。

杨奎松:《建国初期中共干部任用政策考察》,华东师范大学中国当代史研究中心编:《中国当代史研究》第1辑,2009,第3—39页。

杨奎松:《新中国新闻报刊统制机制的形成经过——以建国前后王芸生的"投降"与〈大公报〉改造为例》,华东师范大学中国当代史研究中心编:《中国当代史研究》第3辑,2011,第49—90页。

杨奎松:《中华人民共和国建国史研究》,南昌:江西人民出版社,2009。

杨丽萍:《新中国成立初期的上海里弄整顿》,《当代中国史研究》,2010年第5期,第50—57页。

邹趣涛:《成都五月文化服务社》,成都市群众艺术馆编:《成都掌故》第2辑,成都:四川大学出版社,1998,第201—208页。

翟永明:《白夜谭》,广州:花城出版社,2009。

余瑶:《茶馆民俗与茶人生活:俗民视野中的成都茶馆》,未刊硕士学位论文,上海大学,2007。

庐思贵:《不怕困难的茶社工人》,《成都日报》,1956年7月6日,第2版。

琼瑶:《剪不断的乡愁》,北京:作家出版社,1990。

苏敏华:《民间职业剧团在演出市场中的地位和作用》,《福建艺术》,1998年第2期,第9—10页。

周平:《街道办事处的定位:城市小区政治的一个根本问题》,《政治学研究》,2001年第2期,第76—82页。

林超超:《中共对城市的接管和改造:一个初步的研究回顾与思考》,华东师范大学中国当代史研究中心编:《中国当代史研究》第3辑,2011,第139—163页。

林蕴晖:《向社会主义过渡:中国经济与社会的转型(1953—1955)》,金观涛主编:《中华人民共和国史》系列,第2卷,香港:香港中文大学出版社,2009。

金观涛主编:《中华人民共和国史,1949—1981》,香港:香港中文大学出版社,2009。

庞松:《略论解放战争时期中共对上海的接管》,《近代史研究》,1997年第2期,第284—312页。

姜进:《断裂与延续:1950年代上海的文化改造》,姜进主编:《都市文化中的现代中国》,上海:华东师范大学出版社,2007,第481—497页。

查毅:《四川:干部违规打麻将"刹"》,《西部开发报》,2003年5月15日。

洪远朋、翁其荃:《试论城市集体所有制工业》,《经济研究》,1980年第1期,第62—67页。

胡俊修、索宇:《流动摊贩与中国近代城市大众文化》,《甘肃社会科学》,2012年第6期,第164—167页。

胡适:《麻将:漫游的感想之六》,孙杨、郭洪新编:《中国人怎么看中国人》,北京:改革出版社,1997,第8—10页。

娄胜华:《社会主义改造和集中动员型体制的形成》,《南京社会科学》,2000年第11期,第33—38页。

钟明华:《成都茶楼靠"天"吃饭》,《商务早报》,2000年5月26日。

饶常林、常健:《我国城市街道办事处管理体制变迁与制度完善》,《中国行政管理》,2011年第2期,第85—88页。

唐杏湘、李志刚、匡映彤:《从遣送到救助:从孙志刚案看收容制度的变迁》,《政府法制》,2003年第17期,第14—15页。

徐娟:《近五十年成都老式茶馆的变迁》,未发表的文稿。

秦鸿雁:《成都:热了茶水冷了咖啡》,《人民日报》,2000年9月8日。

郝克强:《兴旺的成都棋园》,《人民日报》,1981年1月1日。

高中伟:《新中国成立初期城市基层社会组织的重构研究——以成都为中心的考察(1949—1957)》,成都:四川大学出版社,2011。

高其荣:《近十年来关于大跃进运动成因研究综述》,《党史研究与教学》,2004年第5期,第93—96页。

郭文治:《东城区街道办事处的演变和发展》,《锦江文史资料》第3辑,成都:中国人民政治协商会议成都市锦江区委员会学习文史委员会,1995,第14—30页。

贾维:《三青团的成立与中共的对策》,《近代史研究》,1995年第2期,第222—242页。

顾执中：《闲话茶馆》，《人民日报》，1984年5月26日。

商进明、贝光生：《取缔一贯道，巩固新生的人民政权》，《北京党史研究》，1996年第3期，第41—43页。

崔跃峰：《1949—1958年北京市同业工会组织的演变》，《北京社会科学》，2005年第1期，第106—113页。

常帅：《全民乌托邦的歌唱：以〈红旗歌谣〉为例阐释1958年新民歌运动》，《安徽文学月刊》，2008年第8期，第88—89页。

康明玉、李青：《建国初期成都市文化团体被接管与改造的经过》，《成都文史资料》第32辑，成都：四川大学出版社，2002，第146—154页。

曹汝霖：《一生之回忆》，香港：春秋杂志社，1966。

盛琦：《麻将学》，北京：同心出版社，1999。

章士钊：《文化运动与农村改良》，《章士钊全集》，第4卷，上海：文汇出版社，2000，第144—146页；《农国辨》，同上，第266—272页；《章行严在农大之演说词》，同上，第403—405页。

黄如桐：《资本主义工商业社会主义改造的历史回顾》，《当代中国史研究》，1994年第2期，第83—94页。

黄金平：《净化社会环境、促进社会和谐——上海解放初期的妓女改造》，《上海党史与党建》，2005年第3期，第40—41页。

黄振元：《请听我们的呼吁》，《戏剧报》，1956年第9期，第4—5页。

黄裳：《闲》，曾智中、尤德彦编：《文化人视野中的老成都》，成都：四川文艺出版社，1999，第321—326页。

黄跃民：《对治理"麻将风"的若干思考》，《社会》，1991年第12期，第22—24页。

阎锋：《试论我国建国初期的文化过渡》，《广西社会科学》，2007年第2期，第185—189页。

傅修海：《赵树理的革命叙事与乡土经验：以〈小二黑结婚〉的再解读为中心》，《文学评论》，2012年第2期，第72—80页。

傅崇矩：《成都通览》，成都：通俗报社，1910。

曾红路：《再论"大跃进"的历史成因》，《南京大学学报（哲学·人文·社会科学）》，1998年第4期，第73—78页。

曾祥裕、钟稚如：《玩友对川剧唱腔改革的贡献》，《四川戏剧》，1990年第4期，第39—40页。

曾智中、尤德彦编：《文化人视野中的老成都》，成都：四川文艺出版社，1999。

董丽敏：《身体、历史与想象的政治：作为文学事件的50年代妓女改造》，《文学评论》，2010年第1期，第113—121页。

谢泳：《百年中国文学中的"赵树理悲剧"——从〈小二黑结婚〉的一个细节说起》，《开放时代》，2008年第6期，第158—162页。

谢国桢：《锦城游记》，收入曾智中、尤德彦编：《文化人视野中的老成都》，成都：四川文艺出版社，1999，第352—356页。

韩南征：《茶馆与茶会》，王木林、韩南征编：《巴蜀潮涌夔门开：四川改革见闻与思考》，北京：中国人民大学出版社，1990，第13—15页。

勤耕：《"玩友"与玩友》，《四川戏剧》，1988年第3期，第45—46页。

翟业军:《从〈小二黑结婚〉看阿Q革命》,《上海文化》,2013年第1期,第36—43页。

裴宜理、李里峰等:《再思1949年分水岭:政治学与历史学的对话》,《学海》,2015年第1期,第5—49页。

裴棣:《一九五八年成都会议述评》,《中共党史研究》,1998年第5期,第37—43页。

静环、曾荣华:《锦城艺苑话天籁》,《成都文史资料选辑》第3辑,成都:中国人民政协会议四川省成都市委员会文史资料研究委员会,1982,第133—141页。

谭晓娟:《满城依然血战到底,"反麻斗士"隐身江湖》,《天府早报》,2007年3月8日。

潘泓滔:《群众艺术馆在小区文化建设中的作用》,《科学之友》,2011年第18期,第155页。

戴利朝:《茶馆观察:农村公共空间的复兴与基层社会整合》,《社会》,2005年第5期,第96—117页。

戴善奎:《成都泡茶馆》,《人民日报》,1998年7月10日。

戴善奎:《茶馆》,《人民日报》,1984年8月19日。

魏文享:《专业与统战:建国初期中共对工商同业公会的改造策略》,《安徽史学》,2008年第2期,第88—93页。

日文文献

今堀诚二:《中国の社会构造:アンシャンレジームにおける"共同体"》,东京:有斐阁,1953。

内藤利信:《住んでみた成都—蜀の国に见る中国の日常生

活》,东京:サイマル出版会,1991。

铃木智夫:《清末江浙の茶馆について》,《历史における民众と文化—酒井忠夫先生古稀祝贺纪念论集》,东京:国书刊行会,1982,第529—540页。

竹内实:《茶馆—中国の风土と世界像》,东京:大修馆书店,1974。

英文文献

Abrami, Regina Marie. "Self-Making, Class Struggle and Labor Autarky: The Political Origins of Private Entrepreneurship in Vietnam and China." PhD diss., University of California, Berkeley, 2002.

Adelman, Jonathan R. "The Impact of Civil Wars on Communist Political Culture: The Chinese and Russian Cases." *Studies in Comparative Communism* 16, no. 1-2 (Spring-Summer 1983): 25-48.

Akita, Shigeru, and Nicholas J. White, eds. *The International Order of Asia in the 1930s and 1950s*. Farnham: Ashgate, 2010.

Almond, Gabriel. "Comparative Political Systems." *Journal of Politics* 18, no. 3 (August 1956): 391-409.

Almond, Gabriel, and G. Bingham Powell. *Comparative Politics: System, Process and Policy*. Boston: Little, Brown, 1978.

Andors, Phyllis. *The Unfinished Liberation of Chinese Women, 1949-1980*. Bloomington: Indiana University Press, 1983.

Andrews, Julia F., and Kuiyi Shen. "The New Chinese Woman

and Lifestyle Magazines in the Late 1990s." In *Popular China: Unofficial Culture in a Globalizing Society*, edited by Perry Link, Richard P. Madsen, and Paul G. Pickowicz, 137-162. Lanham: Rowman & Littlefield, 2002.

Atherton, Andrew, and Alaric Fairbanks. "Stimulating Private Sector Development in China: The Emergence of Enterprise Development Centres in Liaoning and Sichuan Provinces." *Asia Pacific Business Review* 12, no. 3 (July 2006): 333-354.

Atkinson, Lisa. "Fun for the '90s: Entertainment Just May Be China's Newest Growth Industry." *China Business Review* 21, no. 5 (September 1994): 16-22.

Atherton, Andrew, and Alaric Fairbanks. "What's Entertainment? New Censorship and Consolidation Concerns Plague China's Entertainment Market." *China Business Review* 24, no. 2 (March-April 1997), 38-40.

Averill, Stephen C. "The New Life in Action: The Nationalist Government in South Jiangxi, 1934-1937." *The China Quarterly* 88 (December 1981): 594-628.

Bachman, David M. *Bureaucracy, Economy, and Leadership in China: The Institutional Origins of the Great Leap Forward*. New York: Cambridge University Press, 1991.

Baker, Keith Michael, ed. *The Political Culture of the Old Regime*. Oxford: Pergamon Press, 1987.

Bakken, Børge. *The Exemplary Society: Human Improvement,*

Social Control, and the Dangers of Modernity in China. New York: Oxford University Press, 2000.

Barmé, Geremie. "Red Allure and the Crimson Blindfold." *China Perspectives* 90 (2012): 29–40.

Barnett, A. Doak, ed. *Chinese Communist Politics in Action.* Seattle: University of Washington Press, 1969.

Basu, Ellen Oxfeld. "Profit, Loss, and Fate: The Entrepreneurial Ethic and the Practice of Gambling in an Overseas Chinese Community." *Modern China* 17, no. 2 (April 1991): 227–259.

Benson, Carlton. "Consumers are Also Soldiers: Subversive Songs from Nanjing Road during the New Life Movement." In *Inventing Nanjing Road: Commercial Culture in Shanghai, 1900–1945,* edited by Sherman Cochran, 91–132. Ithaca: East Asia Program, Cornell University, 1999.

Berger, Yakov. "Social Support of the Elderly in Contemporary China." *Far Eastern Affairs* 30, no. 1 (2002): 79–112.

Bernstein, Thomas P. and Hua-yu Li, eds. *China Learns from the Soviet Union, 1949–Present.* Lanham: Lexington Books, 2010.

Bird, John, Barry Curtis, Tim Putnam, and Lisa Tickner, eds. *Mapping the Futures: Local Cultures, Global Change.* London: Routledge, 1993.

Børdahl, Vibeke. "Written Scripts in the Oral Tradition of Yangzhou Storytelling." In *Lifestyle and Entertainment in Yangzhou,* edited by Lucie B. Olivová and Vibeke Børdahl, 245-270. Copenhagen: NIAS, 2009.

Bourdieu, Pierre. *Distinction: A Social Critique of the Judgment of Taste*. Translated by Richard Nice. Cambridge: Harvard University Press, 1984.

Brook, Timothy, and B. Michael Frolic, eds. *Civil Society in China*. Armonk: M. E. Sharpe, 1997.

Brown, Archie, and Jack Gray, eds. *Political Culture and Political Change in Communist States*. London: Macmillan, 1979.

Brown, Jeremy. *City versus Countryside in Mao's China: Negotiating the Divide*. Cambridge: Cambridge University Press, 2012.

Brown, Jeremy, and Matthew Johnson, eds. *Maoism at the Grassroots: Everyday Life in China's Era of High Socialism*. Cambridge: Harvard University Press, 2015.

Brown, Jeremy, and Paul G. Pickowicz, eds. *Dilemmas of Victory: The Early Years of the People's Republic of China*. Cambridge: Harvard University Press, 2007.

Brown, Jeremy, and Paul G. Pickowicz, "The Early Years of the People's Republic of China: An Introduction." In *Dilemmas of Victory*, edited by Brown and Pickowicz, 1-18. Cambridge: Harvard University Press, 2007.

Brownell, Susan. "Making Dream Bodies in Beijing: Athletes, Fashion Models, and Urban Mystique in China," In *China Urban:*

Ethnographies of Contemporary Culture, edited by Nancy N. Chen et al., 123-143. Durham & London: Duke University Press, 2001.

Broyelle, Claudie and Jacques. "Everyday Life in the People's Republic." *Quadrant* 22, no. 11 (November 1978): 14-19.

Brugger, William. *Democracy and Organization in the Chinese Industrial Enterprise, 1948-1953*. New York: Cambridge University Press, 1976.

Bruun, Ole. *Business and Bureaucracy in a Chinese City: An Ethnography of Private Business Households in Contemporary China*. Berkeley: Institute of East Asian Studies, University of California, 1993.

Buckley, Christopher. "How a Revolution Becomes a Dinner Party: Stratification, Mobility and the New Rich in Urban China." In *Culture and Privilege in Capitalist Asia*, edited by Michael Pinches, 208-229. London: Routledge, 1999.

Burke, Peter. *What is Cultural History?* 2nd edition. Cambridge: Polity, 2008.

Campanella, Thomas J. *The Concrete Dragon: China's Urban Revolution and What It Means for the World*. New York: Princeton Architectural Press, 2008.

Cartier, Carolyn. "Origins and Evolution of a Geographical Idea: The Macroregion in China." *Modern China* 28, no.1 (January 2002): 79-143.

Cartier, Carolyn. "Transnational Urbanism in the Reform Era

Chinese City: Landscapes from Shenzhen." *Urban Studies* 39, no. 9 (2002): 1513-1532.

Chai, Joseph C. H., ed. *The Economic Development of Modern China*. Northampton: Edward Elgar Publishing Limited, 2000.

Chaichian, Mohammad A. "The Development of Small Business and Petty Commodity Production in the People's Republic of China." *Asian Profile* 22, no. 4 (August 1994): 167-176.

Chamberlain, Heath B. "On the Search for Civil Society in China." *Modern China* 19, no. 2 (April 1993): 199-215.

Chan, Anita. "The Culture of Survival: Lives of Migrant Workers through the Prism of Private Letters." In *Popular China*, edited by Link, Madsen, and Pickowicz, 163-188. Lanham: Rowman & Littlefield, 2002.

Chan, Cecilia. "Urban Neighborhood Mobilization and Community Care for the Elderly in the People's Republic of China." *Journal of Cross-Cultural Gerontology* 8, no. 3 (July 1993): 253-270.

Chan, Chris King-Chi, Ngai Pun, and Jenny Chan. "The Role of the State, Labour Policy and Migrant Workers' Struggles in Globalized China." In *Globalization and Labour in China and India: Impacts and Responses*, edited by Paul Bowles and John Harriss, 45-63. London: Palgrave Macmillan, 2010.

Chan, Sylvia. "The Blooming of a 'Hundred Flowers' and the Literature of the 'Wounded Generation'." In *China since the Gang of Four*, edited by Bill Brugger, 174-201. New York: St. Martin's, 1980.

Chand, Gyan. *The New Economy of China: Factual Account, Analysis and Interpretation*. Bombay: Vora, 1958.

Chang, Chen-pang. "Anti-Rightist in Politics, Anti-Leftist in Economics." *Issues and Studies* 23, no. 8 (1987): 5-8.

Chang, Julian. "The Mechanics of State Propaganda: The People's Republic of China and the Soviet Union in the 1950s." In *New Perspectives on State Socialism in China*, edited by Timothy Cheek and Tony Saich, 76-124. Armonk: M. E. Sharpe, 1997.

Chang, Jung. *Wild Swans: Three Daughters of China*. New York: Touchstone, 2003.

Cheek, Timothy. "Deng Tuo: Culture, Leninism and Alternative Marxism in the Chinese Communist Party." *China Quarterly* 87 (September 1981): 470-491.

Chen, Jian. *China's Road to the Korean War: The Making of the Sino-American Confrontation*. New York: Columbia University Press, 1994.

Chen, Jian. *Mao's China and the Cold War*. Chapel Hill: University of North Carolina Press, 2001.

Chen, Nancy N., Constance D. Clark, Suzanne Z. Gottschang, and Lyn Jeffery. *China Urban: Ethnographies of Contemporary Culture*. Durham: Duke University Press, 2001.

Chen, Sandy C., and Michael Gassner. "An Investigation of

the Demographic, Psychological, Psychographic, and Behavioral Characteristics of Chinese Senior Leisure Travelers." *Journal of China Tourism Research* 8, no. 2 (2012): 123–145.

Chen, Tina Mai. "Female Icons, Feminist Iconography? Socialist Rhetoric and Women's Agency in 1950s China." *Gender and History* 15, no. 2 (2003): 268–295.

Chen, Sandy C., and Michael Gassner. "Propagating the Propaganda Film: The Meaning of Film in Chinese Communist Party Writings, 1949–1965." *Modern Chinese Literature and Culture* 15, no. 2 (2003): 154–193.

Chen, Yanru. "'From Ideal Women to Women's Ideal: Evolution of the Female Image in Chinese Feature Films, 1949–2000." *Asian Journal of Women's Studies* 14, no. 3 (2008): 97–129.

Cheng, Weikun. "The Challenge of the Actresses: Female Performers and Cultural Alternatives in Early Twentieth Century Beijing and Tianjin." *Modern China* 22, no. 2 (1996): 197–233.

Cheng, Weikun. "In Search of Leisure: Women's Festivities in Late Imperial Beijing." *Chinese Historical Review* 14, no. 1 (2007): 1–28.

Chiang, Chen-ch'ang. "Social Control under the Chinese Communist Regime." *Issues and Studies* 22, no. 5 (May 1986): 87–111.

Chien, Ying-ying. "Revisioning 'New Women': Feminist

Readings of Representative Modern Chinese Fiction." *Women's Studies International Forum* 17, no. 1 (January-February 1994): 33-45.

Chin, S. S. K., and A. H. Y. Lin. "Persevering in Socialism or Returning to New Democracy? A Case of the Verification of Mao Tsetung Thought by Practice." *Journal of Oriental Studies* 20, no. 2 (1982): 173-188.

Ching, Leo. "Globalizing the Regional, Regionalizing the Global: Mass Culture and Asianism in the Age of Late Capitalism." *Public Culture* 12, no. 1 (Winter 2000): 233-257.

Chiu, Hungdah. "Socialist Legalism: Reform and Continuity in Post Mao Communist China." *Issues and Studies* 17, no. 11 (1981): 45-69.

Choi, Susanne Y. P. "State Control, Female Prostitution and HIV Prevention in China." *China Quarterly* 205 (March 2011): 96-114.

Chung, Yen-lin. "The Witch-Hunting Vanguard: The Central Secretariat's Roles and Activities in the Anti-Rightist Campaign." *China Quarterly* 206 (June 2011): 391-411.

Clausen, Søren. "Party Policy and 'National Culture': Towards a State-Directed Cultural Nationalism in China?" In *Reconstructing Twentieth-Century China: State Control, Civil Society, and a National Identity*, edited by Kjeld Erik Brødsgaard and David Strand, 253-279. Oxford: Clarendon Press, 1998.

Cochran, Sherman. 2007. "Capitalists Choosing Communist China: The Liu Family of Shanghai, 1948–1956." In *Dilemmas of Victory*, edited by Brown and Pickowicz, 359–385. Cambridge: Harvard University Press, 2007.

Cohen, Jerome Alan. "Drafting People's Mediation Rules." In *The City in Communist China*, edited by John Wilson Lewis, 29–50. Stanford: Stanford University Press, 1971.

Cohen, Paul A. "The Post-Mao Reforms in Historical Perspective." *Journal of Asian Studies* 47, no. 3 (August 1988): 518–540.

Cohen, Paul A. "Reflections on a Watershed Date: The 1949 Divide in Chinese History." In *Twentieth-Century China: New Approaches*, edited by Jeffrey N. Wasserstrom, 27–36. New York: Taylor & Francis, 2003.

Cooke, Fang Lee. "Entrepreneurship, Humanistic Management and Business Turnaround: The Case of a Small Chinese Private Firm." In *Humanistic Management in Practice*, edited by Ernst Von Kimakowitz et al., 119–130. New York: Palgrave Macmillan, 2011.

Crespi, John A. "Treasure-Seekers: The Poetry of Social Function in a Beijing Recitation Club." *Modern Chinese Literature and Culture* 22, no. 2 (Fall 2010): 1–38.

Cui, Zhiyuan. "Partial Intimations of the Coming Whole: The Chongqing Experiment in Light of the Theories of Henry George, James Meade, and Antonio Gramsci." *Modern China* 37, no. 6

(December 2011): 646–660.

Cunningham, Li Xue, and Chris Rowley. "Small and Medium-Sized Enterprises in China: A Literature Review, Human Resource Management and Suggestions for Further Research." *Asia Pacific Business Review* 16, no. 3 (2010): 319–337.

"Dancing Queens: Grooving Grannies Encounter Opposition." *The Economist*, October 26, 2013.

Das, Naranarayan. *China's Hundred Weeds: A Study of the Anti-Rightist Campaign in China (1957–1958)*. Calcutta: K. P. Bagchi, 1979.

Davis, Deborah, ed. *The Consumer Revolution in Urban China*. Berkeley: University of California Press, 2000.

Davis, Deborah, ed. "When a House Becomes His Home." In *Popular China*, edited by Link, Madsen, and Pickowicz, 231–250. Lanham: Rowman & Littlefield, 2002.

Davis, Deborah. "Urban Consumer Culture." *China Quarterly* 183 (September 2005): 692–709.

Davis, Deborah, and Stevan Harrell, eds. *Chinese Families in the Post-Mao Era*. Berkeley: University of California Press, 1993.

Davis, Deborah, Richard Kraus, Barry Naughton, and Elizabeth J. Perry, eds. *Urban Spaces in Contemporary China: The Potential for Autonomy and Community in Post-Mao China*. New York: Cambridge University Press, 1995.

Day, Alexander. *The Peasant in Postsocialist China: History,*

Politics, and Capitalism. Cambridge: Cambridge University Press, 2013.

DeMare, Brian James. *Mao's Cultural Army: Drama Troupes in China's Rural Revolution.* Cambridge: Cambridge University Press, 2015.

Dikötter, Frank. *The Cultural Revolution: A People's History, 1962-1976.* New York: Bloomsbury, 2017.

Dillon, Nara. "New Democracy and the Demise of Private Charity in Shanghai." In *Dilemmas of Victory*, edited by Brown and Pickowicz, 80-102. Cambridge: Harvard University Press, 2007.

Ding, Sai, Xiao-yuan Dong, and Shi Li. "Women's Employment and Family Income Inequality during China's Economic Transition." *Feminist Economics* 15, no. 3 (July 2009): 163-190.

Ding, Yuling. "Economic Activities and the Construction of Gender Status among the Xunpu Women in Fujian." In *Southern Fujian: Reproduction of Traditions in Post-Mao China*, edited by Chee-Beng Tan, 163-183. Hong Kong: The Chinese University Press, 2006.

Dirlik, Arif. "The Ideological Foundations of the New Life Movement: A Study in Counterrevolution." *Journal of Asian Studies* 34, no. 4 (August 1975): 945-980.

Dittmer, Lowell, and Lance Gore. "China Builds a Market Culture." *East Asia* 19, no. 3 (September 2001): 9-50.

Dong, Xiaoyuan, Jiangchun Yang, Fenglian Du and Sai

Ding. "Women's Employment and Public Sector Restructuring: The Case of Urban China." In *Unemployment in China: Economy, Human Resources and Labour Markets*, edited by Grace O. M. Lee and Malcolm Warner, 87-107. London: Routledge, 2007.

Downes, D. M., B. P. Davies, M. E. David, and P. Stone. *Gambling, Work and Leisure: A Study across Three Areas*. London: Routledge & Kegan Paul, 1976.

Duara, Prasenjit. "Superscribing Symbols: The Myth of Guandi, Chinese God of War." *Journal of Asian Studies* 47, no. 4 (November 1988): 778-795.

Duara, Prasenjit. "Knowledge and Power in the Discourse of Modernity: The Campaigns against Popular Religion in Early Twentieth-Century China." *Journal of Asian Studies* 50, no. 1(February 1991): 67-83.

Dutton, Michael Robert. *Streetlife China*. New York: Cambridge University Press, 1998.

Dwyer, D. J. "Chengdu, Sichuan: The Modernisation of a Chinese City." *Geography* 71, no. 3 (1986): 215-227.

Eadington, William R. *Gambling and Society: Interdisciplinary Studies on the Subject of Gambling*. Springfield, IL: Charles C. Tuomas, 1976.

Endicott-West, Elizabeth. "Notes on Shamans, Fortune-Tellers and Yin-Yang Practitioners and Civil Administration in Yüan China." In *The Mongol Empire and Its Legacy*, edited by Reuven

Amitai-Preiss and David O. Morgan, 224-239. Leiden: Brill, 1999.

Esherick, Joseph W., ed. *Remaking the Chinese City: Modernity and National Identity, 1900-1950.* Honolulu: University of Hawai'i Press, 2000.

Esherick, Joseph W., ed. 2007. "The Ye Family in New China." In *Dilemmas of Victory*, edited by Brown and Pickowicz, 311-336. Cambridge: Harvard University Press, 2007.

Esherick, Joseph W., ed. *Ancestral Leaves: A Family Journey through Chinese History.* Berkeley: University of California Press, 2011.

Evans, Harriet. "The Language of Liberation: Gender and Jiefang in Early Chinese Communist Party Discourse." In *Twentieth-Century China*, edited by Wasserstrom, 193-220. New York: Taylor & Francis, 2003.

Fabre, Guilhem. "State, Corruption, and Criminalisation in China." *International Social Science Journal* 169 (September 2001): 459-466.

Farquhar, Judith. "Technologies of Everyday Life: The Economy of Impotence in Reform China." *Cultural Anthropology* 14, no. 2 (May 1999): 155-179.

Farquhar, Judith. *Appetites: Food and Sex in Post-Socialist China.* Durham: Duke University Press, 2002.

Farrer, James. "Dancing through the Market Transition: Disco and Dance Hall Sociability in Shanghai." In *The Consumer Revolution* in *Urban China*, edited by Davis, 226–249. Berkeley: University of California Press, 2000.

Farrer, James. "Shanghai Bars: Patchwork Globalization and Flexible Cosmopolitanism in Reform-Era Urban-Leisure Spaces." *Chinese Sociology and Anthropology* 42, no. 2 (Winter 2009–2010): 22–38.

Fei, Li. "Performance Technique and Schools of Yangzhou Storytelling." In *Four Masters of Chinese Storytelling: Full-Length Repertoires of Yangzhou Storytelling on Video*, edited by Vibeke Børdahl, Li Fei, and Ying Huang, 17–27. Copenhagen: NIAS, 2004.

Feng, Shuliang. "Crime and Crime Control in a Changing China." In *Crime and Social Control in a Changing China*, edited by Jianhong Liu et al., 123–130. Westport: Greenwood Publishing Group Inc, 2001.

Ferlanti, Federica. "The New Life Movement in Jiangxi Province, 1934–1938." *Modern Asian Studies* 44, no. 5 (September 2010): 961–1000.

Fernandez-Stembridge, Leila. "Shaping Rural Migrant Women's Employment: The Role of Housemaid Agencies." *European Journal of East Asian Studies* 4, no. 1 (2005): 31–53.

Festa, Paul E. "Mahjong Politics in Contemporary China: Civility, Chineseness, and Mass Culture." *Position* 14, no. 1 (2006): 7–35.

Festa, Paul E. "Mahjong Agonistics and the Political Public in Taiwan: Fate, Mimesis, and the Martial Imaginary." *Anthropological Quarterly* 80, no. 1 (Winter 2007): 93-125.

Finnane, Antonia. "Tailors in 1950s Beijing: Private Enterprise, Career Trajectories, and Historical Turning Points in the Early PRC." *Frontiers of History in China* 6, no. 1 (March 2011): 117-137.

Fleischer, Friederike. "Speaking Bitter-Sweetness: China's Urban Elderly in the Reform Period." *Asian Anthropology* 5, no. 1 (2006): 31-55.

Florence, Eric. "Migrant Workers in Shenzhen: Between Discursive Inclusion and Exclusion." In *Migration between States and Markets*, edited by Han Entzinger, Marco Martiniello, and Catherine Wihtol de Wenden, 42-62. Burlington: Ashgate, 2004.

Florence, Eric. "Migrant Workers in the Pearl River Delta: Discourse and Narratives about Work as Sites of Struggle." *Critical Asian Studies* 39, no. 1 (March 2007): 121-150.

Forester, John F., "Introduction: The Applied Turn in Contemporary Critical Theory." In *Critical Theory and Public Life*, edited by John F. Forester. Cambridge: MIT Press, 1987.

Frey, James H. "Gambling: A Sociological Review." *The Annals of the American Academy of Political and Social Science* 474 (1984): 107-121.

Friedmann, John. *China's Urban Transition*. Minneapolis:

University of Minnesota Press, 2005.

Fukamachi, Hideo. "Prairie Fire or the Gimo's New Clothes? Chiang Kai-shek's New Life Movement." *Chinese Historical Review* 17, no. 1 (Spring 2010): 68–84.

Fung, Anthony. "Consuming Karaoke in China: Modernities and Cultural Contradiction." *Chinese Sociology and Anthropology* 42, no. 2 (Winter 2009–2010): 39–55.

Gao, James Z. *The Communist Takeover of Hangzhou: The Transformation of City and Cadre, 1949–1954*. Honolulu: University of Hawai'i Press, 2004.

Gardner, John. "The Wu-fan Campaign in Shanghai." in *Chinese Communist Politics in Action*, edited by Doak A. Barnett, 477–539. Seattle: University of Washington Press, 1969.

Gates, Hill. "Owner, Worker, Mother, Wife: Taipei and Chengdu Family Businesswomen." In *Putting Class in Its Place: Worker Identities in East Asia*, edited by Elizabeth J. Perry, 127–165. Berkeley: Institute of East Asian Studies, University of California, 1996.

Gates, Hill. *Looking for Chengdu: A Woman's Adventures in China*. Ithaca: Cornell University Press, 1999.

Gaubatz, Piper Rae. "Urban Transformation in Post-Mao China: Impacts of the Reform Era on China's Urban Form." In *Urban Spaces in Contemporary China*, edited by Davis et al., 28–60. New York: Cambridge University Press, 1995.

Geertz, Clifford. *The Interpretation of Cultures*. New York: Basic Books, 1973.

Gentil, Sylvie. "Chengdu, Leave Me Alone Tonight, or Life as a Drowning Experience." *Chinese Cross Currents* 1, no. 2 (April 2004): 58–69.

Gerth, Karl. *As China Goes, so Goes the World: How Chinese Consumers are Transforming Everything*. New York: Hill and Wang, 2011.

Geyer, Robert. "In Love and Gay." In *Popular China*, edited by Link, Madsen, and Pickowicz, 251–274. Lanham: Rowman & Littlefield, 2002.

Gil, Vincent E., Marco S. Wang, Allen F. Anderson, Guo Matthew Lin, and Zongjian Oliver Wu. "Prostitutes, Prostitution and STD/HIV Transmission in Mainland China." *Social Science and Medicine* 40, no. 1 (January 1996): 141–152.

Giroir, Guillaume. "Spaces of Leisure: Gated Golf Communities in China." In *China's Emerging Cities: The Making of New Urbanism*, edited by Fulong Wu, 235–255. London: Routledge, 2007.

Gittings, John. *The Changing Face of China: From Mao to Market*. New York: Oxford University Press, 2005.

Gluckstein, Ygael. *Mao's China: Economic and Political Survey*. London: George Allen & Unwin, 1957.

Golas, Peter J. "Early Ch'ing Guilds." In *The City in Late*

Imperial China, edited by G. William Skinner, 555-580. Stanford: Stanford University Press, 1977.

Gold, Thomas B. "China's Private Entrepreneurs: Small-Scale Private Business Prospers under Socialism." *China Business Review* 12, no. 6 (November-December 1985): 46-50.

Goldman, Merle. "The Party and the Intellectuals." In *The Cambridge History of China, Volume 14: The People's Republic, Part 1: The Emergence of Revolutionary China, 1949-1965*, edited by Roderick MacFarquhar and John K. Fairbank, 218-258. Cambridge: Cambridge University Press, 1987.

Goldman, Merle, and Roderick MacFarquhar, eds. *The Paradox of China's Post-Mao Reforms.* Cambridge: Harvard University Press, 1999.

Goldstein, Joshua. "From Teahouses to Playhouse: Theaters as Social Texts in Early-Twentieth-Century China." *Journal of Asian Studies* 62, no. 3 (August 2003): 753-779.

Gong, Ting. "Women's Unemployment, Re-employment and Self-employment in China's Economic Restructuring." In *Transforming Gender and Development in East Asia*, edited by Esther Ngan-ling Chow, 125-139. New York and London: Routledge, 2002.

Goodman, Bryna. *Native Place, City, and Nation: Regional Networks and Identities in Shanghai, 1853-1937.* Berkeley: University of California Press, 1995.

Goodman, David S. G. "Contending the Popular: The Party State and Culture." *Positions* 9, no. 1 (2001): 245–252.

Goodman, David S. G. ed. *China's Campaign to "Open up the West": National, Provincial, and Local Perspectives.* New York: Cambridge University Press, 2004.

Goodman, David S. G., and Gerald Segal, eds. *China Deconstructs Politics, Trade and Regionalism.* London: Routledge, 1995.

Goodman, Howard L. *Ts'ao P'i Transcendent: The Political Culture of Dynasty-Founding in China at the End of the Han.* London: Routledge, 1998.

Gottschang, Suzanne Z. "The Consuming Mother: Infant Feeding and the Feminine Body in Urban China." In *China Urban*, edited by Chen et al., 89–103. Durham: Duke University Press, 2001.

Guo, Sujian. *Chinese Politics and Government: Power, Ideology and Organization.* London: Routledge, 2012.

Habermas, Jürgen. *The Structural Transformation of the Public Sphere: An Inquiry into a Category of Bourgeois Society.* Translated by Thomas Burger. Cambridge: Polity, 1989.

Halpern, Nina P. "Economic Reform, Social Mobilization, and Democratization in Post-Mao China." In *Reform and Reaction in Post-Mao China: The Road to Tiananmen*, edited by Richard Baum, 38–59. London: Routledge, 1991.

Hanser, Amy. "The Chinese Enterprising Self: Young, Educated Urbanites and the Search for Work." In *Popular China*, edited by Link, Madsen, and Pickowicz, 189–206. Lanham: Rowman & Littlefield, 2002.

Hansson, Anders, Bonnie S. McDougall, and Frances Weightman, eds. *The Chinese at Play: Festivals, Games, and Leisure.* New York: Kegan Paul, 2002.

Harding, Harry. "Political Development in Post-Mao China." In *Modernizing China: Post-Mao Reform and Development*, edited by A. Doak Barnett and Ralph N. Clough, 13–37. Boulder: Westview, 1986.

Harrell, Stevan, ed. *Cultural Encounters on China's Ethnic Frontiers.* Seattle: University of Washington Press, 1995.

Harvey, David. *The Condition of Postmodernity: An Enquiry into the Origins of Cultural Change.* Oxford: Blackwell, 1989.

Hayden, Dolores. *The Power of Place: Urban Landscapes as Public History.* Cambridge: MIT Press, 1995.

He, Chengzhou. "Women and the Search for Modernity: Rethinking Modern Chinese Drama." *Modern Language Quarterly* 69, no. 1 (March 2008): 45–60.

He, Qiliang. "High-Ranking Party Bureaucrats and Oral Performing Literature: The Case of Chen Yun and Pingtan in the People's Republic of China." *CHINOPERL Papers* 30 (2011): 77–101.

He, Qiliang. *Gilded Voices: Economics, Politics, and Storytelling in the Yangzi Delta since 1949*. Leiden: Brill, 2012.

Head, Thomas C. "Structural Changes in Turbulent Environments: A Study of Small and Mid-Size Chinese Organizations." *Journal of Leadership & Organizational Studies* 12, no. 2 (2005): 82–93.

Heller, Ágnes. *Everyday Life*. Translated by G. L. Campbell. London: Routledge & Kegan Paul, 1984.

Hendrischke, Hans. "Popularization and Localization: A Local Tabloid Newspaper Market in Transition." In *Locating China: Space, Place, and Popular Culture*, edited by Jing Wang, 115–132. London: Routledge, 2005.

Henriot, Christian. "Slums, Squats, or Hutments? Constructing and Deconstructing an In-Between Space in Modern Shanghai (1926–1965)." *Frontiers of History in China* 7, no. 4 (December 2012): 499–528.

Hershatter, Gail. *Dangerous Pleasures: Prostitution and Modernity in Twentieth-Century Shanghai*. Berkeley: University of California Press, 1997.

Hershatter, Gail. "The Gender of Memory: Rural Chinese Women and the 1950s." *Journal of Women in Culture and Society* 28, no. 1 (August 2002): 43–70.

Ho, Ping-ti. "The Geographic Distribution of Hui-kuan (Landsmannschaften) in Central and Upper Yangtze

Provinces." *Tsinghua Journal of Chinese Studies* 5, no. 2 (December 1966): 120-152.

Ho, Dahpon David. "To Protect and Preserve: Resisting the Destroy the Four Olds Campaign, 1966-1967." In *The Chinese Cultural Revolution as History*, edited by Esherick, Pickowicz, and Walder, 64-95. Stanford: Stanford University Press, 2006.

Ho, Denise Y. "Reforming Connoisseurship: State and Collectors in Shanghai in the 1950s and 1960s." *Frontiers of History in China* 7, no. 4 (December 2012): 608-637.

Ho, Norman P. "Organized Crime in China: The Chongqing Crackdown." In *Law and Policy for China's Market Socialism*, edited by John Garrick, 202-214. London and New York: Routledge, 2012.

Ho, Virgil. *Understanding Canton, Rethinking Popular Culture in the Republican Period.* Oxford: Oxford University Press, 2005.

Ho, Yim-Chi, and A. S. Chan. "Comparing the Effects of Mahjong Playing and Reading on Cognitive Reserve of the Elderly." *Journal of Psychology in Chinese Societies* 6, no. 1 (2005): 5-26.

Hockx, Michel, and Julia Strauss. "Introduction." *China Quarterly* 183 (September 2005): 523-531.

Hoffmann, David L. *Stalinist Values: The Cultural Norms of Soviet Modernity, 1917-1941.* Ithaca: Cornell University Press, 2003.

Holm, David. "Folk Art as Propaganda: The Yangge Movement

in Yan'an." In *Popular Chinese Literature and Performing Arts in the People's Republic of China, 1949-1979*, edited by Bonnie S. McDougall, 3-35. Berkeley: University of California Press, 1984.

Honig, Emily. "Socialist Sex: The Cultural Revolution Revisited." *Modern China* 29, no. 2 (April 2003): 143-175.

Hooper, Beverley. "'Women, Consumerism and the State in Post-Mao China." *Asian Studies Review* 17, no. 3 (April 1994): 73-83.

Hooper, Beverley. "'Flower Vase and Housewife': Women and Consumerism in Post-Mao China." In *Gender and Power in Affluent Asia*, edited by Krishna Sen and Maila Stivens, 167-193. London: Routledge, 1998.

Hrdli ková, Vena. "The Story of Lao Ma and Its Versions in Beijing Storytelling." *CHINOPERL Papers* 27 (2007): 25-42.

Hua, Shiping, ed. *Chinese Political Culture, 1989-2000*. Armonk: M. E. Sharpe, 2001.

Huang, Philip C. C. "'Public Sphere' / 'Civil Society' in China? The Tuird Realm between State and Society." *Modern China* 19, no. 2 (April 1993): 216-240.

Hung, Chang-tai. "The Dance of Revolution: Yangge in Beijing in the Early 1950s." *China Quarterly* 181 (March 2005): 82-99.

Hung, Chang-tai. "Mao's Parades: State Spectacles in China in the 1950s." *China Quarterly* 190 (January 2007): 411-431.

Hunt, Lynn A. *Politics, Culture, and Class in the French*

Revolution. Berkeley and Los Angles: University of California Press, 1984.

Hyde, Sandra Teresa. "Sex Tourism Practices on the Periphery: Eroticizing Ethnicity and Pathologizing Sex on the Lancang." In *China Urban*, edited by Chen et al., 143-164. Durham & London: Duke University Press, 2001.

Jeffreys, Elaine. "Prostitution and Propaganda in the People's Republic of China." In *China's Thought Management*, edited by Anne-Marie Brady, 146-163. London: Routledge, 2012.

Jessup, J. Brooks. "Beyond Ideological Conflict: Political Incorporation of Buddhist Youth in the Early PRC." *Frontiers of History in China* 7, no. 4 (December 2012): 551-581.

Jiang, Jiehong, ed. *Burden or Legacy: From the Chinese Cultural Revolution to Contemporary Art*. Hong Kong: Hong Kong University Press, 2007.

Jiang, Jin. *Women Playing Men: Yue Opera and Social Change in Twentieth-Century Shanghai*. Seattle: University of Washington Press, 2009.

Jiang, Wenran. "Prosperity at the Expense of Equality: Migrant Workers are Falling behind in Urban China's Rise." In *Confronting Discrimination and Inequality in China: Chinese and Canadian Perspectives*, edited by Errol P. Mendes and Sakunthala Srighanthan, 16-29. Ottawa: University of Ottawa Press, 2009.

Jiang, Yarong, and David Ashley. *Mao's Children in the New*

China: Voices from the Red Guard Generation. London: Routledge, 2013.

Jin, Guantao. "Socialism and Tradition: The Formation and Development of Modern Chinese Political Culture." *Journal of Contemporary China* 3 (Summer 1993): 3–17.

Joseph, William A. "A Tragedy of Good Intentions: Post-Mao Views of the Great Leap Forward." *Modern China* 12, no. 4 (October 1986): 419–457.

Jung, Hwa Yol, ed. *Comparative Political Culture in the Age of Globalization: An Introductory Anthology*. Lanham: Lexington Books, 2002.

Kaikkonen, Marja. *Laughable Propaganda: Modern Xiangsheng as Didactic Entertainment*. Stockholm: Institute of Oriental Languages, Stockholm University, 1990.

Kau, Ying-mao. "The Urban Bureaucratic Elite in Communist China: A Case Study of Wuhan, 1949–1965." In *Chinese Communist Politics in Action*, edited by Barnett, 216–267. Seattle: University of Washington Press, 1969.

Keane, John. *Public Life and Late Capitalism: Toward a Socialist Theory of Democracy*. Cambridge: Cambridge University Press, 1984.

Kevin R. Cox, ed. *Spaces of Globalization: Reassuring the Power of the Local*. New York: The Guilford Press, 1997.

King, Richard, Sheng Tian Zheng, and Scott Watson, eds.

Art in Turmoil: The Chinese Cultural Revolution, 1966-1976. Vancouver: UBC Press, 2010.

Kraus, Richard. "Public Monuments and Private Pleasures in the Parks of Nanjing: A Tango in the Ruins of the Ming Emperor's Palace." In *The Consumer Revolution in Urban China*, edited by Davis, 287-311. Berkeley: University of California Press, 2000.

Kraus, Richard. "Let a Hundred Flowers Blossom, Let a Hundred Schools of Thought Contend." In *Words and Their Stories: Essays on the Language of the Chinese Revolution*, edited by Ban Wang, 249-262. Leiden: Brill, 2011.

Kruks, Sonia, Rayna Rapp, and Marilyn B. Young, eds. *Promissory Notes: Women in the Transition to Socialism.* New York: Monthly Review, 1989.

Kubo, Toru. "China's Economic Development and the International Order of Asia, 1930-1950s." In *The International Order of Asia in the 1930s and 1950s*, edited by Akita and White, 233-254. Farnham: Ashgate, 2010.

Lardy, Nicholas R. "The Chinese Economy under Stress, 1958-1965." In *The Cambridge History of China, Volume 14*, edited by MacFarquhar and Fairbank, 360-397. Cambridge: Cambridge University Press, 1987.

Lau, Raymond W. K. "Socio-political Control in Urban China: Changes and Crisis." *British Journal of Sociology* 52, no. 4 (December 2001): 605-620.

Lee, Chin-Chuan, Zhou He, and Yu Huang. "'Chinese Party Publicity Inc.' Conglomerated: The Case of the Shenzhen Press Group." *Media, Culture & Society* 28, no. 4 (July 2006): 581–602.

Lee, Joseph Tse-Hei. "Co-optation and Its Discontents: Seventh-Day Adventism in 1950s China." *Frontiers of History in China* 7, no. 4 (December 2012): 582–607.

Leese, Daniel. *Mao Cult: Rhetoric and Ritual in China's Cultural Revolution.* Cambridge: Cambridge University Press, 2011.

Léfebvre, Henri. *Everyday Life in the Modern World.* Translated by Sacha Rabinovitch. New York: Harper & Row, 1971.

Leong, Sow-Tueng, and Tim Wright, eds. *Migration and Ethnicity in Chinese History: Hakkas, Pengmin, and Their Neighbors.* Stanford: Stanford University Press, 1997.

Lewis, John Wilson, ed. *The City in Communist China.* Stanford: Stanford University Press, 1971.

Li, Choh-ming. *Economic Development of Communist China: An Appraisal of the First Five Years of Industrialization.* Berkeley: University of California Press, 1959.

Li, Hua-yu. *Mao and the Economic Stalinization of China, 1948–1953.* Boulder: Rowman & Littlefield, 2006.

Li, Peilin, and Wei Li. "The Work Situation and Social Attitudes of Migrant Workers in China under the Crisis." In *China's Internal and International Migration,* edited by Peilin Li and Laurence Roulleau-

Berger, 3-25. London: Routledge, 2013.

Li, Wei, and Dennis Tao Yang. "The Great Leap Forward: Anatomy of a Central Planning Disaster." *Journal of Political Economy* 113, no. 4 (August 2005): 840-877.

Lieberthal, Kenneth. *Revolution and Tradition in Tientsin, 1949-1952.* Stanford: Stanford University Press, 1980.

Lieberthal, Kenneth. *Governing China: From Revolution through Reform.* New York: W. W. Norton, 2004.

Lieberthal, Kenneth, and David M. Lampton, eds. *Bureaucracy, Politics, and Decision Making in Post-Mao China.* Berkeley: University of California Press, 1992.

Link, Perry. "The Genie and the Lamp: Revolutionary Xiangsheng." In *Popular Chinese Literature and Performing Arts in the People's Republic of China, 1949-1979*, edited by Bonnie S. McDougall, 83-111. Berkeley: University of California Press, 1984.

Link, Perry. "The Crocodile Bird: Xiangsheng in the Early 1950s." In *Dilemmas of Victory*, edited by Brown and Pickowicz, 207-231. Cambridge: Harvard University Press, 2007.

Link, Perry, and Kate Zhou. "Shunkouliu: Popular Satirical Sayings and Popular Thought." In *Popular China*, edited by Link, Madsen, and Pickowicz, 89-110. Lanham: Rowman & Littlefield, 2002.

Link, Perry, Richard P. Madsen, and Paul G. Pickowicz, eds. *Popular China: Unofficial Culture in a Globalizing Society.* Lanham:

Rowman & Littlefield, 2002.

Litzinger, Ralph A. "Government from Below: The State, the Popular, and the Illusion of Autonomy." *Positions* 9, no. 1 (2001): 253–266.

Liu, Jianhong, Lening Zhang, and Steven F. Messner, eds. *Crime and Social Control in a Changing China*. Westport: Greenwood Publishing Group Inc, 2001

Liu, Jianhong and Steven F. Messner. "Modernization and Crime Trends in China's Reform Era." In *Crime and Social Control in a Changing China*, edited by Liu, Zhang, and Messner, 3–21, Westport: Greenwood Publishing Group Inc, 2001.

Liu, Jianhui, and Hongxu Wang. "The Origins of the General Line for the Transition Period and of the Acceleration of the Chinese Socialist Transformation in Summer 1955." *China Quarterly* 187 (September 2006): 724–731.

Liu, Jieyu. "Researching Chinese Women's Lives: 'Insider' Research and Life History Interviewing." *Oral History* 34, no. 1 (Spring 2006): 43–52.

Liu, Siyuan. "Theatre Reform as Censorship: Censoring Traditional Theatre in China in the Early 1950s." *Theatre Journal* 61 (2009): 387–406.

Liu, Xiaocong. "A Comparative Study on Women's Employment in Beijing, Guangzhou and Hong Kong." *Chinese Journal of Population Science* 4, no. 1 (1992): 85–93.

Liu, Ying. "The Lives and Needs of Elderly Women in Urban China." In *Holding up Half the Sky: Chinese Women Past, Present, and Future*, edited by Jie Tao, Bijun Zheng, and Shirley L. Mow, 193-203. New York: Feminist Press at the City University of New York, 2004.

Lo, Amy. *The Book of Mahjong: An Illustrated Guide.* Boston: Tuttle, 2001.

Lockett, Martin. "Small Business and Socialism in Urban China." *Development and Change* 17, no. 1 (January 1986): 35-68.

Loh, Wai-fong. "From Romantic Love to Class Struggle: Reflections on the Film Liu Sanjie." In *Popular Chinese Literature and Performing Arts in the People's Republic of China, 1949-1979*, edited by Bonnie S. McDougall, 165-179. Berkeley: University of California Press, 1984.

Loscocco, Karyn A., and Christine E. Bose. "Gender and Job Satisfaction in Urban China: The Early Post-Mao Period." *Social Science Quarterly* 79, no. 1 (March 1998): 91-109.

Luo, Suwen. "Gender on Stage: Actresses in an Actors' World, 1895-1930." In *Gender in Motion: Divisions of Labor and Cultural Change in Late Imperial and Modern China*, edited by Bryna Goodman and Wendy Larson, 75-95. Lanham: Rowman & Littlefield, 2005.

Lü, Xiaobo, and Elizabeth J. Perry, eds. *Danwei: The*

Changing Chinese Workplace in Historical and Comparative Perspective. Armonk: M. E. Sharpe, 1997.

Ma, Guoan. "Population Migration and Crime in Beijing, China." In *Crime and Social Control in a Changing China*, edited by Liu, Zhang, and Messner, 65–71. Westport: Greenwood Publishing Group Inc, 2001.

Ma, Laurence, and Biao Xiang. "Native Place, Migration and the Emergence of Peasant Enclaves in Beijing." *China Quarterly* 155 (September 1998): 546–581.

MacFarquhar, Roderick. *The Origins of the Cultural Revolution. Vol. 2, The Great Leap Forward, 1958–1960*. New York: Columbia University Press, 1983.

MacFarquhar, Roderick, and John King Fairbank, eds. *The Cambridge History of China, Volume 14: The People's Republic, Part 1: The Emergence of Revolutionary China, 1949–1965*. Cambridge: Cambridge University Press, 1987.

Madsen, Richard. "The Public Sphere, Civil Society and Moral Community: A Research Agenda for Contemporary China Studies." *Modern China* 19, no. 2 (April 1993): 183–198.

Manning, Kimberley Ens, and Felix Wemheuer, eds. *Eating Bitterness: New Perspectives on China's Great Leap Forward and Famine*. Vancouver: UBC Press, 2011.

Massey, Doreen. *Space, Place, and Gender*. Minneapolis: University of Minnesota Press, 1994.

Massey, Doreen. "The Conceptualization of Place." In *A Place in the World? Places, Cultures and Globalization*, edited by Doreen Massey and Pat Jess, 45-86. Milton Keynes: Open University Press, 1995.

Matsumoto, Toshiro. "Continuity and Discontinuity from the 1930s to the 1950s in Northeast China: The 'Miraculous' Rehabilitation of the Anshan Iron and Steel Company Immediately after the Chinese Civil War." In *The International Order of Asia in the 1930s and 1950s*, edited by Akita and White, 255-273. Farnham: Ashgate, 2010.

Mazur, Mary G. "Public Space for Memory in Contemporary Civil Society: Freedom to Learn from the Mirror of the Past?" *China Quarterly* 160 (December 1999): 1019-1035.

McDougall, Bonnie S., ed. *Popular Chinese Literature and Performing Arts in the People's Republic of China, 1949-1979*. Berkeley: University of California Press, 1984.

McDougall, Bonnie S., "Writers and Performers, Their Works, and Their Audiences in the First Three Decade." In *Popular Chinese Literature and Performing Arts in the People's Republic of China, 1949-1979*, edited by McDougall, 269-304. Berkeley: University of California Press, 1984.

McIsaac, Lee. "'Righteous Fraternities' and Honorable Men: Sworn Brotherhoods in Wartime Chongqing." *American Historical Review* 105, no. 5 (August 2000): 1641-1655.

Meliksetov, Arlen V. "'New Democracy' and China's Search for Socio-Economic Development Routes, 1949–1953." *Far Eastern Affairs* 1 (1996): 75–92.

Meliksetov, Arlen V., and Alexander V. Pantsov. "Stalin, Mao, and the New Democracy in China." *Herald of Moscow State University* 2 (2001): 24–39.

Meng, Xin, and Chuliang Luo. "What Determines Living Arrangements of the Elderly in Urban China?" In *Inequality and Public Policy in China*, edited by Björn A. Gustafsson, Li Shi, and Terry Sicular, 267–286. New York: Cambridge University Press, 2008.

Metzger, Thomas A. "Chinese Communism and the Evolution of China's Political Culture: A Preliminary Analysis." *Issues and Studies* 15, no. 8 (August 1979): 51–63.

Min, Dongchao. "From Men-Women Equality to Gender Equality: The Zigzag Road of Women's Political Participation in China." *Asian Journal of Women's Studies* 17, no. 3 (2011): 7–24.

Mitchell, Donald. *Cultural Geography: A Critical Introduction*. Oxford: Blackwell, 2000.

Mohanty, Manoranjan. "Party, State, and Modernization in Post-Mao China." In *China, the Post-Mao View*, edited by Vidya Prakash Dutt, 45–66. New Delhi: Allied, 1981.

Moody, Peter R., Jr. "Trends in the Study of Chinese Political Culture." *China Quarterly* 139 (September 1994): 731–740.

Morris, Andrew. "'I Believe You Can Fly': Basketball Culture in Postsocialist China." In *Popular China*, edited by Link, Madsen, and Pickowicz, 9–38. Lanham: Rowman & Littlefield, 2002.

Morse, Hosea Ballou. *The Gilds of China, with an Account of the Gild Merchant or Co-hong of Canton*, 2nd edition. New York: Russell & Russell, 1967.

Mühlhahn, Klaus. "'Repaying Blood Debt': State Violence and Mass Crimes during the 1950s in China." In *Rethinking China in the 1950s*, edited by Mechthild Leutner, 35–48. Berlin: Lit Verlag, 2007.

Nakajima, Seio. "Film Clubs in Beijing: The Cultural Consumption of Chinese Independent Films." In *From Underground to Independent: Alternative Film Culture in Contemporary China*, edited by Paul G. Pickowicz and Yingjin Zhang, 161–208. Lanham: Rowman & Littlefield, 2006.

Navaro-Yashin, Yael. *Faces of the State: Secularism and Public Life in Turkey*. Princeton: Princeton University Press, 2002.

Nieh, Hualing, ed. *Literature of the Hundred Flowers: Criticism and Polemics*. New York: Columbia University Press, 1981.

Oi, Jean C. "The Role of the Local State in China's Transitional Economy." *China Quarterly* 144 (December 1995): 1132–1149.

Oi, Jean C. "Realms of Freedom in Post-Mao China." In *Realms of Freedom in Modern China*, edited by William C. Kirby, 264–284. Stanford: Stanford University Press, 2004.

Oksenberg, Michel. "Sources and Methodological Problems in

the Study of Contemporary China." In *Chinese Communist Politics in Action*, edited by A. Doak Barnett, 577–606. Seattle: University of Washington Press, 1969.

Olson, Philip G. "The Changing Role of the Elderly in the People's Republic of China." In *The Graying of the World: Who Will Care for the Frail Elderly?*, edited by Laura Katz Olson, 261–287. New York: Haworth, 1994.

Palmer, Augusta Lee. "Mainland China: Public Square to Shopping Mall and the New Entertainment Film." In *Contemporary Asian Cinema: Popular Culture in a Global Frame*, edited by Anne Tereska Ciecko, 144–155. New York: Berg, 2006.

Paules, Greta Foff. *Dishing It out: Power and Resistance among Waitresses in a New Jersey Restaurant*. Philadelphia: Temple University Press, 1991.

Pei, Minxin. "Political Change in Post-Mao China: Progress and Challenges." In *China's Future: Constructive Partner or Emerging Threat?* edited by Ted Galen Carpenter and James A. Dorn, 291–315. Washington, DC: Cato Institute, 2000.

Pei, Minxin. "Crime, Corruption, and Contention." In *The Paradox of Chinas Post-Mao Reforms*, edited by Merle Goldman, and Roderick MacFarquhar, 308–329. Cambridge: Harvard University Press, 1999.

Pei, Minxin. "Masters of the Country? Shanghai Workers in Early People's Republic." In *Dilemmas of Victory*, edited by Brown and Pickowicz, 59-79. Cambridge: Harvard University Press, 2007.

Perry, Elizabeth J. *The Political Economy of Reform in Post-Mao China*. Cambridge: Council on East Asian Studies, Harvard University, 1985.

Poon, Shuk-wah. "Religion, Modernity, and Urban Space: The City God Temple in Republican Guangzhou." *Modern China* 34, no. 2 (April 2008): 247-275.

Pye, Lucian W. "Culture and Political Science: Problems in the Evaluation of the Concept of Political Culture." *Social Science Quarterly* 53, no. 4 (September 1972): 285-296.

Pye, Lucian W., and Sidney Verba. *Political Culture and Political Development*. Princeton: Princeton University Press, 1965.

Qian, Gang and David Bandurski. "China's Emerging Public Sphere: The Impact of Media Commercialization, Professionalism, and the Internet in an Era of Transition." In *Changing Media, Changing China*, edited by Susan L. Shirk, 38-76. Oxford: Oxford University Press, 2011.

Rai, Shirin. "Market Economy and Gender Perception in Post-Mao China." *China Report* 24, no. 4 (October-December 1988): 463-467.

Rankin, Mary B. *Elite Activism and Political Transformation in China: Zhejiang Province, 1865-1911*. Stanford: Stanford University Press, 1986.

Rankin, Mary B. "The Origins of a Chinese Public

Sphere: Local Elites and Community Affairs in the Late Imperial Period." Études chinoises 9, no. 2（1990）: 14-60.

Rankin, Mary B. "Some Observations on a Chinese Public Sphere." *Modern China* 19, no. 2（April 1993）: 158-182.

Raymo, James M., and Yu Xie. "Income of the Urban Elderly in Postreform China: Political Capital, Human Capital, and the State." *Social Science Research* 29, no. 1（March 2000）: 1-24.

Read, Benjamin L. "Revitalizing the State's Urban 'Nerve Tips'." *China Quarterly* 163（September 2000）: 806-820.

Reese, Stephen D., Oscar H. Gandy Jr., and August E. Grant, eds. *Framing Public Life: Perspectives on Media and Our Understanding of the Social World*. Mahwah: Lawrence Erlbaum Associates, Publishers. 2001.

Rein, Shaun. *The End of Cheap China: Economic and Cultural Trends That Will Disrupt the World*. Hoboken: John Wiley & Sons, 2012.

Rogaski, Ruth. "Hygienic Modernity in Tianjin." In *Remaking the Chinese City*, edited by Esherick, 30-46. Honolulu: University of Hawai'i Press, 2000.

Roberts, Rosemary. *Hygienic Modernity: Meanings of Health & Disease in Treaty-Port China*. Berkeley: University of California Press, 2004.

Rolandsen, Unn Målfrid. *Leisure and Power in Urban China: Everyday Life in a Chinese City*. London and New York: Routledge,

Taylor & Francis Group, 2011.

Rosenthal, Elisabeth. "The SARS Epidemic: The Path; From China's Provinces, a Crafty Germ Breaks out." *New York Times*, April 27, 2003.

Rosenthal, Elisabeth. "SARS Forces Beijing to Fight an Old but Unsanitary Habit." *New York Times*, May 28, 2003.

Rowe, William T. *Hankow: Commerce and Society in a Chinese City, 1796–1889.* Stanford: Stanford University Press, 1984.

Rowe, William T. *Hankow: Conflict and Community in a Chinese City, 1796–1895.* Stanford: Stanford University Press, 1989.

Rowe, William T. "The Public Sphere in Modern China." *Modern China* 16, no. 3 (July 1990): 309–329.

Salaff, Janet Weitzner. "Urban Residential Communities in the Wake of the Cultural Revolution." In *The City in Communist China*, edited by Lewis, 289–323. Stanford: Stanford University Press, 1971.

Schwarcz, Vera. "Behind a Partially-Open Door: Chinese Intellectuals and the Post-Mao Reform Process." *Pacific Affairs* 59, no. 4 (Winter 1986–1987): 577–604.

Scott, James C. *Weapons of the Weak: Everyday Forms of Peasant Resistance.* New Haven: Yale University Press, 1985.

Sennett, Richard. *The Fall of Public Man: On the Social Psychology of Capitalism.* New York: Vintage Books, 1977.

Sennett, Richard. *The Culture of the New Capitalism.* New Haven: Yale University Press, 2006.

Shambaugh, David. "The Chinese State in the Post-Mao Era." In *The Modern Chinese State*, edited by David Shambaugh, 161–187. Cambridge: Cambridge University Press, 2000.

Shao, Qin. "Tempest over Teapots: The Vilification of Teahouse Culture in Early Republican China." *Journal of Asian Studies* 57, no. 4 (November 1998): 1009–1041.

Shao, Qin. *Shanghai Gone: Domicide and Defiance in a Chinese Megacity.* Lanham: Rowman & Littlefield, 2013.

Shen, Zhihua. "Mao Zedong and the Origins of the Anti-Rightist Rectification Campaign." In *The People's Republic of China at 60: An International Assessment*, edited by William C. Kirby, 25–40. Cambridge: Harvard University Asia Center, 2011.

Silver, Mariko. "Higher Education and Science Policy in China's Post-Mao Reform Era." *Harvard Asia Quarterly* 11, no. 1 (Winter 2008): 42–53.

Sit, Victor Fung-shuen. "Neighbourhood Workshops in the Socialist Transformation of Chinese Cities." *Modernization in China* 3 (1979): 91–101.

Siu, Wai-Sum. "Chinese Small Business Management: A Tentative Theory." In *The Dragon Millennium: Chinese Business in the Coming World Economy*, edited by Frank-Jürgen Richter, 149–161. Westport: Quorum, 2000.

Siu, Wai-Sum. "Small Firm Marketing in China: A Comparative Study." *Small Business Economics* 16, no. 4 (June 2001): 279-292.

Siu, Wai-sum, and Zhi-chao Liu. "Marketing in Chinese Small and Medium Enterprises (SMEs): The State of the Art in a Chinese Socialist Economy." *Small Business Economics* 25, no. 4 (November 2005): 333-346.

Skinner, G. William. "Mobility Strategies in Late-Imperial China: A Regional Systems Analysis." In *Regional Analysis, Vol. 1, Economic Systems*, edited by Carol A. Smith, 327-364. New York: Academic, 1976.

Skinner, G. William. "Cities and the Hierarchy of Local Systems." In *The City in Late Imperial China*, edited by Skinner, 275-351. Stanford: Stanford University Press, 1977.

Smith, Aminda. *Thought Reform and China's Dangerous Class: Reeducation, Resistance, and the People*. Lanham: Rowman & Littlefield, 2013.

Smith, Richard Joseph. *Fortune-Tellers and Philosophers: Divination in Traditional Chinese Society*. Boulder: Westview, 1991.

So, Bennis Wai-yip. "The Policy-Making and Political Economy of the Abolition of Private Ownership in the Early 1950s: Findings from New Material." *China Quarterly* 171 (September 2002): 682-703.

Solinger, Dorothy J. *Chinese Business under Socialism: The Politics of Domestic Commerce in Contemporary China*. Berkeley:

University of California Press, 1984.

Solinger, Dorothy J. *From Lathes to Looms: China's Industrial Policy in Comparative Perspective, 1979-1982*. Stanford: Stanford University Press, 1991.

Solinger, Dorothy J. *China's Transition from Socialism: Statist Legacies and Market Reforms, 1980-1990*. Armonk: M. E. Sharpe, 1993.

Solinger, Dorothy J. *Contesting Citizenship in Urban China: Peasant Migrants, the State, and the Logic of the Market*. Berkeley: University of California Press, 1999.

Solomon, Richard H. *The Chinese Political Culture and Problems of Modernization*. Cambridge: Center for International Studies, MIT, 1964.

Solomon, Richard H. *Mao's Revolution and the Chinese Political Culture*. Berkeley: University of California Press, 1971.

Song, Shaopeng. "The State Discourse on Housewives and Housework in the 1950s in China." In *Rethinking China in the 1950s*, edited by Leutner, 49–63. Berlin: Lit Verlag, 2007.

Stapleton, Kristin. "Urban Politics in an Age of 'Secret Societies': The Cases of Shanghai and Chengdu." *Republican China* 22, no. 1 (November 1996): 23–64.

Stapleton, Kristin. *Civilizing Chengdu: Chinese Urban Reform, 1875–1937*. Cambridge: Harvard University Asia Center, 2000.

Steinmüller, Hans. "The Moving Boundaries of Social Heat:

Gambling in Rural China." *Journal of the Royal Anthropological Institute*, New Series, 17 (2011): 263-280.

Strand, David. *Rickshaw Beijing: City People and Politics in the 1920s.* Berkeley: University of California Press, 1989.

Strauss, Julia. "Morality, Coercion and State Building by Campaign in the Early PRC: Regime Consolidation and after, 1949-1956." *China Quarterly* 188 (December 2006): 891-912.

Sun, Yi. "Reading History in Visual Rhetoric: The Chinese Images of Chinese Women, 1949-2009." *Chinese Historical Review* 18, no. 2 (Fall 2011): 125-150.

Tan, Shen and Dun Li. "Urban Development and Crime in China," In *Urban Anthropology in China*, edited by Greg Guldin and Aidan Southall, 353-357. Leiden: Brill, 1993.

Tang, Wenfang, and William L. Parish. *Chinese Urban Life under Reform: The Changing Social Contract.* Cambridge: Cambridge University Press, 2000.

Tang, Xiaobing. "New Urban Culture and the Anxiety of Everyday Life in Contemporary China," In *In Pursuit of Contemporary East Asian Culture*, edited by Xiaobing Tang and Stephen Snyder, 107-122. Boulder: Westview Press, 1996.

Thøgersen, Stig. "Cultural Life and Cultural Control in Rural China: Where is the Party?" *China Journal* 44 (July 2000): 129-141.

Trexler, Richard C. *Public Life in Renaissance Florence.* Ithaca:

Cornell University Press, 1980.

Troyer, Ronald J., John P. Clark, and Dean G. Rojek, eds. *Social Control in the People's Republic of China*. New York: Praeger, 1989.

Tsai, Wen-hui. "Life after Retirement: Elderly Welfare in China." *Asian Survey* 27, no. 5 (May 1987): 566–576.

Tsang, Ka Bo. "Tiger Story: A Set of Chinese Shadow Puppets from Chengdu, Sichuan Province." *Oriental Art* 45, no. 2 (Summer 1999): 38–49.

U., Eddy. "The Making of Chinese Intellectuals: Representations and Organization in the Tuought Reform Campaign." *China Quarterly* 192 (December 2007): 971–989.

Underdown, David, Susan Dwyer Amussen, and Mark A. Kishlansk, eds. *Political Culture and Cultural Politics in Early Modern Europe: Essays Presented to David Underdown*. Manchester: Manchester University Press, 1995.

Veeck, Ann. "The Revitalization of the Marketplace: Food Markets of Nanjing." In *The Consumer Revolution in Urban China*, edited by Davis, 107–123. Berkeley: University of California Press, 2000.

Vogel, Ezra F. *Canton under Communism: Programs and Politics in a Provincial Capital, 1949–1968*. Cambridge: Harvard University Press, 1969.

Wakeman, Frederic, Jr. "The Civil Society and Public Sphere

Debate: Western Reflections on Chinese Political Culture." *Modern China* 19, no. 2 (April 1993): 108–138.

Wakeman, Frederic, Jr. "Licensing Leisure: The Chinese Nationalists' Attempt to Regulate Shanghai, 1927–1949." *Journal of Asian Studies* 54, no. 1 (February 1995): 19–42.

Wakeman, Frederic, Jr. "'Cleanup': The New Order in Shanghai." In *Dilemmas of Victory*, edited by Brown and Pickowicz, 21–58. Cambridge: Harvard University Press, 2007.

Walder, Andrew G. *Fractured Rebellion: The Beijing Red Guard Movement.* Cambridge: Harvard University Press, 2009.

Wang, Aihe. *Cosmology and Political Culture in Early China.* Cambridge: Cambridge University Press, 2006.

Wang, Di. "The Idle and the Busy: Teahouses and Public Life in Early Twentieth-Century Chengdu." *Journal of Urban History* 26, no. 4 (May 2000): 411–437.

Wang, Di. *Street Culture in Chengdu: Public Space, Urban Commoners, and Local Politics, 1870–1930.* Stanford: Stanford University Press, 2003.

Wang, Di. "'Masters of Tea': Teahouse Workers, Workplace Culture, and Gender Conflict in Wartime Chengdu." *Twentieth-Century China* 29, no. 2 (April 2004): 89–136.

Wang, Di. "Mysterious Communication: The Secret Language of the Gowned Brotherhood in Nineteenth-Century Sichuan." *Late Imperial China* 29, no. 1 (2008): 77–103.

Wang, Di. *The Teahouse: Small Business, Everyday Culture, and Public Politics in Chengdu, 1900-1950.* Stanford: Stanford University Press, 2008.

Wang, Di. "Teahouses, Theaters, and Popular Education: Entertainment and Leisure Politics in Late Qing and Early Republican Chengdu." *Journal of Modern Chinese History* 2, no. 1 (June 2008): 1-20.

Wang, Di. "Reorganization of Guilds and State Control of Small Business: A Case Study of the Teahouse Guild in Early 1950s Chengdu." *Frontiers of History in China* 7, no. 4 (December 2012): 529-550.

Wang, Gan. "Cultivating Friendship through Bowling in Shenzhen." In *The Consumer Revolution in Urban China*, edited by Davis, 250-267. Berkeley: University of California Press, 2000.

Wang, Jing. *High Culture Fever: Politics, Aesthetics, and Ideology in Deng's China.* Berkeley: University of California Press, 1996.

Wang, Jing. ed. *Chinese Popular Culture and the State: A Special Issue of Positions: East Asia Cultures Critique* 9, no. 1. Durham: Duke University Press, 2001.

Wang, Jing. "Culture as Leisure and Culture as Capital." In *Chinese Popular Culture and the State*, edited by Wang, 69-104. Durham: Duke University Press, 2001.

Wang, Jing. "The State Question in Chinese Popular Cultural

Studies." *Inter-Asia Cultural Studies* 2, no. 1 (2001): 35-52.

Wang, Jing. "Bourgeois Bohemians in China? Neo-Tribes and the Urban Imaginary." *China Quarterly* 183 (September 2005): 532-548.

Wang, Jing. "Introduction: The Politics and Production of Scales in China: How Does Geography Matter to Studies of Local, Popular Culture?" In *Locating China: Space, Place, and Popular Culture*, edited by Jing Wang, 1-30. London: Routlege, 2005.

Wang, Meiyan. "Wage Arrears and Discrimination against Migrant Workers in China's Urban Labor Market." In *The China Population and Labor Yearbook, Volume. 1, The Approaching Lewis Turning Point and Its Policy Implications*, edited by Fang Cai and Yang Du, 153-175. Leiden: Brill, 2009.

Wang, Qingshu. "The History and Current Status of Chinese Women's Participation in Politics." In *Holding up Half the Sky: Chinese Women Past, Present, and Future*, edited by Jie Tao, Bijun Zheng, and Shirley L. Mow, 92-106. New York: Feminist Press at the City University of New York, 2004.

Wang, Shaoguang. "The Politics of Private Time: Changing Leisure Patterns in Urban China." In *Urban Spaces in Contemporary China*, edited by Davis, Kraus, Naughton, and Perry, 149-172. New York: Cambridge University Press, 1995.

Wang, Xiaoping. "From Feminist to Party Intellectual? Identity Politics and Ding Lings 'New Woman Stories'." *Harvard Asia*

Quarterly 14, no. 1-2 (Spring and Summer 2012): 35-43.

Wang, Yuefeng. "Urban Crimes in Mainland China: A Social Ecological Approach." *Issues and Studies* 29, no. 8 (1993): 101-117.

Wang, Zheng. "Dilemmas of Inside Agitators: Chinese State Feminists in 1957." *China Quarterly* 188 (December 2006): 913-932.

Wang, Zheng. "Creating a Socialist Feminist Cultural Front: Women of China (1949-1966)." *China Quarterly* 204 (December 2010): 827-849.

Ward, Barbara E. "Regional Operas and Their Audiences: Evidence from Hong Kong." In *Popular Culture in Late Imperial China*, edited by David Johnson, Andrew J. Nathan, and Evelyn S. Rawski, 161-187. Berkeley: University of California Press, 1985.

Wasserstrom, Jeffrey N., and Elizabeth J. Perry, eds. *Popular Protest and Political Culture in Modern China*. Boulder: Westview, 1994.

Watson, James L. "Feeding the Revolution: Public Mess Halls and Coercive Commensality in Maoist China." In *Governance of Life in Chinese Moral Experience: The Quest for an Adequate Life*, edited by Everett Zhang, Arthur Kleinman, and Weiming Tu, 33-46. London: Routledge, 2011.

Wei, S. Louisa. "The Encoding of Female Subjectivity: Four Films by China's Fifth-Generation Women Directors." In *Chinese*

Women's Cinema: Transnational Contexts, edited by Lingzhen Wang, 173-190. New York: Columbia University Press, 2011.

Weisband, Edward, and Courtney I. P. Thomas. *Political Culture and the Making of Modern Nation-States*. London: Routledge, 2014.

White, Gordon. "The Dynamics of Civil Society in Post-Mao China." In *The Individual and the State in China*, edited by Brian Hook, 196-221. New York: Oxford University Press, 1996.

Whyte, Martin King. "Changes in Mate Choice in Chengdu." In *Chinese Society on the Eve of Tiananmen: The Impact of Reform*, edited by Deborah Davis and Ezra Vogel, 181-213. Cambridge: Council on East Asian Studies, Harvard University, 1990.

Whyte, Martin King. "Urban Life in the People's Republic." In *The Cambridge History of China, Volume 15, The People's Republic, Part 2: Revolutions within the Chinese Revolution, 1966-1982*, edited by Roderick Macfarquhar and John King Fairbank, 682-742. Cambridge: Cambridge University Press, 1991.

Whyte, Martin King. "Adaptation of Rural Family Patterns to Urban Life in Chengdu." In *Urban Anthropology in China*, edited by Guldin and Southall, 358-380. Leiden: Brill, 1993.

Whyte, Martin King, and William L. Parish. *Urban Life in Contemporary China*. Chicago: University of Chicago Press, 1984.

Whyte, William H. *The Social Life of Small Urban Spaces*. New York: Project for Public Spaces, 1980.

Witzleben, J. Lawrence. "Jiangnan Sizhu Music Clubs in

Shanghai: Context, Concept and Identity." *Ethnomusicology* 31, no. 2 (1987): 240-260.

Wong, Chun. "From 'Anti-Rightist Struggle' to Taking off Rightist's Hat." *Asian Outlook* 13, no. 7 (July 1978): 28-32.

Wong, Isabel K. F. "Geming Gequ: Songs for the Education of the Masses." In *Popular Chinese Literature and Performing Arts in the People's Republic of China, 1949-1979*, edited by Bonnie S. McDougall, 112-143. Berkeley: University of California Press, 1984.

Wong, Kathy. "A Game for Gentlemen & Empire Builders: In Anticipation of War, a Peaceful Pastime." *Free China Review* 34, no. 3 (1984): 56-58.

Wu, Jieh-min. "Rural Migrant Workers and China's Differential Citizenship: A Comparative Institutional Analysis." In *One Country, Two Societies: Rural-Urban Inequality in Contemporary China*, edited by Martin King Whyte, 55-81. Cambridge: Harvard University Press, 2010.

Wu, Jinglian. "The Key to China's Transition: Small and Midsize Enterprises." *Harvard China Review* 1, no. 2 (1999): 7-12.

Wu, Ka-ming. "Tradition Revival with Socialist Characteristics: Propaganda Storytelling Turned Spiritual Service in Rural Yan'an." *China Journal* 66 (2011): 101-117.

Wu, Xiaoping. "The Market Economy, Gender Equality, and Women's Development from the Viewpoint of Women's

413

Employment." *Chinese Education and Society* 33, no. 6 (November-December 2000): 44-54.

Wu, Yenna. "Satiric Realism from Jin Ping Mei to Xingshi Yinyuan Zhuan: The Fortunetelling Motif." *Chinese Culture Quarterly* 39, no.1 (1998): 147-171.

Wu, Yiching. *The Cultural Revolution at the Margins: Chinese Socialism in Crisis.* Cambridge: Harvard University Press, 2014.

Xu, Qiancheng. "Investigation of Crimes Committed by Local Hooligans in Hubei's Jingzhou Area (1984)." *Chinese Sociology and Anthropology* 27, no. 3 (March 1995): 50-56.

Yan, Yunxiang. "Of Hamburger and Social Space: Consuming McDonalds in Beijing." In *The Consumer Revolution in Urban China*, edited by Davis, 201-225. Berkeley: University of California Press, 2000.

Yan, Yunxiang. *Private Life under Socialism: Love, Intimacy, and Family Change in a Chinese Village, 1949-1999.* Stanford: Stanford University Press, 2003.

Yan, Yunxiang. "McDonalds in Beijing: The Localization of Americana." In *Golden Arches East: McDonald's in East Asia*, edited by James L. Watson, 39-76. Stanford: Stanford University Press, 2006.

Yee, Janice. "Women's Changing Roles in the Chinese Economy." *Journal of Economics* 27, no. 2 (2001): 55-67.

Yeh, Catherine Vance. "Playing with the Public: Late Qing

Courtesans and Their Opera Singer Lovers." In *Gender in Motion: Divisions of Labor and Cultural Change in Late Imperial and Modern China*, edited by Bryna Goodman and Wendy Larson, 145–168. Lanham: Rowman & Littlefield, 2005.

Yeh, Catherine Vance. "Shanghai Leisure, Print Entertainment, and the Tabloids, Xiaobao." In *Joining the Global Public: Word, Image, and City in Early Chinese Newspapers, 1870–1910*, edited by Rudolf G. Wagner, 201–233. Albany: SUNY Press, 2007.

Yeh, Wen-Hsin. "Corporate Space, Communal Time: Everyday Life in Shanghai's Bank of China." *American Historical Review* 100, no. 1 (February 1995): 97–122.

Yen, Benjamin, and Phoebe Ho. "PGL: The Entrepreneur in China's Logistics Industry." In *Small Business Management and Entrepreneurship in Hong Kong: A Casebook*, edited by Ali Farhoomand, 230–243. Hong Kong: Hong Kong University Press, 2005.

Yu, Haiqing. "Blogging Everyday Life in Chinese Internet Culture." *Asian Studies Review* 31, no. 4 (December 2007): 423–433.

Yu, Lucy C., and Minqi Wang. "Social Status, Physical, Mental Health, Well-Being, and Self Evaluation of Elderly in China." *Journal of Cross-Cultural Gerontology* 8, no. 2 (1993): 147–159.

Yung, Bell, Evelyn S. Rawski, and Rubie S. Watson, eds.

Harmony and Counterpoint: Ritual Music in Chinese Context. Stanford: Stanford University Press, 1996.

Zang, Jian. "The Soviet Impact on 'Gender Equality' in China in the 1950s." In *China Learns from the Soviet Union, 1949-Present*, edited by Bernstein and Li, 259-274. Lanham: Lexington Books, 2011.

Zarrow, Peter. *Anarchism and Chinese Political Culture*. New York: Columbia University Press, 1990.

Zeng, Guohua. "The Transformation of Nightlife Districts in Guangzhou, 1995-2009: Globalization, Dynamism, and Control." *Chinese Sociology and Anthropology* 42, no. 2(2009-2010): 56-75.

Zhang, Everett, Arthur Kleinman, and Weiming Tu, eds. *Governance of Life in Chinese Moral Experience: The Quest for an Adequate Life*. London: Routledge, 2011.

Zhang, Jishun. "Thought Reform and Press Nationalization in Shanghai: The Wenhui Newspaper in the Early 1950s." *Twentieth-Century China* 35, no. 2 (2010): 52-80.

Zhang, Li. "Contesting Crime, Order, and Migrant Spaces in Beijing." In *China Urban*, edited by Chen, Clark, Gottschang, and Lyn, 201-224. Durham & London: Duke University Press, 2001.

Zhang, Li. *Strangers in the City: Reconfigurations of Space, Power, and Social Networks within China's Floating Population*. Stanford: Stanford University Press, 2001.

Zhang, Li. "Urban Experiences and Social Belonging among Chinese Rural Migrants." In *Popular China*, edited by Link, Madsen, and Pickowicz, 275–300. Lanham: Rowman & Littlefield, 2002.

Zhang, Sheldon X. "Street Crime and Informal Social Control in an Anomic China." *Chinese Journal of Political Science* 1, no. 1 (1995): 73–100.

Zhang, Xiaoling. "Seeking Effective Public Space: Chinese Media at the Local Level." *China: An International Journal* 5, no. 1 (2007): 55–77.

Zhao, Bin. "Popular Family Television and Party Ideology: The Spring Festival Eve Happy Gathering." *Media, Culture & Society* 20, no. 1 (1998): 43–58.

Zheng, Tiantian. "From Peasant Women to Bar Hostesses: Gender and Modernity in Post-Mao Dalian," In *On the Move: Women and Rural-to-Urban Migration in Contemporary China*, edited by Arianne M. Gaetano and Tamara Jacka, 80–108. New York: Columbia University Press, 2004.

Zheng, X. "Chinese Business Culture from the 1920s to the 1950s." In *Economic Development in Twentieth-Century East Asia: The International Context*, edited by Aiko Ikeo, 55–65. London: Routledge, 1997.

Zheng, Yongnian and Liang Fook Lye. "Re-making the Party's Image: Challenges for the Propaganda Department." In *China into the*

Hu-Wen Era: Policy Initiatives and Challenges, edited by John Wong and Hongyi Lai, 119-151. Singapore: World Scientific, 2006.

Zhong, Xueping. "Women Can Hold up Half the Sky." In *Words and Their Stories: Essays on the Language of the Chinese Revolution*, edited by Ban Wang, 227-247. Leiden: Brill, 2011.

Zhong, Yang. *Local Government and Politics in China: Challenges from Below*. Armonk: M. E. Sharpe, 2003.

Zhong, Yang. *Political Culture and Participation in Rural China*. New York: Routledge, 2012.

Zhou, Daming, and Xiaoyun Sun. "Research on 'Job Hopping' by Migrant Workers from the Countryside: A Second Study on Turnover among Migrant Workers Employed by Businesses." *Chinese Sociology and Anthropology* 43, no. 2 (2010): 51-69.

Zhou, Jinghao. "Chinese Prostitution: Consequences and Solutions in the Post-Mao Era." *China: An International Journal* 4, no. 2 (2006): 238-262.

后　记

　　2017年，在把本书英文版的最终稿交给康奈尔大学出版社之后，我便全力以赴地投入翻译和修改工作。那时在中文版的序言中我写道："当看到英文和中文两种版本将分别在美国和中国出版的时候，内心有一种轻松感，犹如养了20年的孩子，终于要让他走入社会去闯荡。至于这个我养育了20年的孩子是否能够成功，是否能够得到社会的认可，本书出版后，便可以得到一个明确的答案了。"我以为这个课题就此画上了句号，没有想到的是，直到今天它仍然没有完结。本书的英文版倒是十分顺利，2018年出版，之后获得美国城市史学会（UHA）"最佳著作奖"（2018—2019）。2022年，本书的繁体字版由香港中文大学出版社出版。非常高兴的是，本书的简体字版在拖了许多年以后，终于将在广西师范大学出版社出版。

　　本书几乎所有章节的早期版本，都被翻译成中文并以论文的形式发表过，但是由于英文书稿的不断修改，过去的中文翻译显然已经不能直接在本书中使用，我对那些已经翻译的中文本也进行了比较大的修订。感谢澳门大学历史系我的学生兼研究助理焦洋、熊椰、黄蓉、吴玉莹、于小川在不同的阶段和程度上协助我完成这个中文版。

从一定程度上来讲，这些早起发表的论文保留了这个课题研究的一些最基本的思考，杂志和编辑对这些论文所涉及的问题都给了尽量大的分析和讨论空间。我感谢发表这些论文的杂志和编辑这些论文的责任编辑们。发表过的论文，我按照本书的章节顺序列在下面，有兴趣的读者也可以找来和书对照着阅读：

《社会主义下的茶馆：成都公共生活的衰落与复兴，1950—2000》，《中共历史与理论研究》2017年第1辑（总第5辑），北京：社会科学文献出版社，2017年。（本书第一章）

《成都茶社同业公会的消亡》，《二十一世纪》第115号，2009年10月。（本书第二章部分内容）

《同业公会的改造与国家的行业控制：以1950—1953年成都市茶社业同业公会的重组为例》，华东师范大学中国当代史研究中心，《中国当代史研究》第3辑，北京：九州出版社，2011年。（本书第二章部分内容）

《国家控制与社会主义娱乐的形成——1950年代前期对成都茶馆中的曲艺和曲艺艺人的改造和处理》，华东师范大学中国当代史研究中心，《中国当代史研究》第1辑，北京：九州出版社，2009年。（本书第三章）

《成都茶馆业的衰落——1950年代初期小商业和公共生活的变迁》，《史学月刊》2014年第4期。（本书第四章）

《茶馆、日常生活与社会交往：对20世纪后期成都茶馆业的实地观察》，《南国学术》2019年第4期。（本书第五章）

《公共生活的恢复：改革开放后的成都茶馆、民众和国家》，《开放时代》2018年第5期。（本书第六章部分内容）

《农民工的城市经历：改革开放后的茶馆观察》，《社会科学研究》2018年第6期。（本书第六章部分内容）

《成都麻将讼案引起的思考——城市日常生活中个人权利与集体利益的冲突》，《南京大学学报（哲学·人文科学·社会科学版）》2014年第2期。（本书第七章）

《社会主义国家的空间政治：中国城市公共生活的萎缩和扩张》，《澳门理工学报》2018年第4期（本书第八章）。

对于本书中文版早期文稿的编辑，张晗、张炜轩、封龙都付出过辛勤的劳动。出版人谭徐锋也为本书的出版出力甚多。广西师范大学出版社刘隆进对本书的最后出版起到了一锤定音的作用。我谨向本书中文版的出版过程中付出劳动的所有帮助者，表示衷心的感谢！

王笛

2025年5月11日于澳门大学